Paulo

Um homem em Cristo

RUY KREMER

Paulo

Um homem em Cristo

FEB

Copyright © 2010 *by*
FEDERAÇÃO ESPÍRITA BRASILEIRA – FEB

1ª edição – Impressão pequenas tiragens – 8/2025

ISBN 978-85-7328-675-5

Todos os direitos reservados. Nenhuma parte desta publicação pode ser reproduzida, armazenada ou transmitida, total ou parcialmente, por quaisquer métodos ou processos, sem autorização do detentor do *copyright*.

FEDERAÇÃO ESPÍRITA BRASILEIRA – FEB
SGAN 603 – Conjunto F – Avenida L2 Norte
70830-106 – Brasília (DF) – Brasil
www.febeditora.com.br
editorial@febnet.org.br
+55 61 2101 6161

Pedidos de livros à FEB
Comercial
Tel.: (61) 2101 6161 – comercial@febnet.org.br

Adquirindo esta obra, você está colaborando com as ações de assistência e promoção social da FEB e com o Movimento Espírita na divulgação do Evangelho de Jesus à luz do Espiritismo.

Dados Internacionais de Catalogação na Publicação (CIP)
(Federação Espírita Brasileira – Biblioteca de Obras Raras)

K92p	Kremer, Ruy, 1924–2002
	Paulo, um homem em Cristo / Ruy Kremer. – 1. ed. – Impressão pequenas tiragens – Brasília: FEB, 2025.
	308 p.; 21 cm
	ISBN 978-85-7328-675-5
	Inclui Apêndices
	1. Paulo, Apóstolo, Santo. I. Federação Espírita Brasileira. II. Título.
	CDD 133.9
	CDU 133.7
	CDE 90.01.00

Em memória
de meu genro
Newton Faller, Ph.D.
Sensibilidade de artista
Intelecto de cientista

Ao núcleo de minha família terrena:

solidariedade,
aconchego,
confiança,
inspiração,
ternura,
estímulo,
segurança,
— enfim —
amor!

Nossa gratidão

Ao querido amigo Eloy Villela, pela paciente e meticulosa revisão dos originais; mais do que uma revisão, um contributo inspirador.

Ao Ângelo Braghirolli, cujos bicos de pena, por sua qualidade artística e fina sensibilidade, vieram dar nova dimensão a este livro.

Ao querido Ronaldo Serrano, inspirador de amizades, pela maneira apaixonada com que se entregou, de corpo e alma, à trabalhosa tarefa de construção deste livro.

Conheço um homem em Cristo...
PAULO (*II Coríntios*, 12:2.)

Por ciúme e discórdia,
Paulo ostentou o preço da paciência.
Sete vezes carregado de cadeias,
exilado, apedrejado,
arauto no Oriente e no Ocidente,
recebeu a ilustre glória por sua fé.
Ensinou ao mundo toda a justiça
e chegou aos confins do Ocidente,
dando testemunho diante das autoridades.
Assim deixou o mundo
e foi em busca do lugar santo, ele,
que se tornou o mais ilustre
exemplo de paciência.

Carta de Clemente Romano aos Coríntios (séc. I), 5:5 a 7
Trad. do grego por Dom Paulo Evaristo Arns, Ed. Vozes — 1984.

Explicação oportuna

Na primavera de 1989 fomos convidados pelos confrades e amigos da Rádio Rio de Janeiro — a Emissora da Fraternidade — a realizar uma série de programas em torno da vida e da obra de Paulo de Tarso, Mentor espiritual da entidade mantenedora da emissora, a *Fundação Cristã-Espírita Cultural Paulo de Tarso*, fundada pelo saudoso Geraldo de Aquino.

Vencida a hesitação inicial, acedemos ao convite e entregamo-nos à tarefa com muita alegria, daí resultando trinta programas de meia hora, que foram ao ar, semanalmente, a partir de 16 de novembro daquele ano.

Os programas foram retransmitidos diversas vezes, nos anos seguintes, e muitos foram os confrades e amigos que nos solicitaram os transpusesse para a linguagem escrita.

Estes apelos foram particularmente insistentes quando partidos de nosso querido amigo e ex-aluno Sérgio Carvalho do Nascimento, presidente do Instituto de Cultura Espírita do Brasil e diretor da Cruzada dos Militares Espíritas.

Confessamos que decorreu algum tempo para que vencêssemos uma série de escrúpulos, centrados — sobretudo — no fato de que as palestras tinham forte contribuição de algumas obras de nossa preferência, e as citações (embora com claras referências) nos pareciam muito numerosas. Na linguagem oral isto era perfeitamente aceitável, mas como seriam recebidas quando transpostas para um livro?

Não faltaram argumentos para que nos mostrássemos menos arredios, e o resultado está aí, esperando seja do agrado dos leitores que, como nós, guardam pasmo e admiração extremos pela obra do Apóstolo das gentes.

Explicação oportuna

É claro que as palestras radiofônicas foram refundidas, recebendo o tratamento de acurada revisão, alguns acréscimos e vários cortes.

Dirão: mais um livro sobre Paulo? Sim, mais um, e não será, certamente, o último. Muitos outros virão e continuarão vindo, pois ele tem sido inesgotável fonte inspiradora. Depois do Mestre, ninguém se lhe ombreia em nobreza na história do Cristianismo. Daí esta vastíssima poligrafia que não para de crescer, inclusive de seus detratores, que nele pensam encontrar a origem de todos os desvios que a mensagem cristã sofreu ao largo dos tempos.

Impõe-se uma breve apreciação das principais obras de referência que inspiraram este livro.

Inicialmente, o *Paulus*, de Josef Holzner, surgido na Alemanha em 1935(?), é um livro admirável, que contou com inúmeras edições e traduções. Da 22ª edição alemã foi feita uma versão portuguesa, por Maria Henriques Oswald, editada em Lisboa, em 1958. É um trabalho de grande erudição e, ao mesmo tempo, com forte carga de romance. Suas características podem levá-lo a ser questionado em alguns pontos, o que é perfeitamente natural. Na realidade, foi muito bem recebido pelo público, e teve o extraordinário mérito de desencadear enorme interesse pelos estudos paulinos.

Temos especial carinho pelo livro de Daniel-Rops (1909-1965), *São Paulo — Conquistador do Cristo* é uma obra leve e encantadora, extremamente rica de conteúdo, com indicações muito confiáveis. O autor, além de ter sido membro da Academia Francesa, é um historiador do Cristianismo de reconhecidos méritos, possuindo vários títulos publicados.

Agora, Ernest Renan (1823-1892), que nos merecerá mais cuidadosas informações. Renan foi um dos mais prestigiosos membros da Academia Francesa do século XIX. Após sete anos de estudos eclesiásticos, atravessou uma crise religiosa de ordem intelectual e psicológica, que o fez desistir do sacerdócio. Depois de obter todos os graus em Filosofia, viajou pela Síria e Palestina, e entregou-se, com paixão, ao estudo do Cristianismo e das religiões. Senhor de espantosa cultura, Renan deixou *História do Cristianismo* em sete volumes, o terceiro dos quais tem o título de *Paulo*. É uma obra primorosa, de referência obrigatória e vastíssima bibliografia. Hoje está em moda esquecê-la, ou não ser de bom-tom citá-la, e por várias razões. Renan foi um dos corifeus da chamada *escola crítica ou científica*, cujas teses foram demolidas uma a uma, estando desacreditada atualmente. Além disto, a chamada *revolução arqueológica*, que se processou a partir das últimas décadas do século XIX, colaborou para fazer ruir muitas das construções de Renan.

Todavia, continua sendo importante e altamente compensador ler Renan, desde que o leitor esteja alertado para as posições apriorísticas assumidas pelo autor. A título de exemplo, ele não admite, nem de longe, qualquer fenômeno de caráter mediúnico ou paranormal nos evangelhos, substituindo-os por hipóteses que se nos afiguram, muitas vezes, pueris. Se mergulharmos em Renan com os devidos cuidados, estaremos conhecendo uma obra ímpar, sem falar no gozo estético que nos proporciona o seu estilo incomparável.

Finalmente chegamos a *Paulo e Estêvão*, de Emmanuel, pela psicografia do venerável médium Francisco Cândido Xavier, uma das obras-primas de nossa literatura mediúnica. Diante desta obra, o comentarista que seja adepto do Espiritismo tem dois caminhos: ou desconhecê-la, o que não seria nem prudente, nem sensato, ou aceitá-la, emprestando-lhe verdadeiro caráter de revelação.

Se nos aventuramos a abordar a vida do abnegado filho de Tarso, não podemos deixar — por um dever de consciência — de acompanhar os passos seguidos por Emmanuel, máxime nos períodos e nos eventos dos quais não contamos com qualquer indicação nos Atos ou nas epístolas.

Por exemplo: se Lucas, discípulo e biógrafo de Paulo, encerra suas anotações no primeiro cativeiro do Apóstolo em Roma, felizmente dispomos das revelações de Emmanuel que nos fala dos acontecimentos que se sucederam e culminaram com o seu martírio.

Explicação oportuna

O espírita não pode furtar-se, portanto, a acompanhar de perto o trabalho de Emmanuel, daí havermos seguido o esquema do abnegado Mentor espiritual, mesmo quando não concorde com a tradição ou com a total ou parcial opinião dos comentaristas e estudiosos, esquema este do qual fazemos uma síntese nos Apêndices deste livro.

RUY KREMER
Outono, 2001.

Notas:
- As transcrições de *Paulo e Estêvão*, de Emmanuel, têm suas páginas indicadas por um pequeno número sobrescrito entre parêntesis. As referências foram feitas sobre a 20ª edição, de 1983, editada pela Federação Espírita Brasileira.
- As transcrições do Novo Testamento foram feitas da tradução de João Ferreira de Almeida, edição revisada e corrigida, impressa pelos Gideões Internacionais em 1977.

Homenagem

Esta é a primeira obra escrita de Ruy Kremer, destinada a marcar-nos de forma definitiva, ainda que seu trabalho como professor, expositor espírita, administrador, pai e esposo extremoso tenham deixado impressões profundas em todos aqueles que têm tido o privilégio de com ele lidar, como alunos, ouvintes, funcionários, filhos, esposa e sobretudo amigos de jornada.

Todos nós, sorvendo-lhe os conhecimentos, a técnica expositiva precisa, atraente, moderna, cativante e, mais ainda, o exemplo de chefe de família modelar, cunhando em torno de si uma prole que lhe traz como recompensa a felicidade do amor que se propaga, temos que enfatizar nossa justa homenagem a quem respondeu ao nosso chamado, tornando-se expositor do ICEB — Instituto de Cultura Espírita do Brasil, e também pelo zelo e dedicação demonstrados ao longo de toda sua vida, Kremer é mais um dos que se enfileiram como patrimônio cultural e doutrinário do Espiritismo no Brasil.

A Kremer devemos a gratidão pelo seu trabalho como professor do Colégio Militar do Rio de Janeiro. Tivemos a honra de aprender com ele História, durante quatro anos, e a alegria maior de vê-lo paraninfar nossa turma, em plenos Anos Dourados, década de 1950. Distinção merecida.

Mas com ele também temos tido a feliz oportunidade de trabalhar como integrante de várias diretorias de sua tão querida CME — Cruzada dos Militares Espíritas. Presidindo-a por várias gestões, até hoje, deve-lhe a CME a visão moderna, a reestruturação para adequação aos novos tempos, a orientação e a dinâmica do exercício do Espiritismo em bases efetivamente cristãs, estando integrada ao movimento espírita brasileiro e com raízes

Homenagem

já bem profundas nas Forças Armadas, cumprindo ali papel sem nenhuma equivalência em qualquer outro país do mundo.

Sua tarefa maior, no momento, no campo da cultura espírita, é de divulgar a Doutrina pela palavra falada. Para deixar impressa a marca de seus trabalhos mais queridos, reunimos, neste compêndio, o fruto de sua longa pesquisa sobre a vida e a obra de Paulo de Tarso — com rico embasamento histórico, acrescido das informações de natureza mediúnica reveladas por Emmanuel a Chico — tudo isso já objeto de palestras, cursos e conferências que promoveu, há algum tempo, em diversas organizações espíritas.

Muito obrigado, prof. Kremer.

SERGIO CARVALHO DO NASCIMENTO
Diretor-presidente do ICEB

Sumário

Capítulo 1 – Proêmio 17
Capítulo 2 – O menino judeu da Diáspora 23
Capítulo 3 – Aos pés de Gamaliel 35
Capítulo 4 – O caminho 40
Capítulo 5 – Sangue no átrio do templo 44
Capítulo 6 – O vaso escolhido 52
Capítulo 7 – Dois mil dias de maturação 61
Capítulo 8 – Dias felizes junto ao Orontes 72
Capítulo 9 – Sombras sobre Jerusalém 81
Capítulo 10 – Tem início a grande aventura 86
Capítulo 11 – Abrem-se aos gentios as portas da fé 102
Capítulo 12 – Tempos de crise 114
Capítulo 13 – O gume da espada 123
Capítulo 14 – "Passa à Macedônia e ajuda-nos!" 133
Capítulo 15 – Solidão e malogro em Atenas 145
Capítulo 16 – Êxitos nos domínios de Afrodite 156
Capítulo 17 – Em Jerusalém com o produto da coleta 166
Capítulo 18 – A vida interior das comunidades paulinas 172
Capítulo 19 – A nova província do Reino de Deus 181
Capítulo 20 – Provocações em Éfeso, apreensões em Corinto 192
Capítulo 21 – Pronto para o testemunho 200
Capítulo 22 – Sacrifício ao amor 211
Capítulo 23 – Perante o Sinédrio 222
Capítulo 24 – *Caesarem Appello* 232
Capítulo 25 – Ante Agripa 240
Capítulo 26 – Sobre o abismo das ondas 247
Capítulo 27 – Nas fontes da latinidade 255
Capítulo 28 – Até os confins da Terra 264

Capítulo 29 – *Semen est sanguis christianorum* 272
Capítulo 30 – *Epílogo* 282

Apêndices
Sequência dos episódios na vida de Paulo 290
Autoridades políticas nos tempos de Paulo 294
Índice onomástico 295
Bibliografia 302

CAPÍTULO 1

Proêmio

"Mas pela graça de Deus sou o que sou."
(*I Coríntios*, 15:10.)

Comecemos por Paulo e com Paulo.
Deixemo-lo falar-nos à sensibilidade.
Concedamos largo espaço à emoção.
Mas não nos permitamos desviar pelo prazer que nos propicia a beleza da forma; intuamos, para mais além, a majestade do panorama que se nos descortina e sintamos as potências da vida pulsando num coração verdadeiramente heroico.
"São hebreus? também eu;
são israelitas? também eu;
são descendência de Abraão? também eu.
São ministros do Cristo? (falo como insensato), eu ainda mais;
em trabalhos, muito mais;
em prisões, muito mais;
em açoites, infinitamente mais;
em perigo de morte, muitas vezes.
Cinco vezes recebi dos judeus quarenta golpes menos um.
Três vezes fui açoitado em varas;
uma vez fui apedrejado;
três vezes naufraguei;
uma noite e um dia passei perdido em alto-mar.
Em viagens sem-número,
exposto aos perigos dos rios,
perigos dos salteadores,
perigos da parte de meus patrícios,
perigos da parte dos gentios,

Proêmio

perigos nas cidades,
perigos nos desertos,
perigos no mar,
perigos da parte de falsos irmãos!
Ainda mais! os trabalhos,
as fadigas,
as numerosas vigílias,
a fome e a sede,
os múltiplos jejuns,
o frio e a nudez!
E sem falar de outras coisas:
Minha preocupação quotidiana,
a solicitude que dedico a todas as comunidades.
Quem fraqueja, sem que eu me sinta fraco?
Quem cai, sem que um fogo me abrase?
Se é preciso gloriar-se, de minha fraqueza é que me gloriarei.
O Deus e Pai de nosso Senhor Jesus Cristo,
que é eternamente bendito,
sabe que não falto com a verdade."[1]

Qual o sentido desta verdadeira catarse, que se expressa num desabafo no qual se revela uma alma de fogo? Libelo contra os judaizantes que semeiam espinhos em seu caminho, suscitando dúvida e cizânia entre os "filhos que gerou na fé"? Autodefesa ante as calúnias que lhe são assacadas? Uma efusão de seu espírito, de sentido autobiográfico, assinalada por eloquência raiando ao sublime? Sua justificação perante todos, pelos sofrimentos que balizaram sua árdua missão? Talvez tudo isto e mais alguma coisa, um patético testamento em que se confundem os mais variados sentimentos: afeto, solidariedade, censura, protesto, reconhecimento a Deus, humildade, alegria.

Não é sem razão que esta página, que o humanista Erasmo comparou ao estilo de Demóstenes, faz parte do que conhecemos como segunda carta aos coríntios, provavelmente a mais pessoal e

---

[1] II Coríntios, 11:22 a 31. Adaptação livre do texto evangélico.

reveladora do epistolário paulino, a que nos situa em melhores condições para uma abordagem da psicologia do grande missionário. É difícil nos furtarmos ao incontido anseio de conhecermos a personalidade que dá sentido a tudo isto. Se nos lembrarmos, ainda mais, que ao escrever este comovente texto, Paulo estava no meio de sua trajetória de missionário do Cristo, e de que o pior ainda estaria por vir, mais se nos cresce a perplexidade e mais se nos aguça o interesse.

Este foi o quinhão que lhe coube como advogado dos gentios ao longo dos 22 anos de ação apostólica. Difícil encontrarmos na história alguém a quem tenha sido atribuída tarefa tão gigantesca, e que a tenha cumprido de maneira tão cabal. Isto se explica porque em Paulo vida e *práxis* cristã se confundem, e esta presença crística se faz tão forte que dirá aos gálatas: *"e vivo, não mais eu, mas Cristo vive em mim"*.[2]

Quanto mais sofre, mais suporta os malefícios, sem jamais perder a alegria, que deve ser a marca dos verdadeiros seguidores do Cristo. Quando cativo em Roma, em perigo de morte, escreverá uma derradeira carta aos seus queridos filipenses. E o que dirá a eles? *"Alegrai-vos sempre no Senhor, de novo vo-lo digo: alegrai-vos."*[3]

Na primeira carta aos coríntios, escreverá, ainda, estas vigorosas palavras:

> Porque tenho para mim, que Deus a nós, Apóstolos, nos pôs por últimos, como condenados a morte; pois somos feitos espetáculo ao mundo, aos anjos e aos homens. Nós somos loucos por amor de Cristo, e vós sábios em Cristo; nós fracos, e vós fortes; vós ilustres, e nós vis. Até esta presente hora sofremos fome, e sede, e estamos nus, e recebemos bofetadas, e não temos pousada certa. E nos afadigamos, trabalhando com nossas próprias mãos; somos injuriados, e bendizemos; somos perseguidos, e sofremos; somos blasfemados, e rogamos; até ao presente temos chegado a ser como o lixo deste mundo, e como a escória de todos.[4]

---

[2] Gálatas, 2:20.
[3] Filipenses, 4:4.
[4] I Coríntios, 4:9 a 13.

Proêmio

É esse fervor e esse entusiasmo que precisamos ter presentes no espírito quando seguimos na esteira da inaudita saga do Apóstolo das gentes.

*

No mundo conhecido do Ocidente, nos tempos de Paulo, apenas uma certeza política se apresentava, uma só realidade se impunha ao espírito: o Império Romano, então vivendo sua *Idade de Ouro*, inaugurada com Otávio Augusto, morto em 14 d.C. Nós temos dificuldade em sentir, agora, o que o Império representava de ordem, de estabilidade e de grandeza, mesmo porque aprendemos que as dominações são transitórias.

O Mediterrâneo tinha se convertido no *mare nostrum*; do alto Nilo às lindes da Escócia, dos contrafortes do Cáucaso ao promontório de Sagres, os filhos da Loba impuseram a supremacia da administração e do direito romanos, inaugurando um sentido de pragmática universalidade, o que levou os intelectuais latinos a admitir, com Cícero, que na ordem moral e intelectual, o Império estava fadado a ser a "sociedade do gênero humano".

Nos tempos de Otávio, pela segunda vez, fecharam-se as portas do templo de Jano,[5] em Roma, a indicar a inexistência de guerras, o que só tinha acontecido no já distante reinado de Numa Pompílio. Os poetas podiam cantar as delícias da *Pax Romana*. O Império estava protegido pelos desertos e pelo ferro de suas legiões. Isto era, segundo Humberto de Campos em sua *Boa Nova*, consequência da aproximação da esfera crística de nosso planeta, para a chegada do Cristo.

Pequenos conflitos, limitados às fronteiras, são solucionados por contingentes profissionais. Os sobressaltos políticos, sobretudo

---

[5] Jano era o deus das portas e, mais genericamente, das passagens, como a de um ano para outro. Era representado com duas faces opostas, já que as portas abrem para os dois lados, e a entrada de uma época impõe um olhar para o futuro, sem se perder a visão do passado. O primeiro mês do ano (janeiro) o recorda, e o primeiro dia lhe era consagrado.

os causados pelos loucos imperadores da família Juliana são limitados a um meio restrito: o da corte, do senado e das repartições. O que conta é que a ordem, a administração pública e a lei estivessem garantidas.

O Império assegurava a unificação monetária e linguística; as práticas legais, que afiançavam aos detentores da cidadania romana uma série de garantias contra o arbítrio das autoridades; um notável sistema viário, graças à existência das magníficas vias romanas, como a via Egnácia, tantas vezes usada por Paulo, que ia de Dirráquio, no Adriático, a Neápolis, no Egeu, passando por Pela, Tessalônica e Anfípolis, ligando-se, na extremidade oriental, ao acesso a Bizâncio; as numerosas linhas marítimas, servidas por uma infinidade de armadores, cujos navios singravam o Mediterrâneo, que havia sido escoimado da pirataria por ação de Pompeu.

A *Pax Romana*, bem o sabemos, colaborou com Paulo e com a expansão cristã, levando historiadores a afirmar, com algum acento de exagero, que as legiões trabalharam pelo Cristianismo. Outro tanto pode ser dito da *Diáspora*, a dispersão dos judeus pelo mundo mediterrâneo, feita de modo pacífico ou por força das guerras. Foi fundamental a existência de colônias judaicas em quase todas as cidades visitadas e evangelizadas pelo Apóstolo.

Mas não devemos exagerar as facilidades. Paulo e seus eventuais companheiros não tinham recursos. Não podiam usar cavalos ou utilizar-se dos serviços dos falanstérios existentes nas grandes vias romanas. Viajavam a pé, dormiam ao relento, não dispunham de agasalhos, e recolhiam todo o catálogo de perigos e ciladas que enumerou na famosa passagem que transcrevemos.

Foram mais de duas décadas não de um cruzeiro de recreio, mas sim de um esforço hercúleo, dispendido ao preço de inusitada energia.

Este o "teatro de operações" com que interagiu o nosso biografado. Uma extensa seara, de três milhões de quilômetros quadrados, na qual o Apóstolo vai lançar a sua charrua e fazer sua sementeira.

Proêmio

Mais importante que o cenário material, há que lembrar o quadro espiritual onde exercerá sua ação, um variado *melting-pot* humano, que vai das populações atrasadas da Licaônia ao meio intelectualizado de Atenas, passando pela estranha fauna humana do porto de Corinto.

Paulo, com fino trato psicológico, há de discutir, em suas cartas, sobretudo na endereçada aos romanos, os problemas morais e espirituais do mundo pagão. A essa sociedade assente em falso, Paulo vai apontar novos horizontes, desvendando caminhos até então desconhecidos, procurando preencher, com inesgotável força interior, o grande vazio que pressentiu em seus contemporâneos.

CAPÍTULO 2

O menino judeu da Diáspora

> "Ninguém despreza a tua mocidade, mas sê o exemplo dos fiéis, na palavra, no trato, na caridade, no espírito, na fé, na pureza."
> (*I Timóteo*, 4:12.)

"Eu sou judeu, de Tarso, na Cilícia, cidadão de uma cidade de algum renome."[6] Nesta resposta ao tribuno da fortaleza Antônia, que o confundiu com um terrorista egípcio, e que consta dos *Atos*, Paulo se identifica, revelando, em poucas palavras, as influências que interagiram em sua forte personalidade: educação judaica de base, formação grega na cidade universitária de Tarso e cidadania romana.

Ao mesmo tempo, nesta despretensiosa apresentação, Paulo insinua seu orgulho em ser natural de uma cidade de algum renome, no que foi modesto, pois Tarso contava-se entre as mais importantes cidades do seu tempo.

Situada quase no vértice do ângulo marítimo desenhado, nos mapas, pela Síria e Ásia Menor, Tarso erguia-se na fértil planície da Cilícia, com seus ondulantes trigais e seus numerosos pomares, formando um perfumado xadrez de variados matizes.

Ao fundo, na direção do poente, como altaneiras guardiãs, erguiam-se as majestosas alturas do Tauro, com seus aguçados picos e seus cumes nevados, fazendo correr por suas vertentes numerosos cursos d'água, dos quais o principal era o Cidno, que cortava

---
[6] ATOS, 21:39.

a cidade ao meio, com suas águas puras e frescas, muito cantadas pelos poetas. Navegável, ligava Tarso ao porto de Regma, pois a bela cidade ficava cerca de 20km afastada do litoral.

Antigo vilarejo hitita e, depois, fenício, Tarso beneficiou-se de sua situação privilegiada, como antiquíssimo entroncamento de tráfico internacional, e ponto de contato entre duas civilizações: a greco-romana do ocidente e a semítico-babilônica do oriente.

Tarso era a chave do caminho que conduzia às famosas "Portas Cilicianas", estrada escavada nas rochas dos desfiladeiros do Tauro, que apontava para a Ásia Menor: Éfeso, Mileto, Bizâncio e o Ocidente. Para o Leste, nas mais distantes montanhas do Amânio, chegava-se às "Portas da Síria" ou "Portas Amânidas", passagem para o mundo semítico-oriental.

Tarso era importante centro comercial, e o Cidno, ao longo da cidade, era flanqueado, em ambas as margens, por desembarcadouros, armazéns e cais. Somos levados a imaginar Saulo menino, com seus irrequietos amigos, a acenar para os barcos que entravam e saíam da cidade, correndo e pulando por entre os fardos e baús de mercadorias, ouvindo os mercadores que vinham de longe, de Éfeso, de Alexandria, de Corinto, de Roma, do Ponto etc., com seus trajes e dialetos bizarros.

Desde cedo, assim, o mar ligou-se à vida de Saulo. Ele seria essencial ao cumprimento de sua futura missão apostólica e, mais de uma vez, lhe foi funesto algoz. Em suas cartas há referências à vida comercial e ao intercâmbio de mercadorias.

O ambiente de Tarso, em que Saulo nasceu e cresceu, antes e mesmo depois de sua conversão, nos sugere a dupla influência na formação do Apóstolo. É claro que a educação judaica é prevalecente e primordial. Mas o jovem, inteligente e irrequieto, tinha os olhos e os ouvidos abertos para o mundo que o rodeava, dele recebendo poderosos estímulos e influências. Entender isto nos ajuda a compreender o Paulo das cartas.

Embora seu modo de argumentar fosse aprendido na tradição rabínica, muitas de suas imagens e expressões vêm do mundo grego. Não esqueçamos que ele pensava e escrevia em grego, como se fosse sua língua nativa, como de fato o era, na realidade. Em casa, no ambiente doméstico, expressava-se em aramaico, a língua corrente na Palestina. Mais tarde, nos estudos avançados da Lei, irá aprender o hebraico, então reduzido a idioma litúrgico.

Trepidante cidade de trezentas a quinhentas mil almas, Tarso também era importante centro cultural e universitário, rivalizando com Atenas e Alexandria por suas escolas de filosofia e retórica. Ali os imperadores vinham buscar preceptores para seus filhos e netos.

Somos levados a imaginar Saulo menino, com seus irrequietos amigos, a acenar para os barcos que entravam e saíam da cidade, correndo e pulando por entre os fardos e baús de mercadoria, ouvindo os mercadores que vinham de longe...

O menino judeu da Diáspora

Alguns decênios antes do nascimento de Saulo, o célebre Cícero fora governador da província. Quando Paulo era pequeno certamente deverá ter visto, mais de uma vez, um venerável ancião, do qual se dizia, ao passar: "Olha ali! Atenodoro, mestre e amigo de nosso imperador Augusto." Atenodoro era filho de um aldeão dos arredores de Tarso, e fora discípulo de Posidônio. Em Apolônia do Épiro, o jovem Augusto costumava sentar-se aos seus pés, para ouvi-lo, e lhe foi fiel até a morte. Era uma das poucas pessoas que tinha a liberdade e a autoridade para chamar a atenção para a conduta do imperador, e admoestá-lo quando em erro.

Atenodoro passou os últimos vinte anos de sua vida em Tarso, dedicado ao ensino. Algumas sentenças de Atenodoro, citadas por Holzner, nos poderão dar a dimensão de sua filosofia ética, na qual pode se encontrar resquícios da moral evangélica: "Tens que saber que não te verás livre de tuas paixões senão quando conseguires não pedir nada a Deus que não possas solicitar publicamente", ou então esta outra: "Comporta-te com os homens como se fosses visto por Deus e fala com Deus como se te ouvissem os homens."

Dizia o filósofo que "para todo ser humano, sua consciência é Deus", e Holzner conjectura se será mera coincidência o fato de que a palavra consciência, introduzida por Atenodoro como norma moral ética, apareça tão amiudadas vezes nas cartas de Paulo.

Além de Atenodoro, citemos Nestor, outro filósofo que também foi chamado à corte para ser o preceptor de Marcelo, neto do imperador.

As luzes de Zenão de Cipro, de Arato da Cilícia, de Crisipo, de Apolônio, todos filósofos estoicos ilustres, ainda iluminavam Tarso quando da adolescência de Saulo.

Mas, embora não tenha frequentado as escolas gregas, como é certo, e nem haja estudado a filosofia que Sêneca colocara em moda, é provável que, mais de uma vez, haja se detido para ouvir, em seu caminho para a escola ou para a sinagoga, um dos muitos oradores públicos, estoicos ou cínicos, que arengavam sobre filosofia, ética e religião, ao longo das ensombradas avenidas do Cidno.

Tarso, em que pese a ferina opinião de Díon Cássio — "a pior das raças" —, era, sob vários aspectos, uma cidade conservadora e séria, disciplinada e austera. Uma situação que contrastava com a frivolidade e a decadência moral das antigas colônias gregas da Jônia.

A cidade possuía suas recordações históricas e românticas, desde as lendas sobre sua fundação, ora atribuída aos heróis homéricos, ora a Semíramis, ora a Sardanápalo.

Costumava-se assinalar o local em que Alexandre acampara, após cruzar as "Portas da Cilícia", em perseguição ao rei persa Dario. Desejando refrescar-se, Alexandre mergulhou nas águas muito frias do Cidno e, em consequência, ficou doente e acometido de febre alta. Os médicos não sabiam o que fazer; unicamente um, Filipo, discípulo de Hipócrates, se dispôs a curar o jovem rei. O general Parmênides opôs-se a isso, escrevendo a Alexandre que tivesse cuidado, pois Filipo estava a soldo de Dario, para envenená-lo. Alexandre sorveu toda a beberagem que lhe preparou Filipo e deu-lhe a carta a ler. Este gesto de grandeza salvou-lhe a vida e permitiu que cumprisse sua extraordinária missão histórica. Filipo serviu-o, com inexcedível dedicação, até sua prematura morte.

Foi, também, nas águas convidativas do Cidno que afogou-se, em 1190, o imperador e cruzado Frederico Barba Roxa.

É provável que Saulo ouvisse de seu pai, vencido o pudor, a história das festas celebradas em Tarso para comemorar a chegada da fascinante Cleópatra, rainha do Egito, que remontou o Cidno em sua nave suntuosa, recamada de ouro, exibindo toda a beleza de sua juventude em trajes de Afrodite, rodeada de cupidos e disposta a conquistar o coração de Marco Antônio, o general romano, tarefa que não lhe foi difícil, e acabou sendo funesta para o ilustre romano.

O jovem Saulo interessava-se, também, pelos jogos do estádio e pela atividade militar, o que nos mostram as numerosas referências epistolares aos estádios, às competições e à vida castrense. As imagens e os símbolos usados por Paulo em suas cartas são voltados para as atividades urbanas, o que é natural em um filho de uma grande cidade, e contrasta com as imagens e os símbolos de Jesus, que refletem a vida campestre e aldeã, tendo por pano de fundo a natureza.

Para o homem a quem estava afeta, desde o ventre de sua mãe, a missão de levar o Evangelho aos gentios, foi providencial ser educado num meio grego, de língua grega e sob a influência do município grego — a *polis hellenis* —, este eficaz instrumento colonial de que se utilizou Alexandre para levar a cultura grega ao mundo oriental.

O sonho de Alexandre foi completado por seus sucessores, os selêucidas e os ptolomeus, que fizeram nascer e florescer belas cidades com importantes escolas, fulcros em torno dos quais irradiou-se a chamada civilização helenística, de que são exemplos Tarso, Antioquia da Síria, Rodes, Alexandria, Ptolemaida, Tiro, Ascalon, Gaza, Gadara etc.

Sempre em contato com o fervilhante mundo dos gentios, o futuro Apóstolo tinha as vistas largas e a mente aberta, o que seria difícil caso se houvesse educado exclusivamente em Jerusalém, com seu sufocante ambiente de estrita ortodoxia, com sua estreiteza de vistas, com seus casuísmos, a rígida secura de suas observâncias e a sua hipocrisia.

Tarso era, também, como todas as grandes cidades do mundo mediterrâneo, importante centro religioso.

A ideia dominante era a do poder divino de um deus excelso, que se chamava *Baal-Tarz* (Senhor de Tarso), mas também Zeus. A diferença entre um deus excelso e um que obra, que atua, nada mais é do que a transposição, para o plano divino, da situação entre os homens. Para a mentalidade oriental, a dignidade de quem reina é inseparável do descanso, da inação, da inacessibilidade. Quanto mais para deus...

Só por meio de outros deuses, seus ministros, que o deus excelso atua junto aos homens. Em Tarso, este deus que atua era Sandan, mais tarde identificado com o herói divinizado Héracles.

Baal-Tarz e Sandan-Héracles eram deidades campestres, divindades da vegetação, como o demonstram seus atributos simbólicos: espigas de trigo, flores e cepas de uvas.

O culto de Sandan tinha seu ponto alto na festa anual da fogueira, quando a estátua do deus, transportada em luxuoso carro, percorria a cidade para depois ser queimada. Nisto havia um simbolismo da morte e da vida no mundo vegetal, que faz parte do ciclo da natureza.

Utilizemo-nos de Holzner para o seguinte comentário:

> Pensativo, podia estar a sós o jovem Saulo, quando, anualmente, no solstício de verão, as chamas iluminavam o céu noturno, e uma selvagem multidão, gritando e se lamentando, jogava a imagem colossal do deus entre o crepitar das chamas. E, quando os companheiros pagãos lhe narravam, no dia seguinte, as festas noturnas, sentia-se profundamente compadecido destes gentios ignorantes ante a visão da sublimidade do Deus de Israel. Mais tarde Paulo pode ter utilizado este pressentimento, existente na natureza humana, de um mistério de morrer e ressuscitar, pressentimento que sempre criou novas formas de expressão nas religiões antigas, como ponto de referência para mostrar aos gentios que suas obscuras suspeitas se cumpriram muito mais perfeitamente na morte e na ressurreição do Cristo.[7]

A cidade de Tarso associara-se, sem lutas, desde os Cipiões, aos novos senhores do mundo, os romanos.

A família de Paulo, já com a cidadania tarsense, adquiriu, em época e por razões que desconhecemos, a cidadania romana. O que tomava tão atraente a cidadania romana? Quais suas vantagens?

Esta cidadania era um privilégio raro e invejado naqueles tempos. Ao cidadão romano era concedida a plenitude dos direitos e estava autorizado, mesmo que materialmente disso não pudesse se aproveitar, a ir a Roma e eleger os magistrados nos comícios; era protegido, até certo ponto, do arbítrio dos funcionários, que

---

[7] Holzner, J., *San Pablo*, Editorial Herder, Barcelona (Espanha), 1980, pág. 19.

não podiam infligir-lhe castigos corporais, como a flagelação, ou suplícios desonrosos, como a cruz; de não pequena importância era o direito de apelar para César das sentenças dos magistrados. No século anterior, Cícero fizera condenar Verres por haver crucificado um cidadão romano na Sicília.

Desde há muito que as famílias judaicas, normalmente prolíficas, emigravam para as cidades do mundo mediterrâneo. Além dessa emigração pacífica, havia outras, forçadas, como as realizadas, ao longo do tempo, por força das lutas entre os selêucidas e ptolomeus pela posse da Palestina, ou por causa da intervenção militar romana na região, iniciada com Pompeu, em 63 a.C.

Estas comunidades judaicas constituíam a Diáspora — palavra que significa "dispersão" — e não havia grande porto ou cidade que não tivesse seu bairro judeu. A sociedade da Diáspora era muito mais rica que a da Palestina.

A judiaria de Tarso era numerosa, e a colonização intensificara-se a partir de 175 a.C., quando o rei selêucida Antíoco Epífanes tomara a seu serviço mercenários judeus, muitos dos quais, posteriormente, radicaram-se em Tarso.

Os judeus abastados, que podiam pagar 500 dracmas de impostos, recebiam a cidadania municipal e participavam da administração pública. Não havia separação rigorosa entre judeus e gentios. Ambas as comunidades estavam unidas em torno do interesse comum do estado e da cidade, pelos quais faziam suas orações, cada qual a seu modo.

O pai de Saulo, que Emmanuel revela chamar-se Isaac, era fariseu, fiel cumpridor da *Torá*, orgulhoso de ser filho da Promessa, da estirpe de Abraão, podendo assegurar sua filiação à tribo de Benjamim.

A indústria a que se dedicava o velho Isaac era a dos têxteis, que fizera a fortuna da cidade. Cilicianos chamavam-se os rústicos e resistentes tecidos feitos com o pelo das cabras do Tauro. Eram tecidos ásperos e rudes, mas impermeáveis e praticamente incorruptíveis, que serviam para tapetes, tendas de campanha, ou mantos para pastores e guias de caravanas. Estes mantos, desde que colocados em pé, assim permaneciam, e podiam servir de abrigo.

Da mãe de Saulo, nada se sabe. Jamais foi citada nas cartas. Os comentaristas tendem a concluir haja ela falecido cedo, mas uma referência em *Paulo e Estêvão* contradiz esta hipótese. Vale a pena citar esta referência, por falar, também, da posteridade da família de Saulo.

Trata-se de um diálogo entre Saulo e seu amigo Sadoc, ocorrido em Jerusalém, no ano de 35 (uma das raras datas citadas no livro), no qual Sadoc comenta:

— Pelo que me dizes, folgo em saber que teu pai vai melhorando, progressivamente, as condições financeiras. E dizer-se que foi tecelão humilde...

Ao que Saulo responde:

— Por isso mesmo, talvez, ensinou-me a profissão, quando menino, para que nunca me esquecesse de que o progresso de um homem depende do seu próprio esforço. Hoje, porém, depois de tantas fadigas no tear, ele descansa, com justiça, numa velhice honrada e sem cuidados, *junto de minha mãe* (grifo nosso). Suas caravanas e camelos percorrem toda a Cilícia e os transportes lhe garantem um desenvolvimento de renda cada vez maior.[73]

Desconhece-se o ano em que Saulo nasceu, embora se possa concluir tenha sido dentro dos dez primeiros anos do primeiro século, muito provavelmente entre 5 e 10.

Saulo, possivelmente, como era comum na Diáspora, tinha dois nomes. Quando, ao oitavo dia, foi mandado circuncidar, na conformidade da Lei, recebeu um nome muito apreciado na tribo de Benjamim: Xaul → Saul → Saulo, nome do primeiro rei dos hebreus, que era benjamita. Para os contatos com a sociedade pagã, é quase certo que Saulo tivesse outro nome, Paulus, que se aproximava de Saulo, palavra que, por sinal, no idioma grego, dá ideia de pessoa vacilante, dúbia.

Não há, outrossim, referências a irmãos de Saulo, e Emmanuel, numa passagem de *Paulo e Estêvão*, coloca, em fala de seu pai, quando Paulo o visita após a conversão, as seguintes palavras: Criei-te com todo o desvelo que um pai de nossa raça costuma dedicar ao único filho varão...[296]

O menino judeu da diáspora

Saulo possuía uma irmã, Dalila, segundo Emmanuel, que vivia em Jerusalém, e irá desempenhar significativo papel na vida do Apóstolo.

É claro que muitíssimo mais importante do que a influência grega, era para Paulo sua ascendência judaica e sua educação baseada no Antigo Testamento (a *Torá* ou *Lei* — e os profetas), fato que remonta a uma tradição mais que milenária, a laços de sangue e às tradições da nação judaica.

Os judeus possuíam um excelente sistema de educação doméstica, e este era o segredo de sua força e da preservação de sua cultura em meio a tantas dificuldades que tiveram que enfrentar.

Saulo, além de ter sido iniciado na língua hebraica, aplicada, apenas, à leitura e aos comentários dos textos bíblicos, deveria conhecer a versão grega do Antigo Testamento, conhecida como *Septuaginta* ou *Setenta,* e representada, graficamente, pelo número 70 em algarismos romanos: LXX.

Esta famosa versão, para uso dos judeus da Diáspora, foi feita em Alexandria (Egito). O Pentateuco (a Lei) foi traduzido no ano de 250 a.C., e cerca de um século depois estava completa a tradução dos demais textos.

O nome pelo qual ficou conhecida a famosa versão grega deve-se à lenda segundo a qual setenta e dois judeus — seis de cada tribo de Israel — a teriam feito em setenta e dois dias.

No estudo da Lei e dos profetas residia toda a educação judaica, como, de resto, toda vida nacional girava em torno do Livro dos Livros [*Torá*].

Saulo recebeu fortes estímulos das virtudes da educação doméstica dos judeus, bem como da zelosa atitude do pai neste sentido.

Aos cinco anos, os meninos aprendiam o conteúdo principal da lei nos capítulos 5 e 6 do *Deuteronômio*, bem como os *Salmos* 113 a 118 — a grande "Hallel" —, que se cantavam nas grandes festas do ano, cujos significados também eram transmitidos às crianças.

Aos seis anos, o menino deve ter frequentado uma espécie de

jardim de infância, que funcionava junto à sinagoga, conduzido por um escravo, o "pedagogo (παιδαγωγῶς)", que levava seus pertences, hábito assimilado dos gregos. Na escola o aluno sentava-se no chão, tendo sobre os joelhos a tabuinha encerada, sobre a qual escrevia com um estilete de metal. Nesta fase, o ensino centrava-se na história providencial de seu povo, cuja posição excepcional entre os demais povos o menino aprendia a conhecer. Cada dia levava para casa a lembrança de uma nova estória, de um novo feito, sob as vistas do poderoso Senhor de seu povo, cujo nome, santo e inefável, não poderia ser pronunciado, apenas representado pelo tetragrama sagrado: YHWH.

Aos dez anos, deverá ter começado um período menos feliz, coincidindo com a segunda fase do processo educativo. Desde esta idade os meninos israelitas eram introduzidos no conhecimento da chamada "lei oral", constituída por uma infinidade de prescrições que os rabinos haviam estabelecido, ao longo do tempo, acrescentando-as à Lei. Constituíam grande número de observâncias rigorosas, de regras de purificação ritual, de distinções sutis, que tornavam a vida difícil, levando a criatura a grande tensão psicológica, quer por estar facilmente em erro, quer por se encontrar sempre na iminência de cometê-lo.

Agora ressoava, a cada passo, aos ouvidos do menino: Não deves! — Não toques! — Não faças isto!

O ambiente que Saulo respirava no lar era, pois, inteiramente religioso, embora um tanto asfixiante, e isto se pode afirmar por algumas indicações contidas em suas futuras cartas. Há possibilidade de se referir ele a este período da infância, quando afirma, na carta aos romanos "*E eu, nalgum tempo, vivia sem lei* (seria a inocência de menino?), *mas, vindo o mandamento, reviveu o pecado, e eu morri*", afirma ele, concluindo: "*e o mandamento que era para a vida, achei eu que me era para a morte*".[8]

Quiçá o espírito independente do menino Saulo fizesse com que sofresse o castigo com varas, aplicado por seu severo pai.

---

[8] Romanos, 7:9 e 10.

Mais tarde, na carta aos efésios, dirá: "*Pais, não provoqueis a ira a vossos filhos.*"⁹ Certamente naquela época já estava colocado o eterno problema de pais tiranos — filhos irritados, pais conservadores — filhos modernos.

Junto com os estudos, o menino fazia o duro aprendizado no tear, confeccionando os tecidos de pelos de cabras. Nas famílias farisaicas dizia-se que era formoso o estudo da *Torá*, em união com uma ocupação profana. Todos os grandes rabinos trabalhavam num ofício, o que era frontalmente contra a mentalidade greco-romana, que julgava desprezível a criatura que trabalhasse em atividades manuais.

Aos catorze ou quinze anos, já tendo conquistado o título de Filho do Preceito, na cerimônia do *Bar-Mitzwa*, Saulo era um mancebo judeu, educado segundo os preceitos da raça e detentor de uma profissão.

Fazer estudos religiosos em Jerusalém era muito importante para um jovem judeu. Não só isso significava estudos teológicos e escriturísticos, mas, também, ascender à categoria de escriba, de sábio, de letrado, e adquirir prestígio com o título de doutor e mestre.

A estadia da cidade santa era, pois, um privilégio que os pais zelosos e que tivessem condições financeiras não se furtavam de conceder a seus filhos.

E Saulo o desfrutou.

---

⁹ Efésios, 6:4.

CAPÍTULO 3

Aos pés de Gamaliel

> *"Quanto a mim, sou varão judeu, nascido em Tarso da Cilícia, e nesta cidade criado aos pés de Gamaliel, instruído conforme a verdade da lei de nossos pais, zelador de Deus, como todos vós hoje sois."*
> (Atos, 22:3.)

Na idade própria, provavelmente aos quinze ou dezesseis anos, foi encaminhado para a cidade que, desde o rei Davi, há mais de mil anos, era a pátria espiritual de todo judeu crente.

Ali erguia-se o grande templo, morada do Deus vivo, único lugar em que eram admitidos holocaustos e sacrifícios.

Poderia ser duro apartar-se da casa paterna; poderia ser longa a distância entre Tarso e Jerusalém, mas tudo era fartamente compensado pelo fervor do discípulo e pelo contato com a cidade e o templo, que representavam as mais altas aspirações de todo judeu.

Voltados para a direção de Jerusalém, os judeus cativos, na Babilônia, tinham chorado e lançado este patético brado: *"Se eu de ti me esquecer, ó Jerusalém, que se resseque a minha mão direita. Apegue-se-me a língua ao palato se me não lembrar de ti..."*[10]

Era para ela que acorriam, todos os anos, nas grandes festas — sobretudo na Páscoa e Tabernáculos — os judeus de toda a Palestina e os da Diáspora, entoando salmos e cânticos apropriados.

---

[10] SALMOS, 137:5 e 6.

Aos pés de Gamaliel

Há de se imaginar como deve ter batido forte o coração de Saulo quando, pela primeira vez, vindo do norte, teve ante os olhos a majestade do panorama que lhe era oferecido pela cidade erguida sobre as colinas de Sião: a leste o Monte das Oliveiras, circundado pela estrada que passava por Betânia e Betfagé; depois, a profunda e sombria depressão do vale do Cedron, em cujas encostas vinham morrer as majestosas muralhas do templo. Ficava-se deslumbrado com sua grandeza, com seus imensos pórticos de mármore, com o revérbero dourado de seus tetos de ouro; e não só o templo, pois ainda havia outros motivos de encanto: para além dos muros, os palácios de Herodes e o dos asmoneus.

Era para aí que convergiam os jovens de todas as comunidades da Diáspora, milhares de estudantes, todos ávidos de ouvirem as palavras dos mestres renomados. Saulo foi um destes alunos, dessa juventude entusiástica, às vezes estrepitosa, mas marcada pela gravidade que todos reconhecem nos homens de sua raça.

O ensino era ministrado em casas particulares, numa das inúmeras sinagogas da cidade ou, mais comumente, no grande pórtico do templo, conhecido como Pórtico de Salomão, a pouca distância do Santo dos Santos, morada do espírito. Ali, na colunata, os jovens faziam um semicírculo em torno do mestre, acocorados, amontoados e atentos, conforme se vê, ainda hoje, na Universidade Muçulmana de El-Azar, no Cairo (Egito).

Mestres famosos tinham seus nomes e sua fama projetados por toda a Diáspora. Era o caso de Hillel e de Schammaï, que representavam duas correntes e cuja influência sobre a tradição judaica foi muito profunda. Schammaï era rígido, rigorista e ortodoxo; Hillel, liberal e franco. Muitas vezes defrontavam-se em justas memoráveis, e as interpretações de algum texto provocavam verdadeira paixão, como hoje pelos jogos esportivos em nossos estádios.

O ensino era expositivo e monótono, e o aluno deveria reter, de memória, as preleções do mestre, que as repetia até serem memorizadas. A arte de aprender estava ligada à arte de falar, fundamentada em recursos de ritmo e mnemotécnica, a fim de assegurar a facilidade de memorização. Todo o corpo participava desta arte de falar, com o uso do balanço, do ritmo e até da dança, quando ocorriam estribilhos com vozes alternadas.

Muitos recursos técnicos eram usados, como, por exemplo, cadências, às vezes, estróficas; utilização de palavras-chave no discurso, verdadeiros ágrafos; paralelismos e antíteses.

Graças a estes recursos e à reconhecida capacidade de memorização dos semitas, a tradição oral era muito segura, e o ensino era transmitido através das gerações. O bom estudante era aquele que, no dizer dos rabinos, "qual uma cisterna bem construída, não perdia uma gota d'água".

O mestre do jovem Saulo será Gamaliel, e disto o próprio Paulo dá testemunho. A escolha não poderia ter sido melhor. Os *Atos dos Apóstolos* e a *Mishná* imortalizaram Gamaliel, que era, sem dúvida, o homem mais notável do partido farisaico, filiando-se pelas concepções e pelo sangue, à escola de Hillel, de quem era neto ou, como se tende a aceitar hoje, filho.

Gamaliel era afável e contemporizador, e não desprezava ninguém. Não condenava os crentes que falavam o grego; não voltava o rosto quando cruzava com mulheres pagãs, e até condescendia em retribuir a saudação de qualquer estrangeiro, o que era sinal de enorme generosidade.

E, no entanto, sua ortodoxia era inatacável. Tanto assim que, antes dele, os doutores da lei eram chamados *rab*, isto é, mestre, ou ainda *rabbi*, meu mestre. Gamaliel teve a honra de ser o único a ser identificado como *rabban*, nosso mestre.

Quando os Apóstolos Pedro e João foram presos por ordem de Saulo, uma única voz se ergueu a favor deles — a de Gamaliel — e, graças a ele, ambos foram postos em liberdade.

A seu tempo veremos como Gamaliel foi tocado pela doutrina do Caminho, como recebeu as anotações de Mateus, e como terminou seus dias em Palmira, na casa de um irmão, aceitando Jesus como o Messias, o *Christós* (Χριστος).

Certamente Saulo recebeu poderosa influência de Gamaliel, sobretudo quanto à doutrina, embora seu temperamento inflexível tivesse dificuldade em assimilar a temperança e o espírito conciliador do mestre.

Aos pés de Gamaliel

Decorridos seis ou sete anos, e já à beira de seus vinte e um ou vinte e dois anos, Saulo retornou a Tarso, a fim de ajudar o pai em seus trabalhos. Levava na lembrança a recordação de muitas sentenças que mostravam o perigo de se entregar em demasia aos negócios. Já Hillel afirmava: "Quem muito dá ao comércio, não adquire sabedoria."

Requisitado pela comunidade judaica de Tarso, o jovem teve que mostrar o que era viver segundo a Lei, assim como falar na sinagoga, participar dos ofícios litúrgicos, das questões jurídicas, e ainda resolver casos de consciência — pois que tudo isto era exigido dos *rabbis*.

Esta permanência em Tarso não tem apoio em qualquer documento. É uma conjectura sobre uma hipótese lógica e natural, com grande foro de verossimilhança.

Em *Paulo e Estêvão*, Emmanuel nos diz que Gamaliel mantivera contato com Paulo e sua família e que, já com idade avançada, desejava deixar suas atividades no senado judaico, o sinédrio, retirando-se para local sossegado. Para tanto, Gamaliel fizera de Saulo seu herdeiro, desejando que o sucedesse no sinédrio e nas importantes funções que ali desempenhava. Isto dá bem a medida da estima que nutria por seu brilhante discípulo.

Certamente por isto, sem falar no desejo de prosseguir nos seus estudos e mergulhar, novamente, no meio mais altamente expressivo de seu povo, que Saulo retornou à cidade santa.

Este retorno foi, muito provavelmente, depois do ano 30, o ano do drama do Calvário. Temos certeza, por força da afirmação peremptória de Emmanuel, no início do cap. IV de seu livro, que no ano de 35 Saulo já estava em Jerusalém. Emmanuel o mostra, neste ano, com "toda a vivacidade de um homem solteiro, bordejando os seus trinta anos".[70] Isto nos dá uma interessante indicação: a do ano 5, aproximadamente, para nascimento do Apóstolo.

Entre sua primeira estada na cidade e seu retorno, importantes acontecimentos tinham tido seu curso, de transcendente significado, embora, certamente, tenham passado despercebidos pelo jovem rabino.

Em março de 28, um galileu, que até então vivera anônimo em Nazaré, iniciava sua pregação[11] pelos caminhos da Palestina, anunciando ao povo a Boa Nova e o Reino de Deus, e dizendo-se o Cristo, o Ungido, o Messias esperado e anunciado pelos profetas.

Por suas atitudes desassombradas, por seu desprezo pelas observâncias formais, por sua valorização das intenções puras, por seus ataques à hipocrisia farisaica, pelo entusiasmo como era recebido pelo povo humilde, aquela massa dos *am-ha-arez*, desprezada pelas classes dominantes e que se via envolvida em sua imensa capacidade de amar; por tudo isto e muito mais, desencadeara o ódio daqueles estratos sociais, particularmente dos saduceus e fariseus, que lhe tramaram iníqua conspiração, levando-o ao suplício infamante da cruz, em um pseudoprocesso recheado de ilegalidades e irregularidades, no qual até a autoridade romana local, representada por Pôncio Pilatos, foi ardilosamente envolvida, comprometendo-se por sua fraqueza e indecisão. Este ominoso acontecimento ocorreu, hoje é praticamente unânime a aceitação desta data, em abril do ano 30.[12]

Saulo não conheceu Jesus, não cruzou com ele durante o seu ministério. Seus itinerários e cronologias não são coincidentes. Se houvera conhecido o Mestre, tê-lo-ia dito em alguma oportunidade, com a mesma veemência com que fala de sua ação como algoz e perseguidor do Cristianismo nascente, ou de seu encontro com o Cristo às portas de Damasco.

Pelo que sabemos do caráter e do temperamento de Saulo, se ele tivesse sido um dos figurantes da pregação de Jesus, não há dúvida: ou seria por ele, ou contra ele. Não ficaria indiferente. Engajar-se-ia como um seguidor ou formaria logo entre seus inimigos.

---

[11] Segundo Humberto de Campos, no capítulo 3 do livro *Boa Nova*, psicografado por Francisco Cândido Xavier, Jesus iniciou seu ministério público nos primeiros dias do ano 30, quando se avistou com o Batista no deserto da Judeia.

[12] De acordo com Emmanuel, no capítulo VIII da Primeira parte do livro *Há dois mil anos*, psicografado por Francisco Cândido Xavier, a crucificação de Jesus ocorreu no ano 33, fato corroborado por inúmeros historiadores do Cristianismo em obras recentes.

CAPÍTULO 4

O caminho

"E persegui este caminho até a morte."
(*Atos*, 22:4.)

Quando de seu regresso a Jerusalém Paulo travou, certamente, conhecimento com a nova doutrina, e deve ter ficado muito incomodado com as informações sobre os seus progressos, dado que não ganhara terreno apenas entre os desprezados *am-ha-rez*, como recolhia adeptos entre intelectuais, entre escribas e fariseus, provavelmente entre antigos companheiros.

À medida que Saulo se inteira do assunto vai, paulatinamente, se envolvendo com o Caminho, como se intitulava a comunidade dos seguidores de Jesus, bem como com o diácono Estêvão, como veremos adiante. À proporção que este envolvimento se desdobra, Saulo assume, com crescente paixão, o papel de algoz e verdugo do Cristianismo nascente. E o faz em nome de seus princípios, da Lei e das tradições da raça, valores que, a seu ver, estavam sendo ameaçados pelos seguidores de um vil carpinteiro, que recebera morte infamante na cruz.

E como se apresentava o Cristianismo, em Jerusalém, decorridos cinco anos do drama do Calvário?

Como sabemos, quando se desencadearam as forças tenebrosas que prenderam e sacrificaram Jesus, os seus discípulos, inclusive os mais chegados, os chamados Doze, recolheram-se, fracos e temerosos, fugindo à população enfurecida.

O tom desta fraqueza foi dado pela tríplice negação de Simão Pedro.

Na hora augusta do testemunho, sob o lenho infamante, apenas se encontravam o grupo fiel das mulheres e o adolescente João.

A notícia da ressurreição, trazida por Madalena, levantou os ânimos, e a convivência de Jesus com seus companheiros, após o túmulo vazio, reunira novamente o rebanho que se dispersara.

Mas foi só no quinquagésimo dia após a Páscoa — *pentêkoste êmera* (πεντηκοστεημερα) em grego — quando se comemorava a festa de Pentecostes, também chamada da Colheita ou das Semanas, que ocorreram os notáveis eventos da descida ou efusão do espírito, fenômenos mediúnicos que sacudiram a comunidade nascente.

Depois de Pentecostes ninguém mais foi o mesmo: os Apóstolos, com desassombro, passaram a anunciar a Boa Nova, e muitos creram. As conversões, segundo o autor dos *Atos*, foram muito numerosas. Mais ou menos três mil pessoas só nesse dia, afirma Lucas.[13]

A comunidade do Caminho, em pouco tempo, era relativamente numerosa, e a crença de que em Jesus tinham se cumprido os tempos messiânicos anunciados pelos profetas extrapolava Jerusalém e já ia ganhando regiões vizinhas.

Os *Atos* nos dão indicações desta primeira experiência de vida cristã: "*E todos os que criam estavam juntos, e tinham tudo em comum.*"[14]

Todos viviam em comunhão, como um só coração e uma só alma. Ninguém possuía nada que fosse seu. A concórdia era perfeita, pois não havia questões dogmáticas nem questões de precedência, que tanta cizânia provocam.

Escreve Renan:

> A alegria estava em todos os corações, viva e profunda. A moral era austera, mas entranhada de um sentimento suave e terno. Os fiéis reuniam-se nas casas para orarem e se darem aos exercícios extáticos. A recordação desses dois ou três primeiros anos ficou sendo como a de um paraíso terrestre, que o Cristianismo desde então procurará em todos os seus sonhos, mas a que debalde se esforçará por voltar.[15]

---

[13] ATOS, 2:41.
[14] ATOS, 2:44.
[15] Renan, E., *Os Apóstolos*, Liv. Chardron, Porto (Portugal), 1925, pág. 59.

O caminho

Durante o dia os discípulos se reuniam nos pórticos do templo, sobretudo no de Salomão.

A fé em Jesus era discutida nas sinagogas. Jerusalém possuía centenas delas, já que era hábito dos judeus se reunirem segundo sua procedência, em sinagogas especiais.

Os judeus da Diáspora, sobretudo, tinham suas sinagogas próprias. Eram importantes a dos libertos — assim chamada por ser frequentada por judeus que tinham sido levados cativos por Pompeu, e, posteriormente, haviam conquistado a liberdade —, a dos cireneus, a dos cilícios, a dos alexandrinos, a dos asiáticos.

O povo começava a admirar os adeptos do Caminho, devido aos seus sentimentos caridosos, à sua atividade assistencial, à sua afabilidade e à sua simplicidade.

O termo usado para as reuniões dos fiéis era o hebreu *kahal*, que foi traduzido pela palavra grega *ekklêsia* (εκκλησια). Esta palavra representava, em Atenas, a assembleia popular, quando reunida na colina do Pnix ou na ágora (praça).

Este vocábulo, nos Evangelhos, é sempre traduzido por "igreja", cujo sentido semântico, hoje em dia, adquiriu conotação especial, que não corresponde ao sentido primitivo. Muitas vezes, pois, escreveremos assembleia ou comunidade.

Esta comunidade de Jerusalém não tinha cerimônias especiais, e as reuniões nada tinham de litúrgico, no sentido moderno da palavra: eram sessões da sociedade, consagradas à oração, aos exercícios mediúnicos — sobretudo o dom das línguas e a profecia — e à leitura da correspondência.

O ponto alto desta sociedade de irmãos eram as refeições feitas em comum, tão do gosto dos judeus.

Os serviços da comunidade cresciam à medida que ela se avolumava. Eram múltiplas as tarefas a serem atendidas. Os trabalhos precisavam ser reorganizados, a fim de que os Doze dispusessem de mais tempo para as tarefas essenciais da pregação. Começaram, ainda, a surgir murmurações e queixas em torno da questão das distribuições, falando-se que os judaizantes ou hebreus — ou seja, os adeptos oriundos da Palestina — eram melhor aquinhoados que os adeptos oriundos da Diáspora, os helenistas.

Para dirimir o problema, atribuindo tarefas administrativas a novos companheiros, de sorte a permitir que os membros do colégio apostólico ficassem livres para a difusão da Boa Nova, a comunidade elegeu sete auxiliares, os diáconos, do vocábulo grego *diákonos* (διακονοσ), que significa servidor, servo, garção, auxiliar.

Dentre estes sete, contava-se Estêvão, que estava fadado a se tornar um verdadeiro líder do grupo. Eram conhecidos como os Sete, assim como já o eram os Doze.

Esses diáconos irão desempenhar papel importantíssimo no Cristianismo primitivo. Além das tarefas administrativas, que resolviam com extraordinário senso prático, tornaram-se pregadores e taumaturgos.

Além de Estêvão, citamos o diácono Filipe, pai de quatro filhas que, como ele, eram grandes médiuns, e que não deve ser confundido com o Apóstolo Filipe.

O Caminho conquistara muitas adesões, inclusive entre a casta sacerdotal e entre os levitas. Lembramos o caso de José, levita da ilha de Chipre, que os Apóstolos batizaram de Barnabé, ou seja, "filho da profecia" ou "filho da pregação", que vendeu todos os seus bens e entregou o produto da venda aos Doze, como era praxe.

CAPÍTULO 5

Sangue no átrio do templo

> *"E quando o sangue de Estêvão, tua testemunha, se derramava, também eu estava presente e consentia na sua morte, e guardava os vestidos dos que o matavam."*
> (Atos, 22:20.)

Nos acontecimentos que fizeram de Saulo o primeiro grande perseguidor dos cristãos, entra como peremptório e importante protagonista o diácono Estêvão, primeiro mártir da nova fé.

É em *Paulo e Estêvão*, de Emmanuel, que ficamos sabendo do singularíssimo papel que Estêvão assume na vida e na história de Paulo. No prefácio dessa obra encontramos o seguinte: "Sem Estêvão, não teríamos Paulo de Tarso. O grande mártir do Cristianismo nascente alcançou influência muito mais vasta na experiência paulina, do que poderíamos imaginar tão só pelos textos conhecidos nos estudos terrestres. A vida de ambos está entrelaçada com misteriosa beleza."[9]

Quando Emmanuel afirma que "sem Estêvão, não teríamos Paulo de Tarso", dá a dimensão da influência do jovem diácono, e esta observação do grande Mentor espiritual faz eco a uma afirmação de santo Agostinho, que perfilha o mesmo ponto de vista, assim se expressando em seu sermão 382: "sem a oração de Estêvão, a Igreja não teria Paulo".

A indicação de Emmanuel é respaldada, como o afirma, na tradição espiritual, à qual certamente teve acesso. Daí a riqueza das revelações sobre o intimorato mártir, que nos colocam na pista desta simbiose espiritual que se estabelece entre ambos.

Urge, pois, façamos breve sinopse sobre o que sabíamos de Estêvão, considerando os *Atos* e o que nos revela Emmanuel sobre ele.

O que Lucas nos informa sobre Estêvão, nos capítulos 6 e 7 dos *Atos*, é o seguinte:

1º – A indicação de seu nome entre os sete diáconos eleitos pela comunidade do Caminho;

2º – Que Estêvão, cheio de graça e poder, fazia prodígios e sinais entre o povo;

3º – Que polemizava com os judeus, com muito sucesso, sobretudo com os frequentadores das sinagogas dos libertos, dos cireneus, dos alexandrinos e dos cilícios;

4º – Que subornaram indivíduos para incriminá-lo de blasfêmia junto ao sinédrio;

5º – Que foi levado, pelo povo amotinado, ao sinédrio, onde lhe foram imputadas as acusações;

6º – Que Estêvão defende-se diante dos sinedritas com longo e arrojado discurso;

7º – Que, ao final do discurso, os judeus, superexcitados, arrastaram-no à lapidação;

8º – Que as testemunhas tinham colocado suas vestes aos pés de um jovem chamado Saulo;

9º – O versículo 1 do capítulo 8 conclui: "E também Saulo consentiu na morte dele."

É apenas isto que os textos consignam sobre Estêvão. Mais não se sabia. Depreende-se, pelo nome grego, que tenha sido originário da Diáspora. Nada mais.

Eis que Emmanuel, em toda a I Parte de *Paulo e Estêvão*, nos descortina amplo leque de revelações sobre Estêvão, que resumiremos sinteticamente.

Basicamente, o autor nos conta o seguinte:

1º – Estêvão, cujo nome original era Jeziel, pertencia a uma família judaica da cidade de Corinto, na Acaia (Grécia);

2º – O pai de Jeziel, já viúvo, não sobreviveu aos suplícios que lhe foram impostos por ordem do corrupto legado imperial da Acaia, Licínio Minúcio, em processo venal;

3º – Jeziel, também preso na ocasião, foi condenado às galés, e Abigail, sua irmã, libertada;

4º – Abigail, só no mundo e com todos os bens confiscados, foi acolhida por um venerável casal, Zacarias e Ruth, que, em breve, levando a jovem com eles, rumavam para a Palestina;

5º – Jeziel, pouco depois, embarcava numa galera do tráfico mediterrâneo;

6º – Esta galera, voltando de Cefalônia, recebeu um passageiro ilustre, o jovem romano Sérgio Paulo, que se dirigia para Cítium, em comissão de natureza política;

7º – Sérgio Paulo adoeceu, vítima de uma febre maligna, provavelmente uma peste desconhecida;

8º – Jeziel, cujo temperamento e comportamento chamara a atenção de seus feitores, foi designado para servir Sérgio Paulo, o que fez com inexcedível dedicação e desvelo, a ponto de o jovem romano recuperar a saúde;

9º – Em consequência de sua convivência com o doente, Jeziel é vitimado pelo mesmo mal;

10º – O comandante quer jogá-lo ao mar. Sérgio Paulo interfere e consegue convencer as autoridades de bordo a deixá-lo na praia, nas proximidades do porto de Jope, na costa palestina;

11º – Jeziel foi recolhido por membro da comunidade do Caminho, e, posteriormente, encaminhado a Jerusalém, onde se tornou um dos mais dedicados irmãos e um vigoroso pregador da nova fé;

12º – A fim de não comprometer seu benfeitor Sérgio Paulo, e atendendo a pedido deste, Jeziel enterra seu passado em suas reminiscências, e muda o nome, adotando o que lhe foi sugerido por Simão Pedro: Estêvão — *Stephanos* (Στεφανος), em grego.

É fácil verificar o quanto devemos às informações de Emmanuel, para um real conhecimento sobre Estêvão.

É no retorno de Saulo a Jerusalém que vai ocorrer o dramático confronto de Saulo com Estêvão e o Caminho.

O quadro em que se fixará este confronto começou a ser debuxado com uma visita de Saulo e um grupo de fariseus ao ambiente humilde da Casa do Caminho, onde ouviu entusiástica e inspirada pregação de Estêvão.

Interpelando os presentes e o jovem pregador, Saulo tentou provocar uma disputa, da qual esquivou-se, com humildade e sabedoria, o seu interlocutor, levando o desafiante à exacerbação por ver-se humilhado em seu orgulho, de vez que ficara manifesta a superioridade dos conceitos e atitudes de Estêvão.

Por pouco não irrompe um conflito no pacífico ambiente, invectivando Saulo os adeptos do Nazareno, e prometendo desforra diante dos vexames que, a seu ver, lhe tinham sido infligidos por Estêvão.

Saulo, então, opta por uma convocação de Estêvão para explicar-se perante o sinédrio, o mais alto tribunal da raça. Por ação de Gamaliel, sempre contemporizador, tal convocação resumir-se-ia numa requesta, na qual o convocado deveria explanar seus pontos de vista a fim de serem, posteriormente, estudados.

Estêvão nega-se a comparecer, apesar da opinião contrária de seus companheiros, firmando-se no seu propósito de não polemizar. Como não se tratasse de um processo regular, não havia como forçá-lo a comparecer, salvo se fosse oficialmente acusado de calúnia ou blasfêmia. E é este o caminho de que Saulo se utiliza, pedindo a um amigo que fizesse a denúncia formal e legal, perante o sinédrio, da acusação de blasfêmia.

A notícia foi recebida na Casa do Caminho com desolação e apreensões. Apenas Simão Pedro, João e Estêvão mantiveram serenidade.

Perante um sinédrio superlotado compareceu Estêvão, dando continuidade às práticas processuais iniciadas com a denúncia de blasfêmia. Verdadeiramente inspirado, Estêvão discursa perante a hostil assistência, reafirmando, corajosamente, ser Jesus o Cristo anunciado pelos profetas, ao mesmo tempo que invectivava a incompreensão de seu povo, remontando ao passado, com exemplos históricos.

Em dado momento, a cólera de Saulo foi tanta, que agrediu o orador a socos, batendo-lhe no rosto, para depois pedir, como juiz da causa, a sua lapidação, sob o delirante apoio da fanática assembleia.

A autoridade superior submete o pedido à votação do reduzido círculo de colegas mais eminentes, ocasião em que ocorreu nova e providencial intervenção de Gamaliel, que, com o peso de seu nome, pede tempo para julgar a causa, propondo seja adiada a decisão.

Saulo, agastado, foi obrigado a concordar, embora tenha imposto novas condições, ou seja, Estêvão deveria permanecer algemado e preso, e deveriam ser iniciadas minuciosas investigações acerca das atividades da seita dos nazarenos. As exigências de Saulo foram acolhidas, e ele foi autorizado a iniciar as diligências. E, assim, o futuro Apóstolo vai assumindo, progressivamente, a liderança das perseguições e do combate aos adeptos do Caminho.

Segundo os *Atos*, a lapidação de Estêvão se fez nesta mesma sessão do sinédrio. Renan apresenta suas dúvidas sobre isto, sugerindo que Lucas tenha se equivocado. E Renan não ficou sozinho: depois dele outros especialistas também levantaram suas dúvidas. Emmanuel, que estamos seguindo de perto na análise do sacrifício de Estêvão, nos mostra que o martírio ocorreu, realmente, num segundo momento, em nova reunião dos sinedritas, embora não nos revele o tempo transcorrido entre as duas, durante o qual Estêvão esteve recolhido ao cárcere.

Nessa segunda reunião do sinédrio, Estêvão enfrenta, com extraordinário estoicismo, os seus algozes, acabando por ser encaminhado à lapidação, o que ocorreu, ainda segundo Emmanuel, no átrio do templo, não longe da sala de reuniões.

Perante um sinédrio superlotado compareceu Estêvão, dando continuidade às práticas processuais iniciadas com a denúncia de blasfêmia.

Estêvão foi atado a um tronco e os executores, representantes das diversas sinagogas, depositaram aos pés de Saulo, segundo a pragmática, os seus mantos; este deu ordem para começar e a tragédia consumou-se.

Emmanuel traça comovente quadro espiritual dos últimos momentos do animoso diácono, no qual tomamos ciência da presença do próprio Mestre nestes dramáticos sucessos, o que lhes empresta significativa majestade.

Em dado momento, escreve o grande Mentor espiritual:[156/7]

> Nesse instante, ignorando-se alvo de tão singular atenção, o pregador do "Caminho" saiu de sua impressionante imobilidade. Vendo que Jesus contemplava, melancolicamente, a figura do doutor de Tarso, como a lamentar seus condenáveis desvios, o discípulo de Simão experimentou pelo verdugo sincera amizade no coração. Ele conhecia o Cristo e Saulo não. Assomado de fraternidade real e querendo defender o perseguidor, exclamou de modo impressionante:
> — Senhor! Não lhe imputes este pecado!...[16]

É esta a oração de Estêvão a que se referiu santo Agostinho, e que mencionamos há pouco.

De posse da autorização do sinédrio, Saulo, iniciando sua meticulosa perseguição, "assolava a igreja, entrando pelas casas; e, arrastando homens e mulheres, os encerrava na prisão",[17] inclusive efetuando numerosas na Casa do Caminho, dentre as quais as de Simão Pedro e João.

Tiago, filho de Alfeu, conhecido como Tiago Menor, como tivesse sido surpreendido em atitude de devoção diante da *Torá*, foi dispensado da prisão. Emmanuel nos diz que esta foi a causa psicológica do apego de Tiago à Lei e de suas posteriores atitudes judaizantes.

Lembremos que Paulo jamais cita o nome de Estêvão em suas cartas, embora saibamos o quanto a lembrança do jovem mártir

---

[16] ATOS, 7:60.
[17] ATOS, 8:3.

ardia como brasa em sua consciência. Cita-o, todavia, no discurso que fez perante os judeus de Jerusalém, conforme Lucas regista no capítulo 22 dos *Atos*, embora saibamos que estes discursos podem ser encarados com alguma reserva.

Recordemos, ainda, que Emmanuel nos conta que Saulo noivara com Abigail, a irmã de Jeziel ou Estêvão. Convidara a noiva a assistir a lapidação de Estêvão, seu primeiro grande triunfo, que o enchia de entusiasmo. Relutante, Abigail compareceu ao cruento espetáculo, para acabar identificando, no jovem supliciado, o irmão querido que tanto ansiava reencontrar.

Esta identificação foi terrível choque para Saulo, que acabou por afastar-se da jovem.

Abigail, pouco depois, faleceria vitimada por doença pulmonar, não sem antes ter recebido as consolações da mensagem cristã, iniciada que fora por fervoroso adepto, o velho Ananias.

Curioso verificar que, por todos caminhos, aquele Nazareno insinuava-se na vida de Saulo. E, quanto mais isto ocorria, mais recrudescia ele na sua louca perseguição.

O Cristo, todavia, tinha marcado um encontro com Saulo na estrada para Damasco.

CAPÍTULO 6

O vaso escolhido

"Porque noutro tempo éreis trevas, mas agora sois luz no Senhor; andai como filhos da luz."
(*Efésios*, 5:8.)

Em consequência do sacrifício de Estêvão e das terríveis perseguições aos adeptos desencadeadas por Saulo, ocorreu uma dispersão dos fiéis de Jerusalém, tendo muitos deles fugido para as regiões vizinhas, sobretudo os cristãos helenistas, ou seja, os cristãos oriundos da Diáspora, cristãos de língua grega.

"...e todos foram dispersos pelas terras da Judeia e da Samaria, exceto os Apóstolos" dizem os *Atos*.[18] Certamente os Apóstolos não ficaram sozinhos, tendo permanecido com eles muitos companheiros oriundos do farisaísmo, cujo apego às tradições judaicas ainda era muito vivo. E Lucas prossegue: *"Mas os que andavam dispersos iam por toda parte, anunciando a palavra."*[19]

Assim, sabemos que Filipe foi para a Samaria, outros foram para Damasco, no coração da Síria Oriental, e até para Chipre, Fenícia e Antioquia.

Mais tarde, Simão Pedro e João percorrerão a Samaria, e Pedro fará incursões em cidades como Jope, porto marítimo onde levantou a Tabita, e Lida, nos lindes da planície de Saron, onde curou um paralítico.[20]

Não satisfeito com os tormentos causados ao Caminho, com as prisões, com os castigos corporais, com as violências perpetradas contra os crentes, Saulo, após a morte de Abigail, passou

---

[18] Atos, 8:1.
[19] Atos, 8:4.
[20] Atos, 9:32 a 41.

a concentrar sua atenção num objetivo — limitado e pessoal —, qual seja, o de exercer sua vingança em Ananias, o bondoso velho que iniciara a noiva no conhecimento de Jesus e de suas imorredouras lições.

Este mesquinho objetivo, que nos é revelado por Emmanuel, dá bem a dimensão dos problemas psicológicos com que o perseguidor se via a braços. Ficamos a conjecturar no que poderá ter ocorrido no íntimo do futuro Apóstolo, nas estruturas do seu psiquismo, para além do estrito cumprimento do dever com que acobertava sua ação devastadora.

Para localizar o idoso membro do Caminho, do qual não lograva informações, Saulo não titubeou em recorrer à prisão e à tortura de um indigitado jovem, que acabou por revelar encontrar-se Ananias instalado em Damasco.

Promovendo uma reunião do sinédrio, Saulo fez ver a seus pares que agora Jerusalém estava em paz, graças às enérgicas providências tomadas por aquele colegiado, e que o Caminho estava reduzido à assistência aos enfermos desamparados. O mesmo não se poderia dizer, segundo Saulo, das cidades vizinhas, onde as autoridades religiosas de municipalidades como Jope, Cesareia e Damasco davam a conhecer a ação nefasta dos adeptos do Crucificado. Pedia, pois, ao sinédrio, fossem tomadas medidas saneadoras também nessas localidades, chamando particular atenção para o caso de Damasco, onde um velho de nome Ananias perturbava a coletividade israelita e a paz na sinagoga.

Por solicitação específica, Saulo recebeu do sinédrio cartas de habilitação para agir discricionariamente em Damasco, com o apoio da sinagoga local. Provavelmente o sumo sacerdote era Jônatas, filho de Anás, que sucedeu a Caifás no ano de 36, governando poucos meses.

Cartas com tais poderes eram ilegais, tanto pelo direito judaico, quanto pelo romano. Sobre os membros dos sinédrios locais das comunidades da Diáspora, os sumos sacerdotes não tinham, em princípio, qualquer poder, o mesmo não se podendo dizer do prestígio que desfrutavam, do qual sabiam utilizar-se com liberalidade e astúcia.

O vaso escolhido

Para a administração romana seria intolerável admitir que um pequeno rabino saísse de um território afeto ao procurador da Judeia, para fazer detenções em área da jurisdição do legado imperial da Síria.

A morte de Estêvão, sem o selo da autoridade romana, assim como as perseguições e a projetada missão punitiva a Damasco, são provas que vêm a favor do ano de 36 para a datação destes fatos, já que neste ano o procurador Pôncio Pilatos fora chamado a Roma, a fim de explicar-se sobre excessos que cometera em sua administração, e o novo procurador, Marcelo, ainda não havia chegado.

Houve, assim, um interregno, um período em que a autoridade romana ficou frouxa, representada, apenas, pelo administrador de Cesareia. Por outro lado, Vitélio, o legado imperial da Síria, a quem estavam subordinados os procuradores da Judeia, fazia política de bom entendimento com as autoridades do sinédrio. Portanto, se os sinedritas atuassem com presteza, os resultados poderiam ser muito bons.

Tudo contribuía, pois, para a pressa na realização do cometimento: as imposições da hora política e as febris disposições de Saulo.

E Saulo ruma para Damasco, aceitando, diz Emmanuel, a companhia de três varões respeitáveis, Jacó, Demétrio e Jonas, homens já de certa idade, e deverá ter contado com uma pequena escolta, já que a missão envolvia a captura e o traslado de prisioneiros para Jerusalém.

A distância entre Jerusalém e Damasco é de mais ou menos duzentos e cinquenta quilômetros, que deveria ser percorrida em estradas de areia e cascalho. Com penosas jornadas diárias, e o tempo de repouso necessário, levava-se uma semana na viagem, ou mais.

Duas estradas principais conduziam a Damasco. Uma cruzava a Palestina no sentido sul-norte, atravessando a Samaria e a Galileia até chegar a Cesareia de Filipe, de onde contornava o monte Hermon para, depois, ganhar as estepes, que atravessava em linha reta.

Uma outra, mais curta, ia pelo mesmo rumo até Siquém, de onde refletia para Citópolis, no vale do Jordão (a única cidade da Decápole a oeste do rio) e daí, sempre pelo vale, ia até a cidade helenística de Hipos, na beira oriental do lago de Genesaré, para, em seguida, subir rumo às pastagens da Traconítida, além das quais encontrava-se com a outra estrada.

Certamente Saulo preferiu o caminho pelas colinas, a fim de fugir ao intenso calor no vale do Jordão, onde, em julho e agosto, mais ou menos a época da expedição, são comuns as temperaturas de quarenta e cinco graus. Mesmo pelas alturas, o verão castiga o viajante. Sem falar que o caminho pela espinha dorsal da Palestina era batizado por reminiscências históricas, toda uma geografia que estava indissoluvelmente ligada ao seu povo.

Na véspera da chegada, quase a termo da difícil e penosa viagem, quando já se avistavam no horizonte os contornos de Damasco, sob a canícula do meio-dia, Saulo, que vinha ensimesmado em mil e uma conjecturas e lembranças, sentiu-se envolvido por estranha e intensa luz, sem qualquer relação com a luz solar, ao mesmo tempo em que lhe parecia fender-se o ar, surgindo um arco de intensa luminosidade que se perdia ao infinito. Ou pela confusão dos sentidos, ou porque o cavalo se haja empinado, ou pelas duas coisas, Saulo foi ao chão, pedindo socorro.

E lhe aparece uma figura humana de majestática beleza, que parecia vir dos céus ao seu encontro.

Sob o olhar profundo, magnético e envolvente daquela luminescente criatura, e na sagrada língua de seus antepassados, em dulcíssima voz, Saulo ouviu dizer:

— Saulo!... Saulo!... por que me persegues?

Saulo, rendido, indaga:

— Quem sois vós, Senhor?

— Eu sou Jesus — lhe responde a visão.

Em um átimo Saulo abraçou toda a evidência da realidade. Estêvão e Abigail estavam certos: Jesus vivia! Aquele era o Messias, o Cristo prometido.

Sob forte emoção e abundantes lágrimas, notou que Jesus se aproximava, dizendo com paternal carinho:

O vaso escolhido

— Não recalcitres contra os aguilhões!

Saulo compreendeu e entregou-se por inteiro, incondicionalmente, perguntando:

— Senhor! Que quereis que eu faça?

E Jesus respondeu:

— Levanta-te, Saulo! Entra na cidade e lá te será dito o que te convém fazer!

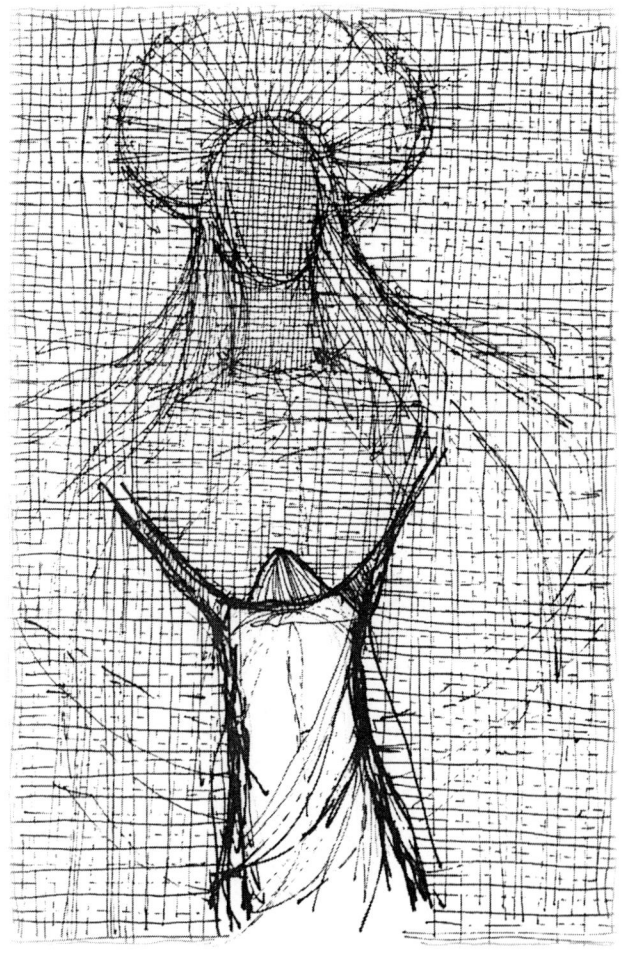

— Senhor! Que quereis que eu faça?

Esta rendição incondicional de Saulo, esta espantosa entrega sem limites, esta *metánoia* (μετανοια) que se realiza subitamente, reporta-nos a um outro acontecimento semelhante, o ocorrido com Maria de Nazaré, quando do anúncio feito pelo anjo Gabriel, ocasião em que fez-se entregar, ela também, confiante e nimbada de fé, à vontade de Deus: "*cumpra-se em mim segundo a tua palavra*".[21]

Então, o jovem doutor da lei não mais viu a visão, e sentiu-se mergulhado em sombras. Prostrado, continuava a derramar copiosas lágrimas e a esfregar os olhos, como a querer romper as trevas em que estava mergulhado. Em vão. Estava cego.

Amparado pelos companheiros, declarou estar cego e haver visto Jesus Nazareno.

Entristecidos, os amigos o consideraram presa de momentânea perturbação, da qual se veria livre por intervenção terapêutica, ao mesmo tempo em que decidiam levar a notícia ao sinédrio em Jerusalém, do que se encarregaram Demétrio e Jonas, enquanto Jacó permaneceria com Saulo para guiá-lo até a cidade e lá tomar as providências para sua cura.

O episódio da visão de Damasco é registrado três vezes nos *Atos*, nos capítulos 9, 22 e 26. No capítulo 9, o fato é contado por Lucas no contexto da narração que vem fazendo; nos capítulos 22 e 26 aparecem como transcrições de discursos do próprio Paulo; no capítulo 22, aos judeus de Jerusalém, quando ali foi preso, e no capítulo 26, perante o rei Agripa.

Os relatos coincidem no essencial, diferindo nos detalhes e no circunstancial, como, de resto, é comum acontecer nos textos neotestamentários paralelos, sobretudo entre os sinóticos.

O relato do capítulo 9 diz que os companheiros de Saulo ouviram a voz, mas não viram ninguém; a narração do capítulo 22 diz que seus amigos "*viram, em verdade, a luz, e se atemorizaram*

---

[21] LUCAS, 1:38.

muito; mas não ouviram a voz daquele que falava comigo"[22] O capítulo 26 não diz nada a respeito.

Nos capítulos 9 e 22, a única pessoa que caiu por terra foi Saulo, a figura central do episódio; no capítulo 26 diz-se que todos foram jogados ao chão.

Nos capítulos 9 e 22 recomenda-se a Saulo prosseguir viagem para Damasco, enquanto no capítulo 26 a missão apostólica lhe é outorgada no momento da visão.[23] Certamente Paulo não quis aborrecer Agripa com pormenores e resumiu a questão.

Cada narração refere-se a um contexto diferente, e as diferenças, mantidas por Lucas, apenas reforçam a autenticidade dos textos. Teria sido fácil ao evangelista harmonizar as lições e, aí sim, não teria sido fiel.

Guiado por Jacó, Saulo retoma o caminho para Damasco.

A cegueira de Saulo o impediria de ver os belos panoramas que iam surgindo.

Damasco, cidade antiquíssima já mencionada em antigos textos egípcios, como as *Cartas de Amarna,* era, no passado, o que ainda hoje é: um fertilíssimo e maravilhoso oásis que parece brotar como uma flor em meio ao deserto inóspito. As suas inesgotáveis nascentes fazem brotar variadas espécies vegetais.

Assim se expressa Daniel-Rops:

> Plátanos e choupos, faias e salgueiros demarcavam os ribeiros e os frescos regos de água; à sombra das palmeiras, as romãs, os damascos e os figos amadureciam em inúmeros cercados; por toda a parte a rosa e o jasmim misturavam, ao das tuberosas, os seus perfumes adocicados. O Ocidente e o Oriente, cruzando ali suas estradas, tinham feito da cidade um dos centros onde as caravanas se detinham, ao dirigirem-se ao Egito, à Mesopotâmia, à Pérsia, carregadas de pelarias, de sedas, de sal ou de metais preciosos. Nesta poderosa cidade, na qual dez raças diferentes eram vizinhas, havia muito tempo que a colônia judaica era numerosa (Flávio Josefo fala de 50.000 almas), colônia essa de

---

[22] ATOS, 22:9.
[23] ATOS, 26:16.

prósperos lojistas e artífices. Do fundo de sua vermelha Petra, o rei, de quem mais ou menos dependia a cidade, o príncipe árabe Aretas, protegia-a.

Transposta a porta fortificada — que uma torre maciça guardava — o viajante encontrava-se numa avenida com a extensão de 1.500 metros e a largura de 30, toda bordada de pórticos de colunas coríntias, e cujo pavimento de lajedo se encontrava ladeado de passeios. Chamavam-lhe a rua "Direita", rua que existe ainda, continuando a ser conhecido o seu antigo nome, ao lado do moderno *Suk el Tawil* — "Extenso Bazar".[24]

Segundo Emmanuel, Saulo pede a Jacó para levá-lo à residência de seu grande amigo, de nome Sadoc, que, inteirado das condições do recém-vindo, não o recebe.

Saulo instala-se na estalagem de um certo Judas, situada na rua Direita, e logo depois Jacó retornaria a Jerusalém, alegando compromissos de família.

Após três dias de disciplina espiritual, uma visita lhe é anunciada pelo estalajadeiro. Saulo julga tratar-se de Sadoc, que prometera procurá-lo. Qual não é, todavia, a sua surpresa, quando o visitante se anuncia: Ananias!

A ovelha ia ao encontro do lobo, o perseguido vinha em socorro do perseguidor. Na sobriedade do estilo de Lucas, ou na comovente e poética descrição de Emmanuel, o episódio é de uma beleza e de um significado ímpares. Ananias fora orientado pelo próprio Mestre para procurar Saulo; diante dos temores do ancião, Jesus fala: "*Vai, por que este é para mim um vaso escolhido, para levar o meu nome diante dos gentios, e dos reis e dos filhos de Israel.*"[25]

Ananias acaba por impor suas mãos nos olhos de Saulo, dos quais caem como que umas escamas, e a visão lhe é restituída.[26]

---

[24] Daniel-Rops, *São Paulo, Conquistador do Cristo*, Liv. Tavares Martins, Porto, 2ª ed., 1960, págs. 55 e 56.
[25] ATOS, 9:15.
[26] ATOS, 9:17 a 18.

Em efusões de alegria e de gratidão, Saulo é iniciado por Ananias no conhecimento de Jesus, sem falar nas referências a Abigail.

Saulo copiou as anotações de Levi ou Mateus, segundo os textos que Ananias obtivera na igreja de Jerusalém.

Estas anotações de Levi, a que Emmanuel se refere mais de uma vez, são, certamente, os primeiros textos evangélicos escritos por Mateus, em língua aramaica segundo a crítica moderna, que, mais tarde, seriam refundidos no evangelho grego de Mateus que conhecemos hoje, e que apareceu quando já eram conhecidos os segundo e terceiro evangelhos, de Marcos e Lucas.

No seu entusiasmo inicial, Saulo procura Sadoc, tendo suas primeiras decepções, e é levado pelo ex-amigo, segundo seu desejo, à sinagoga, onde suas palavras geraram tumulto e apodos.

Ananias sugere a Saulo um período de aprendizado, no silêncio e no recolhimento. Seus argumentos, muitas vezes amparados em situações vividas pelos profetas antigos, convencem Saulo, que elege a região de Palmira para hospedá-lo por algum tempo.

Os *Atos* não falam nesse período de amadurecimento espiritual, mas a ele o próprio Paulo se refere no primeiro capítulo da carta aos *Gálatas* (1:17), dizendo ter ido à Arábia, nome genérico pelo qual era conhecida a região desértica de além Jordão, após as alturas da Pereia.

Palmira era uma cidade também muito antiga, situada no deserto sírio-arábico, assim conhecida pelos gregos e romanos, e chamada Tadmar pelos árabes.

A escolha de Saulo certamente deve-se ao fato de se encontrar em Palmira seu velho mestre Gamaliel, onde vivia com seu irmão Ezequias, próspero comerciante de tecidos.

Reafirmamos que, se os *Atos* não falam da permanência de Saulo no deserto, e se nas cartas só há uma breve referência ao assunto, tudo o que se disser a respeito será fruto das indicações de *Paulo e Estêvão*, com caráter de revelação.

CAPÍTULO 7

Dois mil dias de maturação

"Assim que, se alguém está em Cristo, nova criatura é: as coisas velhas já passaram; eis que tudo se fez novo."
(*II Coríntios*, 5:17.)

Saulo chega a Palmira acompanhado de um ajudante. Não tem ninguém por ele e seus recursos são minguados. Entrega a seu ajudante parte de seus bens e o camelo que utilizara na viagem, despachando-o de volta.

Depois de ver-se sozinho, procura Ezequias, que se queixa das mudanças ocorridas com Gamaliel, e dos longos períodos de meditação a que se entrega, buscando sempre estar sozinho.

O encontro do discípulo com o velho mestre foi enternecedor, e ambos identificaram-se pelos novos ideais, já que Gamaliel também se convertera, e conhecia a doutrina de Jesus pelas anotações de Levi, recebidas das mãos de Simão Pedro.

Saulo utiliza-se, mais uma vez, da sabedoria e experiência do velho mestre, dele recebendo orientações e sugestões, visando ao trabalho e ao esforço pessoal na busca do eterno bem.

Não foi difícil alocar Saulo numa das oficinas que Ezequias mantinha em postos avançados no deserto. Tratava-se, no caso, de oficina situada no oásis de Dan, cerca de cinquenta milhas de Palmira, em pleno deserto, para onde já tinha ido, recentemente, um jovem casal, Áquila e Prisca (ou Priscila), esta antiga serviçal da casa de Ezequias.

Na oficina seriam encontrados os recursos necessários à tecelagem de tecidos de pelo caprino para barracas e de tapetes de lã.

Dois mil dias de maturação

Cerca de três anos passou Saulo no oásis de Dan, em feliz convivência com os novos amigos, identificados todos pelo extremo amor a Jesus, pois o casal era cristão e viera fugido das perseguições desencadeadas pelo tarsense em Jerusalém.

Os historiadores e teólogos referem-se a Áquila e Prisca como primeiro e modelar casal cristão. Nada mais. Emmanuel nos felicita o conhecimento, fazendo o levantamento parcial da trajetória destes admiráveis cônjuges, que tão bem resumem as virtudes cristãs. Várias comunidades muito irão dever ao labor apostólico e aos exemplos de Áquila e Prisca, cujos nomes se situam no primeiro plano dos heróis do Cristianismo nascente.

Decorridos mais de mil dias, no dizer de Emmanuel, e após receber a notícia da morte de Gamaliel, os três companheiros decidiram iniciar outras atividades. Programaram, assim, deixar o deserto, onde tinham sido tão felizes, e onde se prepararam para as árduas missões que lhes seriam afetas.

O casal foi para Roma, a capital do império, sonho de há muito acalentado.

Saulo desejava regressar a Damasco e voltar a Tarso, a fim de reencontrar os familiares e rever o velho genitor.

Desde que se separou do casal amigo, em quem encontrara tanto apoio, Saulo passou a contar com a proteção invisível de Estêvão, que, sob a direção de Jesus, conservava-se a seu lado, inspirando-o para os cometimentos que viriam e para os testemunhos que lhe seriam solicitados.

Saulo sentia esta presença invisível sob a forma de nítidas intuições, como se uma voz falasse em seu interior.

Em Damasco, em meio à alegria do reencontro com Ananias, vem de saber de novos e mais sutis perigos que rondavam a mensagem de Jesus.

Emmanuel explica muito bem este fato. Ouçamo-lo:

> Saulo foi informado de todas as novidades atinentes à doutrina, experimentando os primeiros efeitos do choque entre os judeus e os amigos do Cristo, a propósito da circuncisão. Seu temperamento apaixonado percebeu a extensão da tarefa que lhe estava reservada. Os fariseus formalistas, da sinagoga, não mais se

insurgiam contra as atividades do Caminho, desde que o seguidor de Jesus fosse, antes de tudo, fiel observador dos princípios de Moisés. Somente Ananias e alguns poucos perceberam a sutileza dos casuístas, que provocavam deliberadamente a confusão em todos os setores, atrasando a marcha vitoriosa da Boa Nova redentora. O ex-doutor da lei reconheceu que, na sua ausência, o processo de perseguição tornara-se mais perigoso e mais imperceptível, porquanto, às características cruéis, mas francas, do movimento inicial, sucediam as manifestações da hipocrisia farisaica, que, a pretexto de contemporização e benignidade, mergulhariam a personalidade de Jesus e a grandeza de suas lições divinas em criminoso e deliberado olvido.[261]

Embora não desejasse, Saulo sentiu que deveria agir, a fim de mostrar as diferenças entre o formalismo farisaico e o Evangelho: o que era a circuncisão e o que era a nova fé.

Para esse fim, no segundo sábado de sua permanência na cidade, Saulo compareceu à sinagoga, certo de que iria arrostar muitas dificuldades.

Como seria de supor, foi mal recebido. Não tinha sido identificado de início, tais as mudanças físicas que apresentava, mas quando a identificação foi feita, estrugiram as ofensas, os impropérios e os ataques, e não pôde mais falar.

O arquissinagogo quis prendê-lo. Saulo reage dizendo-se doutor da lei e cidadão romano, não podendo ser preso por ordens verbais. O mandado de prisão existia, emitido que fora desde sua primeira intervenção naquela casa. Apenas não foi apresentado, dada a surpresa da presença de Saulo.

Todavia, ao longo do dia, e em contato com as autoridades locais, as medidas para a prisão foram tomadas, e as portas da cidade passaram a ser rigorosamente vigiadas.

Ananias chegou a ser preso por vinte e quatro horas, para fins de interrogatório, enquanto Saulo se refugiava na casa de uma irmã de fé, lavadeira de profissão.

Na cidade haviam mudado algumas coisas desde a primeira visita de Saulo. Ela não estava mais sob a administração direta dos romanos. Já não mais havia o regime de rigidez prevalecente na administração de Tibério César. Os primeiros anos do governo do imperador Calígula foram de geral debilitação do poder imperial na Síria. A política deste imperador, antes de sua demência, visava a devolver aos povos do Oriente sua independência sob príncipes nativos. O legado Vitélio havia abandonado Damasco, sem luta, para o rei dos beduínos nabateus, Aretas, da cidade de Petra. Agora a cidade era governada por um etnarca, um dos *sheiks* de Aretas.

Para contar com o apoio judeu, os novos administradores lhes concederam maiores liberdades e fizeram-lhes maiores concessões, e, para os judeus, liberdades e concessões significavam, sobretudo, a possibilidade de maior violência religiosa. Renan lembra que sempre que os judeus clamavam por liberdade, era a liberdade de poderem matar a serviço da Lei.

Saulo, por astuciosa sugestão de Ananias, acabou fugindo, à noite, transpondo a muralha em um ponto vulnerável e sendo descido num cesto. Nunca mais Saulo esqueceria este episódio, que lhe pesava sempre na consciência como uma fuga ao cumprimento do dever e do testemunho.

Aos primeiros raios de sol, Saulo rumava para Jerusalém, levando consigo apenas alguns bolos de cevada e as preciosas anotações de Levi, que lhe haviam sido presenteadas por Gamaliel, que, por sua vez, as havia recebido de Simão Pedro, na oportunidade de sua visita ao Caminho. Gamaliel teve a intuição de que tais documentos poderiam vir a servir de aproximação entre Saulo e Pedro, funcionando como um passaporte ou aval, e assim dirimindo possíveis desconfianças. E estava certo, como veremos.

Sumamente comovido, reentrou na Palestina, percorrendo, vagarosamente, as terras da Galileia, do grande ministério de Jesus, visitando Cafarnaum, onde esteve com Levi; Dalmanuta, onde conheceu Madalena, e Nazaré, para apenas citar as localidades mais significativas.

Dias depois ultrapassava as portas da cidade e entrava em Jerusalém, sob o influxo das mais vivas emoções, dirigindo-se à casa de sua irmã Dalila. Outros moradores, que o trataram mal, ocupavam a casa.

Decidiu, então, procurar Alexandre, parente de Caifás e seu velho companheiro de atividades no sinédrio e no templo.

A visita foi constrangedora e Saulo não logrou qualquer simpatia de seu antigo amigo, que lhe informou que Dalila voltara para Tarso, com a família, acabrunhada com a apostasia do irmão, e que sua mãe viera a falecer após tomar conhecimento da ordem de prisão contra o filho emitida pelo sinédrio. Alexandre acabou por deixar a entender a Saulo ser perigosa sua permanência em Jerusalém, pois, embora houvesse lutado para anular o mandado de prisão, não se responsabilizaria pelo que viesse a acontecer.

Saulo, com as forças exauridas e com poucos recursos, procura misérrima pensão, localizada em velho casarão.

Quando fugira de Damasco, Saulo tinha duas opções: ou rumar para o norte, para a sua Tarso natal, segundo seu acalentado anseio, ou ir para o sul, para Jerusalém, e ali entrar em ligação com a assembleia do Caminho e os discípulos que eram considerados suas "colunas": Simão Pedro, Tiago e João.

Esta visita a Jerusalém deve ter-lhe parecido importante, pois em Jerusalém poderia, com sua presença, de certa forma desculpar-se, redimir-se do mal que havia feito ao Caminho, e dizer de suas novas disposições. Importante, outrossim, pela oportunidade de ir às fontes cristãs, e receber, dos Apóstolos mais chegados, fontes testemunhais, inúmeras informações sobre Jesus e seu ministério.

A tarefa não seria fácil. Jerusalém dever-lhe-ia ser hostil, tanto por parte dos judeus quanto por parte dos cristãos, estes por não terem a certeza da conversão do antigo algoz, pensando poder ser tudo isto uma enorme farsa, ou, talvez, um diabólico estratagema para melhor ferir os seguidores de Jesus.

Apesar do clima hostil que deveria cercar o ex-doutor da lei, Jerusalém sofrera algumas mudanças neste tempo de ausência de Saulo, cerca de três anos. Depois que o sinédrio esperou, em vão, por seu regresso, e após haverem amainado as perseguições, o Cristianismo propagou-se rapidamente e o país estava, praticamente, coberto por uma rede de comunidades cristãs.

É bem verdade que os cristãos sofrerão, pouco depois, nova onda de perseguições, agora movida por Herodes Agripa I, após unificar a Palestina sob sua coroa, graças à proteção dos imperadores Calígula e Cláudio. Mas, quando isto vier a ocorrer, Saulo estará na Síria.

Emmanuel discorre longamente sobre o encontro de Saulo com os Apóstolos e a igreja. Quantas desconfianças a vencer! Como a comunidade agitou-se ante o inusitado da visita! Quantos pareceres, quantas elucubrações, quantas reuniões, antes de ser tomada a decisão de receber o convertido de Damasco!

O coração generoso de Simão Pedro rendera-se diante da sinceridade demonstrada por Saulo, assim como o diácono Prócoro, o primeiro a receber o visitante, que foi eloquente em testemunhar a seu favor. Mas, sobretudo, em meio a este ambiente sombrio e nebuloso de incompreensão e incerteza, surge para Saulo, como luminoso socorro, a amizade e a compreensão de Barnabé. Este antigo levita, cipriota de origem, oriundo, portanto, da Diáspora, como Saulo, era um recém-convertido como ele.

Possuidor de um coração generoso e sensível, e de um espírito largo, Barnabé logo compreendeu o drama de Saulo, como compreenderá, ao longo do tempo, seu psiquismo, o que os fez unidos pelos laços da mais legítima amizade.

Saulo entrou na intimidade do Caminho pelas mãos amigas de Barnabé, avalista da nobreza de suas intenções e da legitimidade de sua conversão.

Querem alguns comentaristas que Barnabé já tivesse conhecido Saulo anteriormente, talvez compartilhando com ele a assistência às aulas de Gamaliel. É um registro plausível, mas simples hipótese.

Um só dos líderes, Tiago, mantinha-se reservado, não se dignando, sequer, dirigir a palavra a Saulo. Muito preso, ainda, às tradições judaicas, Tiago era conhecido por suas piedosas observâncias. Dizia-se que tinha a pele dos joelhos como o couro dos camelos, de tanto permanecer ajoelhado no templo. O povo o respeitava, e corria em Jerusalém que o que detinha a ira de Jeová eram as preces de Tiago. Foram as atitudes judaizantes de Tiago que livraram a igreja de Jerusalém de dificuldades, em mais de uma oportunidade. Este judeu-cristão haverá de chocar-se, em breve, com o pagão-cristianismo, ou heleno-cristianismo, de que Saulo se fará o campeão.

Após período de convalescença, Saulo decidiu rever o templo e a sinagoga dos cilícios, seus conterrâneos. Sua presença na sinagoga reacendeu velhos ódios e novas lutas. Retirado do local por algumas pessoas moderadas, Saulo começou a pensar que deveria seguir o exemplo de Estêvão, sustentando a verdade do Evangelho até o sacrifício da própria vida. Fascinado com tais perspectivas, que lhe aplacariam os problemas de consciência, dirigiu-se ao templo, onde, em meio a orações fervorosas, observou que um vulto luminoso surgiu a seu lado, falando-lhe com ternura:

— "Retira-te de Jerusalém, porque os antigos companheiros não aceitarão, por enquanto, o testemunho".[292] E assim Estêvão começava a desdobrar seu trabalho junto a Saulo.

No entardecer daquele mesmo dia, por providências de Simão, Saulo seguiu para Cesareia, de onde deveria rumar para Tarso.

Esta visita a Jerusalém está referendada em *Atos*, 9:26 a 30.

Cesareia da Palestina ou de Estraton era um porto do mar Mediterrâneo, entre Jafa e Dor. Foi construída por Herodes Magno, entre 12 e 9 a.C., não longe da antiga torre de Estraton. Seu nome é uma homenagem a César Augusto. Por sua posição favorável e por seus bons recursos técnicos, Cesareia tornou-se o principal porto da Palestina, e as comunicações entre Jerusalém e a capital do império passavam por ali. Sua população, todavia, era pagã, em sua maioria. Foi residência dos procuradores romanos. Em escavações ali feitas foi descoberta uma lápide que ostenta o nome de Pilatos, a única achada até agora. Nesta lápide, Pilatos é chamado *praefectus*, não *procurator*.

Saulo deve ter entrado em contato com os irmãos do Caminho, pois levava carta de apresentação de Pedro. Ali já estava estabelecido o diácono Filipe, que em *Atos*, 21:8 é chamado "Filipe, o evangelista, que era um dos sete", pai das quatro filhas que profetizavam.

Dois mil dias de maturação

O viajante não se demorou em Cesareia, rumando para Tarso, onde reviu, com o coração opresso, os cenários de sua infância. Desconhece-se o itinerário seguido por Saulo, se ele teria ido direto para sua terra, ou se teria aproveitado para anunciar o Evangelho em terras da Síria e da Cilícia. É mais provável a primeira opção, já que não ficou qualquer registro, e Saulo estava ansioso por voltar ao teatro de sua infância.

Procurou o lar paterno, embora temesse não receber do pai expressões de entendimento e um tratamento mais justo. Seus temores se confirmaram. A entrevista com o genitor foi muito penosa, sendo expulso de casa, embora declarasse ao velho Isaac lhe faltar tudo, estar cansado e doente, necessitando da piedade alheia.

Ao retirar-se, sob imensa dor, o ex-rabino recebeu de um serviçal da casa uma bolsa com dinheiro. Como pai, Isaac não queria parecer impiedoso e implacável, mas como fariseu, não conseguiu suportar a subversão das ideias do filho.

Nesta altura, Saulo sentia-se um estranho em sua própria pátria. Em realidade, o mundo mudara pouco, mas ele mudara muito.

Com o coração ferido, com os pensamentos em tumulto, não conseguia suportar o movimento das ruas. Precisava de silêncio e meditação. Precisava fazer calar as vozes das emoções, para ouvir as vozes interiores, no assentamento dos planos futuros, imediatos e mediatos.

Como eremita anônimo, buscou os campos. Caminhou muito, atingindo as alturas do Tauro. Já desciam as sombras que prenunciavam a despedida do dia, e Tarso, ao longe, era uma silhueta enfeitada pelo arvoredo. Exausto, acomodou-se numa das muitas cavernas cavadas na rocha, entregando-se ao repouso.

É neste momento que Saulo tem um êxtase, em que se sente transportado para outros mundos de luz diáfana, maviosos sons, arrebatadora beleza e inaudita felicidade. Emmanuel nos informa ser este o fenômeno que seria posteriormente narrado em *II Coríntios*, 12:2 a 4.

Mal não havia despertado deste deslumbramento, quando novas surpresas o aguardavam, identificando a presença de Estêvão e Abigail, com quem manteve longo e proveitoso diálogo.

As palavras de Abigail constituíram como que um programa de trabalho para o futuro Apóstolo dos gentios, centrado no amor, no trabalho, na espera e no perdão.

Foi muito importante para Saulo esta experiência espiritual, que se mostrará rica de consequências benéficas. Dela saiu inteiramente renovado, ostentando uma paz até então desconhecida.

"Retira-te de Jerusalém, porque os antigos companheiros não aceitarão, por enquanto, o testemunho." E assim Estêvão começava a desdobrar seu trabalho junto a Saulo.

Como uma segunda visão de Damasco, Saulo acreditou renascer, naquele momento, para uma nova e diversa existência.

Na manhã seguinte, com plena segurança, decidiu retomar a atividade de tecelão, utilizando-se do dinheiro cedido pelo pai para a aquisição dos implementos indispensáveis.

E Emmanuel conclui este capítulo da vida de Paulo: "Assim, durante três anos, o solitário tecelão das vizinhanças do Tauro exemplificou a humildade e o trabalho, esperando devotadamente que Jesus o convocasse ao testemunho."[311]

Foram três anos nos quais o tarsense, transformado em rude operário, acentuou sua aparência de asceta. Foram três anos nos quais fez o que era possível, já que não se lhe apresentavam grandes cometimentos.

Pôs em prática o programa de Abigail, procurando amar, a cada dia, a tudo e a todos; fazendo do trabalho o leme que deveria mantê-lo no rumo certo; aprendendo a esperar, quando inquietações e desejos ansiosos se antecipavam; afeiçoando-se ao perdão quando as pessoas, sobretudo de sua raça, o consideravam louco, apóstata, fantasista, ou mesmo quando alguém dele se compadecia.

Apesar de tudo, foram anos tranquilos estes passados em Tarso e nos arredores do Tauro. Anos de quietude, mas não anos perdidos. Foram seis anos de maturação: três no deserto, três em Tarso, cerca de 2.000 dias.

Ou será tempo perdido, pergunta Holzner, quando o grão do trigo está sob a capa de neve, no longo tempo de inverno?

Parafraseando o evangelho de João, se o grão de trigo não cai na terra e morre, permanece só, sem fruto. Nas células invisíveis vai ocorrendo uma morte misteriosa, prenúncio de vida abundante.

Quando nos admiramos de que Paulo, em sua fantástica atividade, tenha encontrado tempo para elaborar as suas profundas e místicas ideias, por trás das quais há uma extensa preparação, nos esquecemos de que tais ideias foram tendo sua gênese nesses seis anos de maturação, nos quais sazonou para a vida abundante.

Hoje a cidade de Tarso também vive da lembrança de seu mais ilustre filho. O turista, a troco de algumas moedas, é levado às cercanias da cidade, onde lhe é mostrada uma caverna, na qual Saulo teria vivido como ascético eremita. Ou então é conduzido a uma cisterna, chamada o "poço de Paulo", que bem poderá ter sido a mansão de seus pais, ou o local onde se alojava de quando em quando. Talvez sim, talvez não. São coisas difíceis de afirmar. A maior parte delas são criações da piedade cristã — ou do interesse comercial — sem qualquer foro de verdade.

Daquela vida calma e morigerada, mais uma vez o destino veio lhe tirar, batendo-lhe à porta, como nos acordes iniciais da Quinta de Beethoven.

O destino desta feita se apresentou, provavelmente em um dia primaveril do ano de 42, na figura comovedora de Barnabé, que vinha a Tarso com a missão de levar Saulo para Antioquia, cuja comunidade necessitava de sua colaboração. Para Saulo iriam terminar os tempos de calmaria; ele deixaria de dar voltas em torno de si mesmo; ele não mais ficaria a idealizar projetos que retornavam sempre ao ponto de partida.

Enfim, ao gigante do Cristianismo nascente iriam abrir-se novas e amplas perspectivas, nas quais sua incrível capacidade de agir iria encontrar campo propício.

Não se estiolaria aquela alma de fogo nas limitações de espaço a que estava confinado!

CAPÍTULO 8

Dias felizes junto ao Orontes

"Ora, o Senhor é Espírito; e onde está o Espírito do Senhor aí há liberdade."
(II Coríntios, 3:17.)

Enquanto Saulo meditava nas cercanias do Tauro, a semente do Evangelho, segundo L. Schneller, "havia voado, levada por mãos de anjos, sobre a terra e o mar".[27] A mensagem de Jesus chegou às cidades litorâneas da Palestina, como Jafa (Jope) e Cesareia, de onde, certamente, viajou para a ilha de Chipre; na África, penetrou o vale nilótico e chegou à Etiópia, pelas mãos do tesoureiro da rainha Candace, batizado por Filipe, assim como a Cirene; viajou longe, até Putéoli, perto de Nápoles, atingindo o coração do Império, Roma.

Esta primeira expansão cristã não foi fruto de missões, mas da presença de membros da comunidade de Jerusalém, sobretudo dos helenistas, que se dispersaram por efeito das perseguições. Muitos desses judeus da Diáspora, que haviam se convertido, levavam uma vida errante, eram infatigáveis viajantes.

O Cristianismo foi, assim, um fenômeno eminentemente urbano, já que os primeiros núcleos a receberem a mensagem cristã foram os portos marítimos ou fluviais, assim como as grandes cidades, que se situavam no entroncamento das vias comerciais. Os camponeses (*pagani*, em latim) foram os últimos a se

---

[27] Citado em Holzner, J., op. cit. Pág. 86.

converter, e o Evangelho demorou a chegar ao campo, onde, aliás, eram muito fortes as raízes do paganismo.

Aqueles judeus-helenistas que se tornaram cristãos falavam o grego, eram diligentes, tinham habilidade comercial, e chegavam ao coração do próximo pelo seu modo de ser, afável e alegre. Aos judeus-cristãos apegados ao moisaísmo faltavam estas características, tinham dificuldade em aceitar a conversão dos gentios e o proselitismo entre eles. Quando Pedro esteve no lar do centurião Cornélio, em Cesareia, batizando-o com toda a sua casa, teve que se explicar depois perante os companheiros hierosolimitanos. Para justificar-se, utilizou-se de um argumento decisivo: a descida do espírito sobre Cornélio e os seus. Se isto tinha ocorrido, como poderia ele negar a aceitação de pessoas que tinham sido indicadas pelo Alto?

A comunidade de Antioquia, onde, pela primeira vez, conviveram judeus-cristãos e pagãos-cristãos, foi fundada por convertidos de Chipre e de Cirene, entre eles, provavelmente, Lúcio de Cirene, Simão Níger, e os dois filhos de Simão Cireneu, a um dos quais, Rufo, Paulo envia saudações na carta aos romanos. Posteriormente, por sugestão de Simão Pedro, Barnabé foi mandado para observar a nova comunidade, cuja franca evangelização dos gentios estava provocando desconfianças na igreja-mãe, sempre apegada ao Judaísmo. Barnabé, alma sensível, encantou-se com o que viu, e acabou por liderar a comunidade antioquena.

Antioquia, a metrópole do oriente, era a terceira cidade do mundo, depois de Roma e de Alexandria. Era uma cidade com mais de quinhentos mil habitantes, e a residência dos legados imperiais da Síria, como tinha abrigado, anteriormente, os reis selêucidas.

Ficava situada no ângulo oriental do Mediterrâneo, onde a costa síria forma um ângulo reto com a Ásia Menor, a cerca de 20km do litoral. Era banhada pelo rio Orontes, ali bastante caudaloso, e apoiava-se nas verdes faldas do monte Sílpio. Ao Norte achavam-se os contrafortes dos montes Amano e, ao Sul, o monte Cásio, sede de um importante culto.

Dias felizes junto ao Orontes

Os selêucidas, reis da Síria sucessores de Alexandre, tinham fundado e feito de Antioquia uma bela cidade, antecipando o bom gosto da arquitetura urbana dos futuros dominadores, os romanos. Ali não faltavam os teatros, os aquedutos, os templos, os banhos, enfim, tudo o que constituía uma grande cidade da época. Os antioquenos sentiam orgulho de sua cidade. Aprazia-lhes falar da grande via urbana conhecida como rua das Colunas, construída por Herodes Magno, que era um corso que atravessava a cidade, numa extensão de mais de seis quilômetros, adornado com uma quádrupla colunata de mármore, que formava três ruas paralelas, sendo a central para carros pesados, e as laterais, passeios para pedestres, ginetes e carros leves. Este corso começava no Oeste e terminava no Leste, aos pés de um monte sobre o qual se erguia gigantesca estátua de Zeus (Júpiter), que dominava a avenida e a cidade.

Desde a ilha fluvial onde se situava o palácio real, ao Norte, até o monte Sílpio, ao Sul, outra avenida majestosa cortava a cidade, formando com a anterior uma gigantesca cruz de mármores brancos, que dividia a cidade em quatro setores ou bairros distintos.

Ambas as avenidas, além de suas colunatas, eram adornadas com lavores da arte grega.

Constituíam, ainda, motivo de orgulho para os cidadãos locais: primeiro, as suas construções e instalações hidráulicas, que aproveitavam a excepcional abundância das águas para os banhos públicos e privados, e para o abastecimento de toda a cidade, do palácio à casa mais humilde, e, segundo, a iluminação noturna, que fez com que Libânio afirmasse que não se diferençava o dia da noite, salvo pelos diferentes sistemas de iluminação.

Antioquia, depois de Jerusalém, foi a segunda capital do Cristianismo, que dali partiu para a conquista do mundo e, no entanto, não era, como Tarso, uma cidade de costumes morigerados.

Renan traça um quadro muito vivo da população urbana e de seus costumes:

> Era uma incrível aglomeração de pelotiqueiros, charlatães, saltim bancos, magos, taumaturgos, feiticeiros, sacerdotes impostores; uma cidade de corridas de cavalos, de jogos, de danças, de

procissões, de festas, de bacanais; um luxo desregradíssimo; todas as loucuras do Oriente, as mais insalubres superstições, junto ao fanatismo das orgias. Ora servis ora ingratos, já covardes já insolentes, eram os antioquenos o perfeito modelo daquelas turbas votadas ao cesarismo, sem pátria, sem nacionalidade, sem honra de família, nem um bom nome por cuja conservação zelassem. O Grande Corso que atravessava a cidade era como um teatro onde se coleavam todos os dias as ondas de um vulgacho fútil, leviano, variável, alvorotador, às vezes espirituoso, dado a cantilenas, a paródias, a chufas, a destemperos de toda a ordem. A cidade era muito letrada, mas de pura literatura de retóricos. Os espetáculos eram assombrosos; houve-os em que foram vistos coros de raparigas nuas, tomando parte em todos os exercícios, com uma faixa apenas; na célebre festa de Maiouma, bandos de mulheres públicas nadavam à vista de todos, em tanques cheios de água límpida. Era como uma embriaguez, como um sonho de Sardanápalo, em que se desenvolviam promiscuamente todas as volúpias, todas as incontinências, sem exclusão de certas elegâncias.

Aquele rio de lama que, saindo pela boca do Orontes, ia inundar Roma, tinha ali sua principal fonte *(assim escrevia Juvenal).* Duzentos decuriões eram ocupados na direção das liturgias e dos festejos. A municipalidade possuía vastos domínios públicos, cujo usufruto repartiam os duúnviros pelos cidadãos pobres.[28]

No paradisíaco recanto de Dafne, não muito longe da cidade, célebre por seus bosques, suas águas, seus jardins, suas alamedas floridas, seus jogos de água e suas cascatas, suas grutas e seus caramanchões, onde se reuniam assembleias galantes sob criminosa indiferença, havia um único templo em cujo recinto de duzentos e vinte hectares, cerca de mil prostitutas sagradas consagravam-se ao culto orgiástico da deusa Astarté.

É significativo observar como o Cristianismo fazia sucesso em cidades como esta. Assim foi, também, em Corinto e em Éfeso. Talvez muitas almas sensíveis destas metrópoles cosmopolitas, de costumes tão frouxos, estivessem saturadas, com secreto anseio por uma mensagem que lhes viesse preencher o vazio.

---

[28] Renan, E., *Os Apóstolos*, Liv. Chardron, Porto, 3ª ed., 1925, págs. 170 e 171.

Dentre as muitas colônias que, desde os selêucidas, se instalaram na cidade, destacava-se a dos judeus como uma das mais numerosas. Remontava a Seleuco Nicator, que governou de 305 a 280, e tinha direitos iguais aos dos gregos. A comunidade judaica tinha o seu próprio etnarca. Os contatos entre judeus e gentios eram frequentes, embora de quando em quando surgissem atritos, o que é fácil entender dada a intransigência dos judeus.

O proselitismo judaico era intenso, sobretudo entre as mulheres, não só mais aptas a aceitar a concepção do Deus único, como porque não tinham problemas com a circuncisão, que afugentava os homens do Judaísmo. A circuncisão, feita em adultos, era operação incômoda e dolorosa, com a agravante de submeter os circuncisos a toda série de afrontas e chacotas nos banhos públicos. Com prescrições desta natureza, dificilmente o Judaísmo poderia aspirar a ser uma religião universal.

Já fizemos referências à existência de duas facções na comunidade cristã de Jerusalém, hebreus e helenistas, e de como estas facções entraram em choque, resultando na eleição dos sete diáconos.

Hebreus seriam os cristãos egressos do Judaísmo da Palestina, sobretudo de Jerusalém.

Helenistas seriam os cristãos originários da Diáspora, que se subdividiam em três categorias: helenistas da Diáspora, prosélitos e tementes a Deus.

Os cristãos *helenistas* eram ditos *da Diáspora* quando eram convertidos judeus que viviam fora da Palestina, na Diáspora. Barnabé, por exemplo, seria um *helenista da Diáspora*.

Os cristãos *helenistas* eram *prosélitos* quando eram convertidos oriundos do paganismo, mas que já haviam aceito o Judaísmo, inclusive a circuncisão. Antes de se terem tornado cristãos, já haviam se tornado judeus.

Os cristãos *helenistas* eram ditos *tementes a Deus* quando eram convertidos oriundos do paganismo, mas que mostravam simpatia pela crença judaica no Deus único, e nos princípios judaicos, embora não aceitassem as observâncias que oneravam o Judaísmo, sobretudo a circuncisão.

O exato significado destes termos tem gerado inúmeras discussões, mas temos a impressão de que o esquema simplificado que apresentamos responde satisfatoriamente ao problema. As expressões *prosélitos* e *tementes a Deus*, que acabamos de aplicar aos cristãos helenistas, também podem ser aplicadas em relação ao Judaísmo. Na realidade, essas expressões foram transpostas para o Cristianismo, pois eram aplicadas para pagãos conversos ou simpáticos ao Judaísmo.

Assim, em Antioquia, encontrávamos convivendo juntos:

a) Judeus puros; b) *prosélitos*, pagãos que haviam aceitado o Judaísmo, inclusive a circuncisão, também chamados de *prosélitos inteiros*; c) *tementes a Deus*, pagãos simpáticos ao Judaísmo, também chamados *meio-prosélitos* ou *prosélitos da porta*; e d) *pagãos puros*.

Entende-se ser difícil falar a uns sem ser ouvido pelos outros. A pregação cristã, desta forma, atingia a todos. A regra da igreja de Jerusalém, de só se pregar a judeus, não pôde ser cumprida pelos evangelistas de Antioquia. A prédica cristã teve sucesso e, em pouco tempo, surgiu uma comunidade numerosa, inovadora e esperançosa, sobre a qual desceram todos os dons do espírito, e a um observador arguto não escaparia a visão de que essa comunidade, livre do estreito moisaísmo de Jerusalém, seria o futuro berço do Cristianismo.

Ainda Renan:

> Sem dúvida Jerusalém ficará sendo sempre a capital religiosa do mundo: mas o ponto de partida da Igreja dos Gentios, o foco primordial das missões cristãs foi, em verdade, Antioquia. Foi lá que, pela primeira vez, se organizou uma igreja cristã desprendida dos laços do Judaísmo; foi lá que se estabeleceu a grande propaganda da idade apostólica e se formou definitivamente São Paulo. Antioquia assinala a segunda paragem dos progressos do Cristianismo. Em matéria de nobreza cristã, nem Roma nem Alexandria nem Constantinopla poderiam ser-lhe comparadas.[29]

---

[29] Renan, E., *Os Apóstolos*, Liv. Chardron, Porto, 3ª ed., 1925, págs. 175 e 176.

Dias felizes junto ao Orontes

É neste ambiente que Saulo vai viver os mais promissores e felizes dias de sua vida de cristão, desdobrando-se no auxílio aos companheiros e no atendimento aos necessitados, e entregando-se ao trabalho de tecelão, com o qual mantinha seu sustento. Trabalhava infatigavelmente durante o dia e, à noite, reunia-se com os companheiros em uma casa da rua Singon, que constituía a célula-mater do Caminho na cidade, e onde se entregava às lides sublimes do Evangelho.

Dentro em breve Saulo era cercado pelo carinho e pelas atenções de todos. Não lhe faltava serviço, e eram fartas as oportunidades de exercitar as lições de Jesus. A confiança recíproca, os amigos dedicados, as efusões dos bons sentimentos, tudo isto constituía precioso alimento para a alma do futuro Apóstolo das nações, que encontrara em Antioquia um mundo diferente, interpretado como uma bênção de Deus.

A comunidade tinha em Barnabé e Manahen seus mais ilustres comentaristas. As tentativas feitas por Saulo, no sentido de comentar as lições do Evangelho, não foram felizes. A palavra, outrora tão fácil, agora lhe morria na garganta. Compreendia que deveria amadurecer e esperar. Jesus o estava ensinando a recomeçar. E assim, nas conversas em sua tenda, ou na assembleia da rua Singon, Saulo ia se preparando para ser o pegureiro do Evangelho, o polemista extraordinário, por cuja palavra Deus operava nas criaturas.

A comunidade era célebre por suas obras de caridade e por seus fenômenos mediúnicos, dos quais tornou-se um verdadeiro ponto de referência.

Deixemos que Emmanuel nos faça o seu retrato desta comunidade cristã:

> A instituição de Antioquia era, então, muito mais sedutora que a própria igreja de Jerusalém. Vivia-se ali num ambiente de simplicidade pura, sem qualquer preocupação com as disposições rigoristas do Judaísmo. Havia riqueza, porque não faltava trabalho. Todos amavam as obrigações diuturnas, aguardando o repouso da noite nas reuniões da igreja, qual uma bênção de Deus. Os israelitas, distantes do foco das exigências farisaicas, cooperavam

com os gentios, sentindo-se todos unidos por soberanos laços fraternais. Raríssimos os que falavam na circuncisão e que, por constituírem fraca minoria, eram contidos pelo convite amoroso à fraternidade e à união... Em noites determinadas, havia fenômenos de "vozes diretas". A instituição de Antioquia foi um dos raros centros apostólicos onde semelhantes manifestações chegaram a atingir culminância indefinível.[316/7]

Foi em Antioquia que Saulo forjou sólidas amizades, algumas das quais de valorosos companheiros seus. Podemos falar de Trófimo, que ser-lhe-ia companheiro fiel e dedicado, e Tito, que conheceu quando mal saía da infância, e que seria seu colaborador incondicional.

Dada a excelência espiritual da igreja, em breve era ela muito conhecida, e muitos viajantes iam visitá-la. Certo dia apareceu um jovem médico, de nome Lucas, espírito cheio de curiosidade, que procurou a assembleia para conhecer algo de novo. Ficou vivamente impressionado com o que ali viu e ouviu. Atraiu-o, sobretudo, a figura de Saulo, cuja inteligência e cujas intervenções no trabalho doutrinário lhe chamaram a atenção. Mostrou desejo de ouvi-lo outras vezes, sendo convidado por Saulo a comparecer a sua tenda. Foi assim que, em muitas e proveitosas conversas, instruiu Lucas, levando-o à conversão. Pouco depois o futuro evangelista — que Dante chamaria de "escriba da mansuetude de Deus" — retornaria à Grécia, não sem antes despedir-se da comunidade e de marcar sua presença com uma sugestão importante.

Até então os cristãos eram chamados pelos judeus de *nazarenos* ou *caminheiros*, e estes, entre si, conheciam-se por *irmãos*, *crentes*, *santos* ou *fiéis*. Lucas julgou oportuno dar uma designação aos seguidores do Cristo, sugerindo a expressão *cristãos*.

A sugestão foi aceita com júbilo. A partir daí os aderentes passaram a ter uma designação própria, o que lhes emprestava sinal distinto de existência. A aceitação da palavra *cristão*, de certa forma marca a hora em que o Cristianismo separou-se do Judaísmo.

É espantoso que tudo isto tenha ocorrido tão rápido: cerca de doze anos depois da crucificação, a nova fé já estava marcada por

Dias felizes junto ao Orontes

sua identificação em grego e latim, na capital da Síria. A igreja de Jerusalém começava a ser excedida.

Curioso lembrar que a palavra *christiani* tem terminação latina, não grega, a exemplo de *pompeiani, caesariani* ou *herodiani*. Tal fato leva os estudiosos a pensar que a criação do termo tenha se originado na área oficial, surgindo, provavelmente, no setor policial, mais sensível em detectar novos movimentos e voltado para debelar os conflitos entre facções ou seitas.

Os judeus, todavia, continuaram a chamá-los de nazarenos, como, de resto, os cristãos são ainda conhecidos em algumas regiões do Oriente.

O fato é que a designação foi oportuna, e logo correu de boca a ouvido, sendo amplamente aceita. Muita vez a qualificação de cristão era dada como um apodo, em sentido ofensivo. Disto temos eco em uma passagem da carta do Apóstolo *Tiago*, 2:7, que diz: "*Porventura, não blasfemam eles o bom nome que sobre vós foi invocado?*" E, na primeira carta de *Pedro*, 4:16, temos: "*Mas, se padece como cristão, não se envergonhe, antes glorifique a Deus nesta parte.*"

Holzner lembra que um expositor inglês ressalta como esse nome simboliza a universalidade do Cristianismo: o sentido do nome, *discípulo do Ungido,* é hebreu; a palavra *Christós* (Χριστος), de que se origina, é grega, e é interessante verificar como foi tomada como nome próprio, quando é tradução do hebraico *maschiah* (messias), ungido; e, finalmente, a terminação é latina.

A partir deste verdadeiro batismo, o Cristianismo foi se apartando da língua aramaica, o dialeto siríaco falado na Palestina no tempo de Jesus. Em pouco a maioria dos fiéis falará o grego, e o grego passará a ser a linguagem cristã, e, neste idioma, serão escritos os textos que constituem o que chamamos de Novo Testamento, ou seja, os evangelhos, as epístolas e o apocalipse. A língua grega será a língua-mãe do Cristianismo.

CAPÍTULO 9

Sombras sobre Jerusalém

"Porque a nossa leve e momentânea tribulação produz para nós um peso eterno de glória mui excelente; não atentando nós nas coisas que se veem, mas nas que se não veem: porque as que se veem são temporais, e as que se não vêem são eternas."
(*II Coríntios*, 4:17 e 18.)

A Comunidade de Antioquia continuava a desenvolver suas abençoadas tarefas, animada pelos mais variados dons do espírito, quando um de seus renomados médiuns, Ágabo, por meio da psicofonia, revelou que haveria uma grande fome em todo o mundo, e que provações recairiam sobre a igreja de Jerusalém. Os irmãos ficaram impressionados e comovidos, decidindo enviar mensagem a Simão Pedro, alertando-o neste sentido e exortando-o à vigilância.

Meses depois chegava um emissário com carta de Pedro, escrita pouco antes da Páscoa do ano de 44, justamente no dia em que Tiago, o filho de Zebedeu, fora decapitado por ordem de Herodes Agripa I, que desencadeava nova e virulenta perseguição contra os cristãos.

É oportuno historiar os fatos.

Este Herodes Agripa era neto de Herodes, o Grande, e filho de Aristóbulo, morto por ordem de seu pai em 6 a.C.

Como muitos príncipes da casa herodiana, Herodes Agripa viveu longo tempo em Roma uma vida de dissipação. Durante o governo do imperador Tibério (14-37) foi preso por dívidas.

Debochado e estroina, entregou-se a todos os excessos, tão comuns em sua família, agora acrescidos dos piores exemplos que lhe foram dados por setores decadentes da sociedade romana. Foi companheiro de deboches de Calígula e, quando este assume o governo, no ano de 37, estende sua proteção a Agripa, libertando-o da prisão e, em seguida, concedendo-lhe o governo de Abilene, da Traconítide, da Itureia e da Betaneia, ao qual acrescentou, mais tarde, a Galileia e a Pereia.

Herodes Agripa estava em Roma, no ano de 41, quando Calígula foi assassinado numa conspiração palaciana, e desempenhou importante e ignóbil papel na ascensão do imperador Cláudio, que lhe concedeu a Judeia e a Samaria. Estava, assim, restaurado o reino de Herodes, o Grande, e em mãos de um príncipe de sua família.

Ao assumir, Herodes Agripa tomou-se um piedoso cumpridor da lei. Sinceramente ou não, foi um soberano judeu em todo o sentido da palavra. Talvez tenha recebido influência religiosa de sua esposa Cypros ou Kypros, sua prima, que foi mulher recatada e virtuosa, uma exceção na família herodiana.

Com Herodes, o Grande, esvaíra-se a ideia "profana" da convivência pacífica dos cultos. Da morte de seu neto até o ano de 70, que assinala a destruição de Jerusalém, será crescente o fanatismo que oporá os judeus aos cristãos e a outras crenças.

Cláudio foi benévolo com os judeus. Jerusalém prosperou e Herodes Agripa I englobou à cidade o bairro de Bezetha, além de conceder-lhe novas muralhas.

Provavelmente para se mostrar zeloso guardião da lei, Herodes Agripa deu início a nova perseguição aos nazarenos. Pouco antes da Páscoa de 44, mandou decapitar o Apóstolo Tiago, filho de Zebedeu, chamado Tiago Maior, irmão de João, que vivia na Galileia, e vinha a Jerusalém de vez em vez, fazendo desassombradas pregações.

A questão não foi religiosa, nem houve processo em curso no sinédrio. Como no caso de João, o Batista, no passado, foi uma iniciativa pessoal do soberano, em virtude de seu poder absoluto e discricionário. Recordemos que dias depois Pedro seria encarcerado na Antônia, libertando-se da prisão por via fenomênica, fugindo para Jope. O objetivo do monarca era o julgamento de Pedro e sua execução com grande aparato.

Pouco sobreviveu Herodes Agripa I a estas violências. Neste mesmo ano de 44 foi a Cesareia a fim de celebrar os jogos em homenagem a Cláudio. Quando já havia serenado os rigoristas com suas explicações, pois os judeus abominavam estes espetáculos e não toleravam que seu rei deles participasse, Herodes entregou-se ao seu gosto pelas pompas profanas. No segundo dia dos jogos entrou no estádio com uma túnica de estofo de prata, de maravilhoso esplendor e extraordinário efeito. Os fenícios de Tiro e Sídon, antes desavindos com o rei, e agora em política de reaproximação, não lhe pouparam elogios, dizendo-o um deus, lisonja à qual não se opôs.

Cinco dias depois Herodes Agripa falecia. Judeus e judeus-cristãos imputavam sua morte ao fato de não ter repelido o horror da blasfêmia. A tradição cristã afirma haver morrido de moléstia vermicular, agravo que pesava sobre os inimigos de Deus. Os historiadores julgam ter sido envenenado pelos fenícios.

Este Herodes Agripa I é citado no capítulo XII dos *Atos* como rei Herodes. É esta situação sombria, acrescida de penúria financeira, que Simão Pedro leva ao conhecimento dos cristãos antioquenos. A comunidade logo promoveu uma coleta para socorrer os irmãos em dificuldade. O resultado da coleta seria levado por Barnabé, oferecendo-se Saulo para acompanhá-lo.

As condições encontradas em Jerusalém não eram nada boas. Por Prócoro vieram a saber mais detalhes: havia fome na comunidade hierosolimitana; Simão Pedro, após a libertação, tinha ido para Jope; João e Filipe também haviam partido. Tiago, com a ausência dos companheiros, assumira a chefia da igreja, aferrando-se mais e mais às tradições judaicas.

Tiago contava com a ajuda dos anciãos, os *presbíteros* (πρεσβυτερος), palavra grega que significa "os mais velhos", e com os *desposynai*, termo também grego que designava os membros da família de Jesus, provavelmente conversos de última hora. Esta situação faz com que surja uma tese, defendida por Maurice

Goguel,[30] da existência, em Jerusalém, de um Cristianismo dinástico, que suplantou o Cristianismo apostólico, à semelhança do que aconteceu com o Islamismo.

Tiago é apontado pela tradição cristã como o primeiro bispo de Jerusalém. O vocábulo grego *episkopos* (επισκοπος) tem o significado de inspetor, supervisor, guardião, superintendente. É curioso seja citado nos *Atos*, pela primeira vez, em 12:17, embora tenha tido importância anterior.

Barnabé e Saulo visitaram, logicamente, a igreja, onde encontraram um ambiente pesado e inteiramente mudado. Na ausência de Pedro, João e Filipe, Tiago havia criado novas disciplinas: ninguém poderia falar do Evangelho sem referir-se à lei de Moisés, e as pregações só poderiam dirigir-se a circuncisos.

A igreja, segundo Emmanuel, estava equiparada a uma sinagoga.

Tiago não convidou os visitantes a se hospedarem na igreja. Ambos ficaram em casa de Maria Marcos, irmã de Barnabé, onde se reuniam, à noite e às ocultas, os irmãos mais dedicados ao Evangelho, como se aquele lar viesse a preencher as lacunas observadas na assembleia liderada por Tiago.

Queremos lembrar que esposamos a tese de Torres Pastorino, que Emmanuel confirma, de ser este Tiago da igreja de Jerusalém, e uma de suas "colunas", o Tiago Menor, que era um dos Doze, filho de Alfeu e também chamado "irmão do Senhor".

A quase totalidade dos especialistas admite estarmos diante de dois Tiagos: um, o Tiago Menor, filho de Alfeu, um dos Doze; outro, o Tiago chamado "irmão do Senhor", que foi chefe da igreja de Jerusalém e primeiro bispo da cidade santa.

Barnabé e Saulo passaram alguns dias em Jerusalém, em fraternas tertúlias no lar de Maria Marcos. Esta tinha um filho, João Marcos — o futuro autor do segundo Evangelho —, que desejava ver encaminhado no serviço cristão.

---

[30] Cf. Goguel, M., *La Naissance du Christianisme*, Payot, Paris (França), 1946, pág. 129ss.

Após consultarem as disposições do adolescente, ficou combinado que ele acompanharia seu tio e Saulo, quando voltassem a Antioquia.

Dentro de alguns dias os três rumavam para a bela cidade do Orontes. Durante o percurso, Saulo teve oportunidade de manter longas conversas com Barnabé, a quem expôs seus pontos de vista, segundo os quais o Cristianismo não atingiria seus objetivos se permanecesse enfeudado aos israelitas, jungido à lei mosaica, devendo lançar-se ao mundo na conquista espiritual dos pagãos. Seus argumentos calaram fundo em Barnabé, de cujo entusiasmo Saulo logrou a primeira adesão às suas ideias. Chegaram a compartilhar sugestões para a primeira missão que, a pedido de Barnabé, deveria começar por Chipre, onde o valoroso companheiro precisava resolver alguns assuntos de família. Saulo concordou, talvez com relutância, pois é bem possível que teria preferido buscar locais percorridos pelo tráfico comercial, tanto terrestres quanto marítimos, a fim de que a mensagem cristã fosse levada, como pelo voo dos pássaros, a todos os recantos, utilizando-se da mobilidade dos viajantes e comerciantes.

CAPÍTULO 10

Tem início a grande aventura

"Porque, se anuncio o Evangelho, não tenho de que me gloriar, pois me é imposta essa obrigação; e ai de mim, se não anunciar o Evangelho!"
(*I Coríntios*, 9:16.)

O projeto missionário deveria ser levado à consideração dos irmãos e, na primeira oportunidade da reunião da assembleia, Barnabé e Saulo expuseram o assunto. Embora reconhecendo a lacuna que seria deixada pelo afastamento de tão dedicados e eficientes companheiros, a comunidade rendeu-se aos argumentos que lhe foram apresentados, concordando com o alvitre da missão. No momento da prece, os mentores espirituais deram seu aval à decisão tomada, e os *Atos*, em 13:2 e 3 assim se exprimem: *"E, servindo eles ao Senhor, e jejuando, disse o Espírito Santo: Apartai-me a Barnabé e a Saulo para a obra a que os tenho chamado. Então, jejuando e orando, e pondo sobre eles as mãos, os despediram."*

Certamente faziam parte da reunião os cinco principais irmãos da comunidade, verdadeiro símbolo da união dos povos em torno do Evangelho. Eram eles: primeiro, o próprio Barnabé, natural da ilha de Chipre; depois Simão, por sobrenome Níger, que significa negro no sentido que, hoje, emprestamos à palavra: os africanos do norte, de tez escura, também eram conhecidos como "mouros"; depois Simão de Cirene e seu conterrâneo Lúcio de Cirene e, finalmente, Manahen, irmão de leite e companheiro do tetrarca Herodes Ântipas, o que condenou João, o Batista, e escarneceu de Jesus.

Da assembleia certamente participou Ágabo, e é provável que nela também tenha estado presente um jovem de 15 anos apenas, que mais tarde seria discípulo do Apóstolo João, enquanto permanecia em Éfeso, e seria levado à chefia da igreja de Antioquia, acabando mártir em Roma, devorado pelas feras. Falamos de Inácio de Antioquia, cujas cartas são preciosos documentos da primitividade cristã.

Como se trate de um momento decisivo na vida do Apóstolo dos gentios, julgamos ser muito oportuno e significativo vermos o que nos diz Emmanuel, em *Paulo e Estêvão*, sobre a indicação espiritual de Barnabé e Saulo para a tarefa missionária:

> Aquela recomendação superior, aquela voz que provinha dos arcanos celestes, ecoou no coração do ex-rabino como um cântico de vitória espiritual. Sentia que acabava de atravessar imenso deserto para encontrar de novo a mensagem doce e eterna do Cristo. Por conquistar a dignidade espiritual, só experimentara padecimentos, desde a cegueira dolorosa de Damasco. Ansiara por Jesus. Tivera sede abrasadora e terrível. Pedira, em vão, a compreensão dos amigos, debalde buscara o terno aconchego da família. Mas, agora, que a palavra mais alta o chamava ao serviço, deixava-se empolgar por júbilos infinitos. Era o sinal de que havia sido considerado digno dos esforços confiados aos discípulos. Refletindo como as dores passadas lhe pareciam pequeninas e infantis, comparadas à alegria imensa que lhe inundava a alma, Saulo de Tarso chorou copiosamente, experimentando maravilhosas sensações.
>
> Nenhum dos irmãos presentes, nem mesmo Barnabé, poderia avaliar a grandiosidade dos sentimentos que aquelas lágrimas revelavam. Tomado de profunda emoção, o ex-doutor da Lei reconhecia que Jesus se dignava de aceitar suas oblatas de boa vontade, suas lutas e sacrifícios. O Mestre chamava-o e, para responder ao apelo, iria aos confins do mundo.[330/1]

Todos colaboraram para o bom andamento da missão e, em pouco tempo, nimbados de fé e de confiança, Barnabé, João Marcos e Saulo se despediam dos irmãos, rumando para Selêucia, porto na foz do Orontes, que servia a Antioquia, e era a porta de saída da Síria Setentrional para o Ocidente. Por ali a história desfilou muitos de seus personagens.

Tem início a grande aventura

A jornada não era longa, e a estrada seguia a margem direita do rio, em meio à paisagem de grande beleza. Por toda a parte viam-se os bosques de medronheiros, de loureiros e de carvalhos verdes. Era uma viagem por sítios encantadores e amenos, favorecendo a fraterna troca de ideias e ensejando oportunidades de patadas para o justo repouso.

O poeta romano Juvenal, sempre cáustico e satírico, assim se exprime: "É aí que todos os anos embarcava esse enxame de seres corrompidos, nascidos de uma podridão secular, que vinha desembarcar em Roma e infectá-la."[31]

Não foi difícil aos missionários encontrarem um navio da linha de Chipre, pois o movimento do porto oferecia muitas oportunidades neste sentido, e a ligação com Chipre era alimentada pelo comércio de cobre e perfumes que vinham da ilha, e das madeiras e peles que para lá eram remetidas.

Nos molhes do porto, provavelmente num dia do ano 45, os passageiros embarcados num navio daquela linha devem ter demonstrado certa curiosidade ante um grupo de homens vestidos à moda judaica, que se despedia de três outros, tão pobremente vestidos quanto eles. Quem estaria em condições de enxergar naqueles três modestos viajantes os instrumentos de realização de um novo capítulo da história? Quem poderia entrever neles os protagonistas de uma nova ordem?

Este foi um momento solene. Até então o Cristianismo não tinha feito empresas além das fronteiras da Síria, e esta os judeus consideravam até os montes Amanus, como parte da Terra Santa. É, pois, a hora em que o Cristianismo deixa a sua terra natal, para aventurar-se à conquista do vasto mundo. É o ponto de partida das grandes viagens paulinas, que H. Weinel chama de "expedição de Alexandre às avessas".

Após dois dias e duas noites de viagem, avistavam-se os tons róseos da grande ilha, a terra de Barnabé, ainda hoje de decantada beleza.

---

[31] Citado em Renan, E., *São Paulo*, Liv. Chardron, Porto, 1908, pág. 4.

Toda a ilha era consagrada a Afrodite, a deusa saída da espuma das ondas, a Anadiomene, cuja festa natalícia, a cada ano, resultava numa imensa procissão, que se estendia por mais de 60 estádios. E, à noite, as filhas de Chipre, tomadas sacerdotisas da divindade, deviam entregar-se à prostituição sagrada.

Os judeus eram numerosos em Chipre, e muitos deles tinham interesses nas minas de cobre — em latim, *cuprum*, palavra derivada de Cyprum, Chipre. Não devemos esquecer que Selêucia, Tarso e Chipre formavam um círculo não muito apartado, dentro do qual as trocas eram muito intensas. Daí serem tão numerosas as judiarias da ilha.

Possessão romana desde 58 a.C., a ilha foi instituída como província a partir de 22 de nossa era, sendo catalogada como província senatorial, portanto sob a direção de um procônsul.

Os irmãos de Antioquia desembarcaram em Cítium, na belíssima baía de Salamina, onde permaneceram muitos dias. Antes de partir, visitaram a sinagoga local, onde Barnabé dirigiu-se aos irmãos de raça, mas o fez de forma tão cautelosa e temerosa que desagradou a Saulo.

Quem estaria em condições de enxergar naqueles três modestos viajantes os instrumentos de realização de um novo capítulo da história? Quem poderia entrever neles os protagonistas de um a nova ordem?

A missão percorreu a ilha de leste a oeste, chegando a Nea-Pafos, após demorar-se uma semana em Amatonte.

Nea-Pafos, a sede do governo provincial, era uma cidade encantadora, assinalada por belas expressões culturais. Ali Barnabé falou na sinagoga local, e de maneira tão expressiva e calorosa, que Saulo ficou emocionado. O companheiro como que se transformara. A apresentação do evangelho foi feita com brilhantismo e desassombro, sem os cuidados e as precauções tomadas em Cítium e Amatonte. O êxito foi enorme. Em nenhum lugar o trabalho de divulgação rendera tantos dividendos. Judeus e pagãos acorriam, em grande número, a fim de serem esclarecidos.

Entusiasmados com os resultados, Saulo e Barnabé organizaram reuniões em casas particulares, nas quais não faltaram oportunidades para curas. Dia a dia aumentava o número de pessoas que vinham atrás de consolação para suas dores morais e de lenitivo para suas dores físicas.

Muito cansado, e como não houvesse grandes problemas em falar àquele auditório, Barnabé pede a Saulo para fazer as pregações, observando, surpreso, que Saulo havia se modificado. Seu verbo fluía como que inflamado de nova luz. Falava como alguém que houvesse vivido as experiências que narrava. As lições do Evangelho, tiradas das anotações de Levi, eram apresentadas de forma comovente, muita vez com os olhos marejados.

Em pouco tempo estes fatos todos abalaram a opinião da cidade em peso.

Certo dia Saulo e Barnabé foram surpreendidos com a visita de um emissário do procônsul, convidando-os a visitar aquela autoridade em seu palácio. O inusitado do convite provocou mil e uma conjecturas. O procônsul era Sérgio Paulo, um homem inteligente, culto, da boa raça de seu predecessor naquele posto, Cícero, ele próprio autor de um trabalho sobre os costumes cipriotas.

Saulo tinha nítida impressão de ter ouvido falar desse romano. Depois de esquadrinhar a memória, veio-lhe à lembrança a narração de Pedro sobre a pessoa de Estêvão, concluindo Saulo que o procônsul só poderia ser o salvador e libertador do então Jeziel, mais tarde chamado Estêvão.

No início do capítulo 13 dos *Atos* é descrito o encontro dos missionários com o procônsul e o mago judeu Barjesus, que o servia como médico.

Na realidade, Sérgio Paulo estava muito doente, e havia contratado os serviços de Barjesus, dos quais ainda não havia resultado qualquer melhora. Tendo notícia das curas promovidas pelos pregadores cristãos, solicitou a presença de ambos em palácio. Saulo, muito inspirado, anuncia o Evangelho, repele as invectivas de Barjesus, e cura Sérgio Paulo. Para anular Barjesus, Saulo teve que recorrer a sua cegueira provisória. Os fenômenos ocorridos naquele dia, iluminados pelo verbo de Saulo, acabaram por tocar o coração sensível do procônsul, que declarou sua disposição em converter-se.

Curioso que, no discurso a Sérgio Paulo, Saulo haja lembrado o episódio de Jeziel. A narração daqueles fatos acabou por quebrar eventuais resistências do procônsul, favorecendo sua cura e sua conversão.

Depois destes acontecimentos, aos quais Emmanuel dedica várias páginas, testemunho de sua importância, dois fatos ocorreram:

— Primeiro, Saulo passou a assinar-se Paulo, conjugando, nesta decisão, uma homenagem ao procônsul, e caracterizando os primeiros grandes sucessos no andamento de sua missão; desaparece Saulo para refulgir o Apóstolo com o nome de Paulo!

— Segundo, a partir daí Paulo assume a liderança da missão. Os *Atos* já não colocam o nome de Barnabé em primeiro lugar, sim o de Paulo.

É justo fazermos uma referência à excelência da lição de humildade desta extraordinária personalidade que é Barnabé, que se retrai, espontaneamente, para que possa brilhar a estrela de seu companheiro, no qual identifica o importante papel que irá desempenhar.

Após mais algum tempo em Chipre, onde não lhes faltou trabalho espiritual, sobretudo após a notícia da cura e da conversão de Sérgio Paulo, os missionários decidiram levar o Evangelho aos povos da Panfília.

Tem início a grande aventura

A decisão foi mal recebida por João Marcos, que já tinha sido surpreendido, mais de uma vez, entristecido e queixoso. Talvez o jovem não esperasse tão abundante quota de trabalho, ou não lhe agradasse a sistemática utilizada por Paulo e seu tio. Foi preciso argumentar muito para que João Marcos se dispusesse a prosseguir viagem.

Dentro de mais alguns dias, modesta embarcação deixava os viajantes no porto de Atália, na Panfília, no litoral da Ásia Menor, junto à foz do Cestro. A primeira missão voltar-se-á, inteiramente, para os povos da Ásia Menor ou península da Anatólia.

Esta região não tinha nenhuma unidade: era constituída por países profundamente diversos, tanto pela raça quanto pelas condições sociais. De comum, só a tutela romana que, por sinal, impulsionara o progresso da região, procurando lhe emprestar certa unidade cultural.

A província romana da Ásia, sobretudo o antigo reino de Pérgamo, estava à testa do progresso. O centro da península, todavia, era atrasado e selvagem. A vida local continuava como nos tempos antigos.

Os velhos cultos, mesmo com a enxertia helênica e romana, conservavam sua antiga fisionomia. Muitos destes cultos gozavam de justa fama e, justiça lhes seja feita, tinham certa superioridade sobre a religião greco-romana.

A Ásia Menor era, depois da Palestina, a região mais religiosa do mundo, mas a vida política era praticamente inexistente.

Os países e as cidades, salvo algumas exceções, submeteram-se a Roma sem luta. As cidades disputavam a honra de serem chamadas "metrópole" ou "muito ilustre", expressões concedidas nos rescritos imperiais. O título de "amigo de César" era particularmente reclamado.

O banditismo e a desordem que imperavam na península, tendo por centro o Tauro, a Isáuria e a Pisídia, estavam, de certa forma, controlados pela ação coatora de Roma.

Daniel-Rops faz interessante descrição sobre as dificuldades que os missionários teriam que enfrentar:

O novo terreno da sementeira cristã foi a Ásia Menor, o planalto maciço, abrupto, mais vasto que a França, que desenha o seu retângulo alongado entre o Mediterrâneo oriental e os mares Negro e Egeu. Aos portadores do Evangelho, não devia esse país oferecer grandes facilidades. Poderá o viajante apressado que, hoje em dia, atravesse essas monótonas estepes nos carros-dormitórios do expresso de Anatólia, avaliar o que deveriam ter representado de esforço, de incômodos e de perigos, as vagarosas caminhadas apostólicas? Transpor difíceis desfiladeiros, passagens cobertas de neve, caminhar, dias seguidos, ao longo de pistas do deserto, suportar as variações bruscas de um clima que a altitude de mil metros e as pesadas influências continentais tornam terrível; sujeitar-se a resfriamentos e insolações, à malária nas planícies baixas, à febre de Malta e outras moléstias, por toda a parte, não era tudo, pois havia ainda necessidade de desconfiar, a todos os momentos, dos bandidos que reapareciam, desde que se estivesse um pouco longe dos postos romanos de guarda. A Ásia Menor de então, era, decerto, menos desoladora que a atual, após séculos de incúria turca, que conduziram a uma triste regressão das culturas e das vias de comunicação; também, por certo, nem todas as regiões atravessadas pelos missionários deveriam ser tão árduas, pois grandes diferenças existiam entre a rude Licaônia, por exemplo, e a Lídia — rica como um Creso. Contudo, de um modo geral, lançar-se ao assalto de semelhante região, para nela pregar uma mensagem de amor e esperança, podia parecer simplesmente aventuroso.[32]

E, quanto ao segmento humano, Rops não é menos feliz em sua síntese:

> E, com respeito aos homens aos quais vão dirigir-se, os problemas que eles põem são ainda mais difíceis que aqueles outros que os elementos forçam a resolver. Há de tudo, nessa vasta península anatólica: antigas raças originárias dos cários, dos hititas, dos lendários troianos, elementos novos, semitas da Assíria, gregos, vindos depois de Alexandre, romanos às mãos-cheias, e mesmo gálatas, primos muito próximos dos gauleses, que o antigo nomadismo ariano atirou para ali, para o seio daqueles elevados planaltos. É certo que em todas as cidades se encontram colônias

---

[32] Daniel-Rops, *São Paulo, Conquistador do Cristo*, Liv. Tavares Martins, Porto, 2ª ed., 1960, págs. 140 e 141.

judaicas florescentes, ativas, em geral muito bem cotadas junto das autoridades locais. Um mosaico de povos! Um mosaico também de cultos e de crenças, em que o velho totemismo e o animismo aldeão servem de base aos misticismos de Cibele, de Dionísio, de Mitra, prontos para violências e fanatismos.[33]

A Panfília era província imperial, de caráter militar, governada por um propretor ou general com mando. Em cada província da Ásia se havia organizado um corpo de sacerdotes de Augusto. O culto a Augusto e a Lívia, sua esposa, estavam associados ao culto à deusa Roma. O culto a estas divindades expressava a fidelidade política a Roma; daí seus templos serem particularmente aquinhoados com ricas subvenções.

Em Atália, cidade fundada por Átalo II, de Pérgamo, e atual Adália ou Antalya, os missionários pregaram o evangelho à população simples. Muitas foram as conversões, e foram feitas cópias das anotações de Levi. Os novos amigos que aí fizeram queriam ser agradáveis aos evangelistas, presenteando-os com pães, laranjas e peixes.

Em pouco tempo a missão prosseguia de barco até Perge, a capital da Panfília, vencendo um percurso de cerca de 20 quilômetros. Era uma grande e florescente cidade, berço de antigo culto à deusa Diana, que rivalizava com o de Éfeso.

Em Perge, Paulo falou na pequena sinagoga, movimentando o sábado, sempre muito igual na pacata vida da comunidade. Tiveram sucesso no anúncio da Boa Nova. Barnabé alugou pequeno e velho pardieiro onde, durante o tempo que ali permaneceram, atendiam a numerosa clientela que os vinha procurar, muitos deles interessados nas anotações evangélicas.

Aí começou a tendência, que seria irreversível, da pregação ser melhor recebida pelas camadas populares de pagãos.

Foi em Perge que se deu o rompimento com João Marcos. Desde Nea-Pafos as coisas não iam bem com o sobrinho de Barnabé. As dificuldades não eram bem assimiladas pelo jovem aspirante ao serviço cristão. Quando Paulo e Barnabé decidiram

---

[33] Id., ib., págs. 142 e 143.

rumar para o norte, pelos caminhos inóspitos e difíceis que conduziam aos confins da Pisídia, o jovem reclamou, alegando pensar ser a Panfília o termo da viagem. Assustavam-no as responsabilidades e os perigos da jornada, a vida ascética que era exigida dos viajantes, e as limitações que lhes eram impostas.

Decidiu retornar. Barnabé teria preferido acompanhá-lo até um local mais próximo do destino, mas rendeu-se, humildemente, como de seu feitio, aos argumentos e à intransigência de Paulo, que afirmava ser necessário seguir para a frente sem delongas.

No fundo deste rompimento e das razões normalmente apresentadas, tão humanas, há um outro fator que Holzner levanta com muita sensibilidade. João Marcos era tutelado de Pedro, que o chama de "meu filho", e que era habitual frequentador da casa de Maria Marcos. João Marcos, criado no ambiente hierosolimitano e muito apegado às tradições judaicas, tinha dificuldade em aceitar a desenvoltura com que Paulo agia entre os pagãos, e a maneira pela qual procurava desvincular o evangelho de Jesus do Judaísmo. Aí, talvez, resida o aspecto principal do afastamento de Marcos.

Este incidente deve ter desagradado a Paulo, que teve o jovem por pusilânime; deve ter desagradado também a Barnabé, que se viu contrariado em sua afeição de tio. Durante anos Paulo recordou contrafeito estes acontecimentos. A vida a serviço de Jesus haveria de aplainar todas estas arestas. Marcos amadureceria, e ainda seria companheiro e servidor fiel de Paulo, quando do cativeiro deste em Roma.

Sem o jovem companheiro, os dois decidiram rumar para o norte, para Antioquia da Pisídia, por caminhos que passavam pelos contrafortes do Tauro e eram muito perigosos, como vimos. Ninguém se atrevia por tais caminhos sem razões muito fortes: os comerciantes, por ganância; os soldados, por dever; e os missionários, a chamado de Deus.

Paulo, aliás, não conhecia o significado de "difícil" ou de "perigoso", quando se tratava de pregar o evangelho. Além disto, como filho de Tarso, tinha, desde a juventude, certa simpatia por aqueles povos rudes e toscos que viviam do outro lado das montanhas.

Tem início a grande aventura

Observemos que nesta primeira missão foram deixadas de lado as grandes vias de penetração e os grandes centros urbanos. Os povos da Panfília, da Pisídia e da Licaônia, que receberam o evangelho nesta viagem, eram povos atrasados em relação a outros da península. Na realidade, Paulo não fazia planos muito detalhados de suas missões. Seguia determinado rumo, ou pensava atingir determinada cidade, mas os caminhos percorridos e o tempo gasto para percorrê-los ficavam por conta da intuição do momento, quando não de inequívocas orientações espirituais.

As estradas que agora estavam percorrendo ficavam entre as bacias do Cestro e do Eurymedon. O labirinto de montanhas que tinham que vencer, era habitado por populações rapineiras. Os missionários se sobrepunham, animosamente, a todos os obstáculos, alimentando-se com alguns pães trazidos de Perge, de azeite e de frutas silvestres colhidas no caminho.

Na segunda noite da viagem, quando acomodados em pequena caverna, foram assaltados por bandidos, que lhes levaram os recursos financeiros, as capas, os derradeiros pães de cevada e um rolo com anotações evangélicas.

É fácil imaginar que as dificuldades aumentaram sensivelmente. O rude contato com a natureza hostil, e os esforços despendidos, haviam abalado a saúde de ambos. Barnabé tinha frequentes acessos de tosse; Paulo, cuja saúde era precária, sentia-se esgotado e febril. Foi com alegria, pois, que chegaram a Antioquia da Pisídia, após andarem cerca de 120km.

Situada na encruzilhada da Pisídia, da Frígia e da Galácia do Sul, Antioquia da Pisídia ou Antioquia-Cesareia era uma das dezesseis cidades com este nome fundadas por Seleuco Nicator em memória de seu pai Antíoco. Assim também a nossa já conhecida Antioquia da Síria.

Era um centro comercial e administrativo, quando o imperador Augusto fizera dela uma das seis colônias militares, destinadas a guardar os altiplanos. Os soldados de sua guarnição faziam parte da famosa legião gaulesa conhecida como Legião da Cotovia.

Desde os selêucidas ali havia uma colônia judaica, que só fez crescer com os romanos. A sinagoga era muito frequentada por prosélitos e tementes a Deus.

Mesmo doente, Paulo, no dia seguinte, buscou trabalho, deixando Barnabé em repouso na enxovia que haviam alugado. Procurou emprego numa das tendas indicadas por um comerciante de frutas. Foi assim que Paulo começou a trabalhar com afinco na oficina de Ibraim. Por sua vez Barnabé, vencendo-se a si mesmo, arranjou colocação na olaria de um certo Eustáquio. Estavam, pois, assegurados os recursos para a subsistência.

No primeiro sábado, como de hábito, Paulo e Barnabé foram à sinagoga, envergando túnicas usadas que Ibraim oferecera, satisfeitíssimo que estava com a colaboração do novo empregado.

A sinagoga ficava situada às margens do rio Antio, a fim de que se pudesse dispor facilmente de água para as purificações.

Sobre a porta, com dois ramos de oliveira, a inscrição: "Templo dos Judeus." No piso inferior viam-se os locais para abluções, a fim de que se pudessem purificar os ritualmente impuros, ou seja, os que haviam tocado carne proibida, um cadáver ou um sepulcro. Ampla escada de pedra conduzia ao local das orações, no qual se podia ver a cortina verde do altar, onde ficavam os rolos da Lei, frente ao qual está o candelabro de sete braços.

No meio, sobre uma rampa, está o atril, sobre o qual eram colocados os rolos para leitura. As mulheres ficavam sentadas ao lado, separadas por um gradeamento de madeira.

O rumor da chegada dos dois escribas, que já se havia difundido, encheu a casa de gente e de expectativas. Paulo se apresentou como escriba; Barnabé, como levita.

Depois da oração, o ajudante apanha um dos rolos, retira a proteção de rico tecido recamado de inscrições a cores, e procura a folha onde recomeçará a leitura, do ponto em que fora interrompida no sábado anterior. Depois da leitura, Paulo é convidado a falar. Ele se adianta e estende o braço, sinal do orador de que começará a ensinar.

Paulo usou a palavra com dignidade, beleza e emoção. Esses discursos parenéticos do Apóstolo apresentavam duplo esquema: um para os judeus, outro para os gentios.

No capítulo 13, versículos 16 a 41 dos *Atos*, Lucas nos dá, de maneira simplificada, o esboço do discurso aos judeus. Consta de três partes, separadas pelas expressões "varões israelitas", ou "irmãos". Basicamente, utilizando-se da história de seu povo e dos profetas, Paulo procura provar que as promessas messiânicas cumpriram-se em Jesus, o Cristo.

Paulo falou de Jesus com desassombro, dizendo que o privilégio de Israel havia acabado; que o decisivo não era pertencer, segundo a carne, ao povo eleito, sim a fé em Jesus; que este havia vindo para eliminar a separação entre judeus e gentios.

Muitos judeus e simpatizantes, entre os quais Ibraim e Eustáquio, foram tomados de entusiasmo. Mas, como de hábito, houve muitos que reagiram, contrariados em seu espírito farisaico, e as imprecações estrugiram.

Foi quando Paulo, movido por estímulos interiores, e com resoluta determinação, falou: "Era mister que a vós se vos pregasse primeiro a palavra de Deus; mas, visto que a rejeitais, e não vos julgais dignos da vida eterna, eis que nos voltamos para os gentios."[34]

Barnabé colocara-se, firmemente, ao lado de Paulo, e ambos deixaram os judeus desarmados quando aquele falou, em alta voz, citando Isaías: "*Eu te pus para luz dos gentios, para que sejas de salvação até aos confins da terra.*"[35]

No dia seguinte a cidade estava envolvida no assunto. As oficinas de Ibraim e Eustáquio estavam cheias de interessados em novos esclarecimentos. Foi quando Paulo falou das curas, materializando suas informações com a cura de uma tia de seu patrão, vítima de solerte moléstia. Por outro lado, Barnabé curava os dois filhinhos do oleiro.

No sábado seguinte a sinagoga estava repleta. Os rigoristas, todavia, decidiram retrucar Paulo, do que resultou grande tumulto, sendo o orador impedido de falar.

Os missionários não desanimaram, antes redobraram o trabalho, fundando uma igreja na casa de lbraim. Tiveram, a partir daí, que conviver com as agressões, os apodos e as ironias dos intransigentes israelitas.

---
[34] ATOS, 13:46.
[35] ATOS, 13:47.

Foi nesta altura que Paulo caiu gravemente enfermo, vitimado por febre maligna, contraída, certamente, na travessia dos pântanos da Panfília.

Durante um mês foi cercado pela dedicação sem limites de Barnabé, Ibraim, Eustáquio e outros companheiros. Restabelecido, Paulo voltou a pregar o evangelho com redobrado ânimo, o que provocou a ira dos judeus, que utilizaram-se da influência de mulheres tementes a Deus junto à administração municipal para conseguirem uma ordem de banimento e supressão das regalias para Ibraim e Eustáquio, como partidários da revolução e da desordem. Desta situação embaraçosa, das ameaças do cárcere e da flagelação, só poderia salvá-los a retirada dos missionários.

Atentos à gravidade da situação, Paulo e Barnabé decidiram prosseguir para Icônio, onde continuariam a faina apostólica.

Há uma opinião, assentada em bons argumentos, segundo a qual, quando Paulo dirige sua carta aos gálatas, o faz, em primeiro lugar, às comunidades do sul da Galácia.

Se esta opinião é correta, então a enfermidade mencionada naquela carta, 4:13, é esta a que refere Emmanuel, e que sobreveio, pela primeira vez, em Antioquia da Pisídia. Certamente uma febre palustre, provavelmente malária.

Talvez esta moléstia o tenha feito desistir de viajar para a Jônia, no litoral do Egeu, onde se situavam as grandes cidades helênicas de Éfeso, Esmirna, Mileto, Halicarnasso, Pérgamo, Adramítio etc. Antes, voltou-se para continuar sua missão no sul da Galácia, segundo o princípio que erigira nas suas andanças, da "porta aberta", isto é, sempre ir onde havia uma porta aberta para o Evangelho.

Assim tiveram início as igrejas da Galácia.

Paulo e Barnabé partiram de Antioquia da Pisídia, mas deixaram a mensagem salvadora de Jesus semeada em boa terra. Ali haviam passado oito meses.

Antioquia da Pisídia não existe mais. No sítio da antiga cidade, nos dias de hoje, apenas uma pequena tabuleta indica ao viajante as míseras ruínas que restaram da destruição inexorável do tempo e dos homens. O mesmo se pode dizer de Perge, cujos vestígios podem ser vistos nos arredores da atual Murtana.

Primeira Viagem

Segunda Viagem

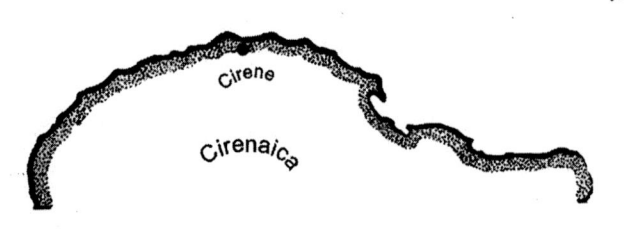

ar Negro
PONTO
GALÁCIA
CAPADÓCIA
Antioquia
Icônio
Listra
Derbe
CILÍCIA
Tarso
PANFÍLIA
Perge
Atália
LICAÔNIA
Antioquia
Selêucia
SÍRIA
Mirra
Salamina
Chipre
Pafos
Damasco
Sídon
Tiro
Ptolemaida
NEO
Palestina
Cesareia
Jerusalém
Jope

CAPÍTULO 11

Abrem-se aos gentios as portas da fé

> "E digo isto: Que o que semeia pouco, pouco também ceifará; e o que semeia em abundância, em abundância também ceifará. Cada um contribua segundo propôs no seu coração; não com tristeza, ou por necessidade; porque Deus ama ao que dá com alegria."
>
> (II Coríntios, 9:6 e 7.)

Antes de prosseguirmos na apreciação da primeira viagem missionária, julgamos oportuno abrir um parêntesis a fim e examinar o esquema de trabalho utilizado por Paulo em suas missões. Se nos reportarmos ao que escrevemos no capítulo anterior, sobre os acontecimentos em Perge e Antioquia da Pisídia, e analisarmos os trabalhos que virão, em Icônio, Listra e Derbe, veremos que o Apóstolo segue uma sistemática de trabalho que, com pequenas nuances, não varia. Os eventos quase que se sucedem sem grandes alterações.

A ossatura do processo é a seguinte:

1º – Instalado numa cidade, Paulo procura uma ocupação e aguarda o primeiro sábado para ir à sinagoga local;

2º – Na sinagoga, como de costume, a palavra era facultada aos visitantes que aparentemente tinham condições de falar, do que se valia Paulo, sobretudo por apresentar-se como escriba ou doutor da lei;

3º – O discurso de Paulo, visando a mostrar que em Cristo Jesus tinham se realizado as promessas messiânicas, agradava a alguns judeus puros e a um número maior de prosélitos e tementes a Deus, mas desencadeava reações entre os rigoristas;

4º – Normalmente seu acesso à sinagoga era impedido, ou logo no primeiro sábado, ou num sábado subsequente, sobretudo se sua pregação redundava em conversões;

5º – Os judeus iniciavam campanha de difamação, enquanto Paulo se dirigia aos gentios, em praça pública, nos bazares ou em local para este fim alugado ou oferecido;

6º – Muitos, geralmente, eram os conversos, do que resultava a fundação de uma *ekklêsia*;

7º – Os judeus, sobretudo se tinham influência na administração municipal, o que era comum, exigiam medidas de exceção contra os missionários, normalmente acusados de revolucionários, feiticeiros ou perturbadores da ordem pública, no que eram sustentados por pagãos descontentes;

8º – As reações, então, se faziam fortes, e os Apóstolos eram expulsos da cidade, ou aprisionados, ou sofriam as 40 menos uma bastonadas dos judeus, ou a flagelação dos gentios, ou a agressão do populacho;

9º – Diante deste quadro, seguiam para outra cidade que lhes oferecesse condições de trabalho, ou para as quais fossem recomendados, em suma, onde surgissem as "portas abertas".[36]

Muito bem. Acompanhemos nossos heróis do Evangelho, que rumaram para Icônio, munidos de carta de recomendação de Eustáquio a um amigo.

Ao deixar Antioquia da Pisídia entraram, primeiramente, em uma meseta isolada, cercada pelas formas agressivas de vários vulcões extintos, de picos nevados e nomes estranhos. É uma

---

[36] Veja-se, a propósito desta expressão, *I Coríntios*, 16:9 e *II Coríntios*, 2:12.

região erma, da qual L. Schneller, a quem tanto devemos pelo levantamento científico que fez dos itinerários paulinos, assim se expressa:

No verão esta planície é um espantoso deserto de pó, sobre a qual desaba um calor ardente e insuportável. No inverno, há por aqui, por vários meses, grandes massas de neve, em que se afundam os pés. E na primavera, quando já passaram as chuvas de inverno, toda a planície, privada de desaguadouros, assemelha-se a um grande pântano, no qual os cavalos às vezes submergem até o peito.[37]

Após o percurso difícil e doloroso de cerca de 120km, os viajantes divisaram o oásis de Icônio, cujos arredores verdejantes lembravam os de Damasco, com a diferença que Icônio está a mais de 1.100 metros de altitude.

Os habitantes tinham orgulho de sua cidade, que hoje se chama Konya. Diziam que tinha existido antes do dilúvio, e depois fora novamente edificada. Prometeu, em lugar das pessoas afogadas, criou outras, de barro. Desde aí os moradores falam com ingênuo orgulho de Icônio, palavra que vem de *éikôn* (εικων), imagem.

Ali instalou-se uma colônia de veteranos, por ordem do imperador Cláudio. Arcontes romanos ocupavam os altos postos da administração local, sobre a qual os judeus muito ricos exerciam grande influência.

Como era um centro de tecelagem de lã, Paulo não teve dificuldade em encontrar trabalho. Uma das primeiras providências ao chegar foi procurar o amigo de Eustáquio, de nome Onesíforo, que recebeu os viajantes com generosa hospitalidade.

No primeiro sábado estrearam na sinagoga, com as reações habituais.

Sem lograr êxito com os ricos judeus, os Apóstolos foram ouvidos e bem recebidos pela classe média, constituída de pagãos, que chegaram a alugar uma grande sala para as reuniões,

---

[37] Citado em Holzner, J., *San Pablo*, Ed. Herder, Barcelona, 12ª ed., 1980, págs. 124 e 125.

onde Paulo ministrava, todas as tardes, as lições do Evangelho. Os judeus tentaram calá-lo em vão. O Apóstolo, sustentado por Onesíforo, prosseguiu com sua intrépida pregação. Enquanto os israelitas tramavam a expulsão dos evangelizadores, um incidente desagradável veio em auxílio de seus planos. Diante das variadas interpretações deste incidente, deixemos que Emmanuel o exponha:

...uma jovem noiva, ouvindo ocasionalmente as pregações do Apóstolo dos gentios, diariamente penetrava no salão em busca de novos ensinamentos. Enlevada com as promessas do Cristo e sentindo extrema paixão pela figura empolgante do orador, fanatizara-se lamentavelmente, esquecendo os deveres que a prendiam ao noivo e à ternura maternal. Tecla, que assim se chamava, não mais atendia aos laços sacrossantos que deveria honrar no ambiente doméstico. Abandonou o trabalho diuturno para esperar o crepúsculo, com ansiedade. Teóclia, sua mãe, e Tamiris, o noivo, acompanham o caso com desagradável surpresa. Atribuíam a Paulo semelhante desequilíbrio. O ex-doutor, por sua vez, estranhava a atitude da jovem que, diariamente, insinuava-se com perguntas, olhares e momices singulares.[361]

Tamiris e sua família criaram em razão do incidente situações muito penosas, das quais resultaram, por ação dos judeus junto às autoridades, a prisão de Paulo, onde sofreu o suplício de 40 açoites menos um, acusado de blasfemo, sedutor e revolucionário. Cinco dias ficou Paulo na prisão, sob severos castigos, sendo finalmente libertado.

O caso de Tecla assumira proporções de verdadeiro escândalo, e Paulo, após a libertação, e na primeira oportunidade, esclareceu a comunidade cristã, explicando-lhes os sucessos ocorridos.

Barnabé julgava oportuno prosseguir viagem, mas Paulo resistia. Onesíforo considerou a posição da pobre moça que, segundo a tradição, se fosse novamente encontrada junto ao Apóstolo, seria condenada à fogueira. Foram estas sombrias perspectivas que, segundo Emmanuel, fizeram Paulo deixar Icônio.

Lá pelo final do século II apareceu um apócrifo intitulado *Atos de Paulo e Tecla*, escrito por um sacerdote da Ásia Menor, que, com mais emoção e piedade do que escrúpulos, fez um relato em que misturava algumas verdades com muitas inverdades e fantasias. Tertuliano puniu o sacerdote e seu escrito foi condenado. A Igreja Católica canonizou santa Tecla. Os padres da igreja Oriental, entre eles João Crisóstomo, tinham por ela entusiástica veneração. Seu nome e seus três martírios ainda hoje são lembrados nas orações litúrgicas pelos defuntos.

Harnack, o famoso teólogo protestante que foi diretor da Biblioteca Real de Berlim, admitia a existência de Tecla e que tenha sido convertida por Paulo, assim como tenha colaborado nas missões.

Como vemos, fica difícil levantar qualquer história verossímil de Tecla, pois a verdade está obscurecida por muitas lendas. Diz o apócrifo, por exemplo, que a liberdade de Paulo foi obtida por meio da ação de Tecla, que subornara a guarda para a libertação do preso; uma das façanhas de Tecla, descrita no livro, um estranho prodígio, diz respeito à condenação de Tecla à fogueira e de como ela foi poupada pelas chamas, que se voltaram para os pagãos que assistiam ao martírio.

Não sabemos o tempo que Paulo e Barnabé permaneceram em Icônio. Possivelmente pouco mais de um ano, e é provável que tenham pregado nas cercanias. O fato é que em Icônio instalou-se uma igreja firmemente assentada, que exerceria influência sobre as localidades e campos vizinhos, condição que as ironias da História alterou, pois Icônio tornou-se importante centro religioso muçulmano, tendo sido residência dos sultões e a capital dos dervixes dançantes, ala mística do Islamismo.

Assim, pela segunda vez, os missionários tiveram que interromper, bruscamente, sua obra, com uma saída precipitada. Tomaram rumo do levante, para Listra, portando uma carta de recomendação de Onesíforo para sua irmã Loide.

O território da Licaônia, que penetraram então, não era hospitaleiro. Logo que deixaram Icônio para trás, a paisagem ia tomando o aspecto de estepe. Era um território pobre e em parte pantanoso, no qual apenas se viam algumas pastagens para ovelhas, cabras e asnos selvagens.

À frente, como sentinela de mau agouro, ameaçador, o grande cone escuro do Kara-Dagh, o monte Negro, vulcão extinto, junto ao qual erguia-se um vilarejo montanhês, Listra, uma "colônia Juliana", como se pode ainda ler no altar consagrado a Augusto, descoberta do arqueólogo americano Stilington Berret, a quem devemos o conhecimento dos sítios de Listra e Derbe.

Os habitantes de Listra, como os licaônios de um modo geral, eram bonachões, supersticiosos e ignorantes. Falavam um dialeto das altas montanhas da Anatólia, mencionado por Aristóteles e Cícero com desprezo.

A estadia em Listra chegaria a ser romanesca, se não houvesse terminado tão dolorosamente.

Os listrenses adoravam Zeus — o Júpiter dos romanos — e Hermes, o mensageiro dos deuses, Mercúrio para os latinos. Esse culto foi trazido pelos gregos e assimilado pelas legendas indígenas. O templo a eles dedicado ficava diante da porta principal da cidade, como era comum acontecer.

Os gregos tinham uma prodigiosa imaginação, e suas crenças, representadas em sua riquíssima mitologia, são pródigas em estórias fantásticas, encantadoras umas, sombrias outras, mas sempre muito criativas e poéticas. Os deuses agiam na natureza, e por ela se chegava à existência dos deuses.

Essa fantasia pagã estava presente em Listra, na figura de duas tílias antiquíssimas, que haviam crescido juntas, entrelaçando suas raízes e suas ramagens. São Filêmon e Bancis, diziam os listrenses. Segundo esta lenda, Zeus e Hermes haviam percorrido céus e terras a fim de perscrutar os sentimentos dos homens. Rechaçados em toda a parte, acabaram dando numa cabana junto a Listra, onde vivia um casal de bons e piedosos pastores, Filêmon e Bancis. Hospedado com carinho, Zeus deu-se a conhecer no dia seguinte, concedendo a seus anfitriões a liberdade de expressarem qualquer desejo. O casal formulou a vontade de permanecerem sãos até a velhice e, então, morrerem juntos. Zeus concedeu-lhes o pedido e, mais ainda, após a morte ambos foram transmudados em árvores, para que pudessem entrelaçar a sua sorte para sempre. Esta estória visa a preparar o leitor para os fatos ocorridos em Listra.

Como a cidade fosse muito pobre, ali não havia propriamente uma colônia judaica, apenas alguns poucos judeus, e nem sinagoga possuía.

Os missionários procuraram a casa de Loide, viúva de um grego abastado, que vivia em companhia de Eunice, sua filha, também viúva de um pagão, e do filho desta, Timóteo, um adolescente de 13 anos. Os companheiros foram recebidos nesse lar com demonstrações de carinho e sobejas provas de simpatia, o que lhes foi confortador, já que vinham de dolorosas experiências e de cansativa viagem.

Paulo, como de hábito, abordou a necessidade de trabalhar, ao que Loide reagiu, dizendo que, enquanto fossem seus hóspedes, não precisassem preocupar-se com a subsistência, mesmo porque Listra era uma cidade que só dispunha de duas míseras tendas, que não fabricavam e nem vendiam tapetes.

Paulo ficou vivamente impressionado com o menino [Timóteo], de caráter terno, temperamento sensível e inteligência viva.

Na própria noite da chegada, em meio aos respeitosos comentários da Lei, Paulo, instado a falar, anunciou a Boa Nova, sendo suas palavras recebidas com o mais vivo entusiasmo, particularmente por parte de Timóteo.

Os primeiros dias foram dedicados ao repouso e à instrução de seus hospedeiros. Somente no sábado entraram em contato com a população.

Na praça, aproveitando o movimento do mercado, Paulo começou a falar. De cima de uma tribuna improvisada, dirigiu-se à pequena multidão, simplória e supersticiosa. Quando se referiu às curas prodigiosas realizadas por Jesus, passou a receber sarcásticas observações.

Sob o intenso fervor de sua oratória, lembrou-se da cura de uma jovem surda empreendida por Estêvão, e, localizando entre o povo um pobre coxo de nascença, que lhe lançava um olhar súplice, sentiu incoercível decisão de curá-lo, a ele dirigindo-se com incrível energia, falando:

— Amigo, em nome de Jesus, levanta-te!

O mísero ergueu-se aos gritos de júbilo, saltando sua alegria ante a multidão estarrecida.

Foi quando, na sua fé ingênua, os listrenses passaram a ver nos missionários os deuses Zeus e Hermes, descidos do Olimpo.

Os deuses desceram a nós em figura de homens!, gritavam. Zeus, o eterno viajante, com seu mensageiro Hermes, visitam o povo! Não vedes como o alto e majestoso Barnabé, com sua barba e cabelos escuros, é em tudo semelhante a Júpiter, cuja estátua se ergue diante das portas? E o pequeno e eloquente Paulo não pode ser outro senão Hermes.

Ao deus principal, segundo a visão oriental, cabia calar, correspondendo-lhe dignidade, quietude e perpetuidade. Ao secundário, o demiurgo, competiria o trabalho e a atividade: é o deus que age.

A notícia correu célere, e os sacerdotes já traziam dois bois, devidamente aprestados para o sacrifício. Quando os Apóstolos se deram conta do que estava se passando, tudo fizeram para remediar o equívoco, e em altos brados, a fim de serem ouvidos pela multidão fanatizada. Barnabé e Paulo, tomando do sacerdote a trança de couro que prendia os animais, soltaram-nos a pastar as coroas de verdes do ritual.

O sacerdote e os populares quiseram protestar, mas os emissários bateram em retirada. A psicologia de multidões como esta é perigosa e mutável; frustrados em suas crenças, certamente passaram a considerar feiticeiros aqueles que, minutos antes, eram deuses na terra.

Não há dúvida de que o incidente favoreceu a aceitação do evangelho e, em pouco tempo, a igreja, instalada inicialmente em casa de Loide, teve que mudar-se para outra de aluguel. Com o êxito, crescia a animosidade. Os poucos judeus da cidade entraram em ligação com Icônio, e de lá vieram as mais soezes informações, repassadas de solertes acusações aos dois pegureiros do evangelho, centradas estas no caso de Tecla.

O assunto foi tratado, portas adentro, na administração municipal, com o concurso dos sacerdotes e dos poucos judeus, acabando por prevalecer o alvitre de ser apedrejado o audacioso pregador, na primeira oportunidade.

Desconhecendo a trama, Paulo compareceu à praça pública, no sábado seguinte, para a habitual pregação, fazendo-se acompanhar do jovem Timóteo. Entre o povo, notou muitos semblantes hostis e desconhecidos. O movimento, neste dia, era invulgar.

Mal começara seu sermão evangélico, começaram a chover as pedras. A Paulo ocorreu, de imediato, o suplício de Estêvão. Certamente o Mestre lhe reservava a mesma experiência. O Apóstolo caiu de joelhos para, finalmente, jazer no chão, exangue e desacordado.

Segundo Emmanuel, valeu-lhe a interferência de um certo Gaio, cuja mãe fora curada por Paulo, e que agora se oferecia à multidão, improvisando ele próprio acusações e impropérios, para levar o corpo ao monturo, além das portas, a fim de ser devorado pelos abutres. Enquanto fazia isto, pedia a Timóteo calar-se, e ir à casa a fim de relatar o ocorrido. Quando caísse a noite, deveriam prestar os primeiros socorros, caso ainda fosse Paulo encontrado com vida.

E assim foi feito. Paulo sobreviveu, foi levado à casa de Loide, onde passaram a noite pensando-lhe os ferimentos. Antes que o dia raiasse, malgrado o estado deplorável do Apóstolo, transpôs os muros, rumando para Derbe, distante cerca de 40km, onde acabariam por estagiar por mais de um ano.

Esta viagem, nas condições precárias de Paulo, é algo de extraordinário. Emmanuel nos fala de "penosa caminhada", enquanto Holzner admite que a desértica planície salina tenha sido percorrida em tosca carreta, sujeita a muitos solavancos.

Derbe era um vilarejo, simples fortaleza a 1200m de altitude, situada nos confins da Galácia, e apartada do mundo. Foi o ponto extremo oriental atingido pela missão.

Tal qual Listra, tinha sido o covil de bandidos, mas a situação melhorara no governo de Cláudio, que transformou a cidade, como acontecera com Listra, em colônia de veteranos.

Como a cidade era muito pobre e não tinha comércio, também não tinha judeus. Aí, pois, os missionários não encontraram as habituais agressões.

Durante os seis primeiros meses, Paulo e Barnabé trabalharam na cidade, restabelecendo a saúde comprometida. Mantiveram-se anônimos, sem atividade proselitista. Passado este período, ficaram mais seis meses na região, divulgando o evangelho sem hostilidades. Ali, e nos arredores, surgiram importantes núcleos cristãos. Na realidade, as igrejas de Listra e Derbe foram as primeiras constituídas somente de pagãos.

Certamente durante o tempo que passaram em Derbe, os Apóstolos estenderam sua ação pelos vales vizinhos, que rodeiam o lago Ak-Göl e a antiga Heracleia. Lembremo-nos de que, a partir da Licaônia, as regiões limítrofes da Capadócia e da Isáuria receberam o evangelho. Pedro dirigirá sua primeira epístola também aos capadócios.

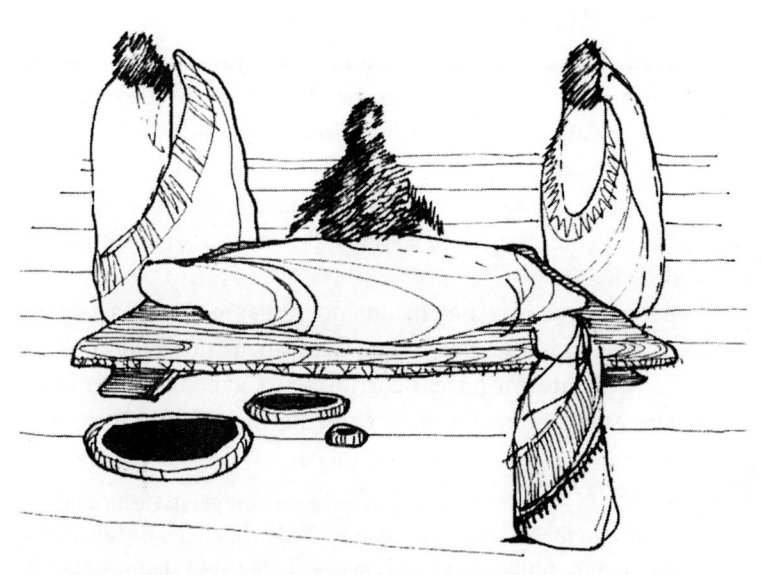

E assim foi feito. Paulo sobreviveu, foi levado à casa de Loide, onde passaram a noite pensando-lhe os ferimentos.

Abrem-se aos gentios as portas da fé

As cidades de Listra, Icônio e Antioquia não ficaram órfãs da ação apostólica: Timóteo foi um mensageiro diligente e dedicado, do que é aval o testemunho que dele foi dado por todos, quando do retorno de Paulo na segunda viagem.

Cerca de quatro anos haviam passado os missionários longe da comunidade-mãe da Síria. É provável que, nas horas difíceis, tivessem pensado nos irmãos e nos amenos recantos de Antioquia, irmãos aos quais só raramente davam notícias de vida, pelos viajantes ou guias de caravanas.

Paulo, por sua vez, deverá ter pensado em sua Tarso natal, que não ficava longe, cerca de 200 quilômetros na direção do sol nascente, por detrás das montanhas!

Era hora de voltar!

Os missionários teriam podido chegar rapidamente ao destino, desde que rumassem, pelas "portas cilicianas", para a Cilícia, e, dali, pelas "portas amânidas" passarem à Síria.

Mas o zelo apostólico fez com que retornassem sobre os próprios passos, a fim de rever as comunidades, confirmá-las na fé, renovar-lhes a doutrina.

A direção das comunidades foi entregue a presbíteros, pessoas mais velhas que eram, na ausência dos Apóstolos, os depositários de sua autoridade. Todos os irmãos foram exortados à paciência e à perseverança.

Retornando, em sentido inverso, por Listra, Icônio, Antioquia da Pisídia e Perge, chegaram a Atália, de onde navegaram para o porto de Selêucia.

É de se observar que não há qualquer referência a esta viagem de volta, nem nos *Atos*, nem nas cartas, nem nos biógrafos de Paulo. Certamente por haver ocorrido sem incidentes de monta.

Renan assim concluiu seus comentários sobre a primeira missão:

> Apesar de enormes obstáculos, os resultados gerais desta primeira missão foram imensos. Quando Paulo embarcou de novo para Antioquia, tinha igrejas de pagãos. Tinha sido dado o grande passo. Todos os fatos desta natureza que se haviam produzido

anteriormente teriam sido mais ou menos indecisos. Em todos, tinham podido fazer uma ostentação mais ou menos plausível aos judeus de Jerusalém, que sustentavam que a circuncisão era o preliminar obrigado da profissão cristã. Desta vez a questão tinha sido conduzida de uma maneira direta. Um outro fato da maior importância se pusera em evidência: eram as excelentes disposições que se poderiam encontrar em certas raças, ligadas aos cultos mitológicos, para receber o Evangelho.[38]

O regresso dos irmãos foi saudado em Antioquia com efusivas demonstrações de alegria. Podemos dizer que o ambiente da rua Singon tornara-se festivo, e a comunidade reuniu-se, mais de uma vez, para ouvir as narrações das experiências vividas nesta primeira missão, e os maravilhosos frutos da semeadura feita.

Os *Atos* lembram este reencontro, no capítulo 14, versículo 27: "*E quando chegaram e reuniram a igreja, relataram quão grandes coisas Deus fizera por eles, e como abrira aos gentios a porta da fé.*"

---

[38] Renan, E., *Paulo*, Liv. Chardron, Porto, 1908, págs. 43 e 44.

CAPÍTULO 12

Tempos de crise

"Suportando-vos uns aos outros, e perdoando-vos uns aos outros, se algum tiver queixa contra outro; assim como Cristo vos perdoou, assim fazei vós também. E, sobre tudo isto, revesti-vos de caridade, que é o vínculo da perfeição."
(*Colossenses*, 3:13 e 14.)

Passadas as emoções dos primeiros momentos, os emissários puderam observar contristados que a comunidade atravessava grave crise interna, confirmada nas prolongadas reuniões que mantiveram com os superintendentes.

Os antioquenos não tinham permanecido ociosos. Por toda a Síria, até os montes Amano e, mais além, já em território cilício, havia uma verdadeira cadeia de ativas comunidades cristãs, embora as coisas não corressem bem quanto aos judeus-cristãos. As discussões e posturas judaizantes de Jerusalém estendiam-se a Antioquia, provocando injustificáveis contendas entre os crentes, tendo por foco o problema da circuncisão. Havia amargura e descontentamento entre os gentios, e a tal ponto chegavam os desacertos, que não mais se ouviam as vozes da espiritualidade. Emmanuel afirma: "Manahen, cujos esforços na igreja eram indispensáveis, mantinha-se a distância, em vista das discussões estéreis e venenosas."[374]

Alguns eram partidários da circuncisão, enquanto outros se batiam pela total independência do Evangelho. Paulo compreendeu o problema com rara profundidade e viva preocupação, observando as polêmicas surgidas em torno desse assunto, bem como a respeito de alimentos puros ou impuros, e à disposição dos judeus-cristãos de não fazerem ágapes comuns com os heleno--cristãos, nem frequentar-lhes as casas. Os irmãos de Jerusalém, que nunca tinham saído de sua terra, e não compreendiam a situação dos gentios, não consideravam os conversos do gentilismo como verdadeiros cristãos, afirmando que não poderiam ter sido aceitos sem antes admitir a lei mosaica.

Paulo percebeu que, como ele havia temido, o problema estava colocado por inteiro, ameaçando de ruptura a comunidade cristã e pondo em perigo o trabalho que vinha realizando entre os gentios. Para os judeus convertidos, e mesmo para os chamados prosélitos inteiros convertidos, não se apresentava qualquer problema. Mas a comunidade antioquena constituía-se, em sua maioria, de pagano-cristãos, dentre os quais alguns eram meio-prosélitos, os chamados tementes a Deus, cujos laços com o Judaísmo eram muito frouxos. Para estes sim surgiam sérias dificuldades. Sujeitá-los ao rito da circuncisão ou à ritualística da Lei seria reduzir a experiência da liberdade cristã à estreiteza da sinagoga, e negar a universalidade da mensagem de salvação de Jesus.

A continuar assim, teríamos os cristãos de primeira classe, ou os cristãos inteiros, em contraposição aos meio-cristãos, formando, no Cristianismo nascente, um agrupamento interior e outro exterior... Seria, o que é pior, transformar o Cristianismo numa doutrina de raça, cujos supremos valores estivessem ligados ao sangue judeu.

Admitir os heleno-cristãos na comunidade, mas não aceitá-los à mesa, ou não poder tocá-los, seria reduzi-los à condição de verdadeiros párias.

Havia, pois, por trás de tudo isto, um duplo e seríssimo problema, um de caráter religioso, outro de cunho social. Paulo, como ninguém, situou o problema, e foi agente de sua resolução, abrindo caminho para a liberdade e a universalidade cristãs. A ótica judaizante, concentrada em Jerusalém, era outra. Primeiro, testemunhava que Jesus nascera sob a Lei, e que dissera não haver vindo para anulá-la, antes para aperfeiçoá-la, assim como afirmara que ela se cumpriria até o último til e o último iota.

Estavam esquecidos de que Jesus prometera aperfeiçoar a Lei e que em muitas passagens assim se expressou: "Os antigos diziam... mas eu vos digo..."

Segundo, aqueles judeus cristãos hierosolimitanos eram pessoas para quem as determinações sobre a pureza ou a impureza dos alimentos, as prescrições sobre o sábado e o afastamento das impurezas pagãs, marcados pela incircuncisão, bem como os particularismos de Jeová para com o povo eleito, pertenciam às mais caras tradições de sua herança milenar, das quais tinham dificuldade em se apartar.

Em consequência, o Cristianismo era entendido, por eles, como uma forma espiritualizada de suas antigas usanças, uma espécie de último e belíssimo fruto do Judaísmo.

Para judeus afeitos a extensa casuística dos doutores, para os quais, em sua estreiteza de vistas, as normas tinham que estar claramente escritas ou solidamente fincadas na tradição oral, era difícil compreender de maneira diferente, mesmo porque jamais Jesus abordou, com clareza, o problema da circuncisão, e quando determinou a seus emissários que fizessem discípulos em todas as nações, não disse "como" receber os gentios, as condições em que os gentios deveriam ser admitidos na assembleia dos crentes.

E porque Jesus nunca tocou nestes assuntos? — Renan responde a esta questão muito bem:

> Jesus, fazendo subir a religião à maior altura aonde ela nunca tinha sido levada, nunca dissera claramente se entendia que devia ou não permanecer judeu. Não determinara o que queria que se conservasse do Judaísmo. Tão depressa dizia que viera para confirmar a Lei de Moisés, como dizia que tinha vindo para a suplantar. Verdadeiramente isto era, para um grande poeta como ele, apenas um pormenor insignificante. Quando se chegou a conhecer o Pai Celeste, aquele que se adora em espírito e em verdade, não se é de nenhuma seita, de nenhuma religião particular, de nenhuma escola. É-se da religião verdadeira; todas as práticas se tornam indiferentes; não se desprezam, porque são sinais que foram ou ainda são respeitáveis; mas deixa-se de lhes reconhecer uma virtude intrínseca. Circuncisão, batismo, páscoa, ázimos, sacrifícios, tudo isto se toma por igual secundário. Não se pensa mais nisso.[39]

---

[39] Renan, E., *São Paulo*, Liv. Chardron, Porto, 1908, pág. 46.

Estes judeus cristãos, estes primeiros discípulos, quando privados da presença de Jesus, sem a força pessoal de seus exemplos e a segurança de suas orientações, voltaram à prática da piedade e da devoção judaicas. Retornaram aos seus hábitos enraizados, e punham em uso, com perfeição, as observâncias que o povo achava a essência do Judaísmo. Era tanta a devoção deles, que o povo os considerava santos.

Admitir os heleno-cristãos na comunidade, mas não aceitá-los à mesa ou não poder tocá-los, seria reduzi-los à condição de verdadeiros párias.

Tempos de crise

Eis aí os dados do problema. Continuaremos falando do assunto, que é de importância capital para a compreensão de um dos mais solenes episódios vividos pelo Cristianismo nascente, que tem no Apóstolo dos gentios a sua figura central.

Paulo fez tudo para harmonizar a comunidade em conflito, mas, em que pese sua inconteste autoridade, agora aureolada pelos grandes méritos espirituais adquiridos na missão, os resultados foram muito modestos, e os desentendimentos prosseguiram.

Quando se soube, em Jerusalém, do retorno dos missionários a Antioquia, tratou-se de enviar para esta cidade uma comissão de irmãos, certamente para verificar o envolvimento de Paulo e Barnabé com os gentios. A presença de tais elementos acirrou os ânimos. Falava-se, maldosamente, que apesar dos méritos conquistados por Paulo e Barnabé, não tinham eles competência para falar em nome de Jesus, assim como se dizia que a única autoridade provinha dos Apóstolos galileus.

Vivia-se um período de hesitações e incertezas, no qual o sentido de unidade estava perdido. Cada qual se exprimia segundo sua visão pessoal; os gentios eram tratados com mofa, e havia intensa propaganda a favor da circuncisão.

Foi quando Paulo e Barnabé pensaram em minimizar as dificuldades com convite a Simão Pedro para visitar a instituição antioquena, na esperança de receberem, de sua autoridade e de seu apoio ao Evangelho, um forte aliado para a tarefa de conciliação em curso.

Pedro cedeu ao convite com aprazimento e rapidez, chegando a Antioquia acompanhado de João Marcos.

Foram muitas as impressões e as confidências trocadas entre o valoroso grupo de discípulos ora reunido, ocasião em que Pedro pôde rejubilar-se com as notícias que lhe foram dadas por Paulo e Barnabé, assim como estes vieram a saber dos acontecimentos ocorridos em Jerusalém, desde a morte do filho de Zebedeu.

É quando Pedro se afirma contrariado com as exigências de Tiago, embora devesse reconhecer que a ortodoxia das atitudes da igreja-mãe tinha, mais de uma vez, sustado a tempestade religiosa desencadeada por saduceus e fariseus, que ameaçavam o patrimônio que a comunidade oferecia aos deserdados do mundo, os "filhos do calvário".

As perseguições vinham, assim, sendo impedidas pelo respeito que o povo e as autoridades tributavam a Tiago Menor, o que colocava Pedro em situação difícil para contrariar as práticas judaicas do companheiro. Assumia, desta forma, atitude apaziguadora, muitas vezes chegando às raias da dubiedade.

A comunidade viveu dias felizes com a visita de Simão Pedro. O valoroso Apóstolo, levado por Paulo, visitou generosamente todos os irmãos, antepondo às ideias restritivas do Evangelho, o seu conselho e o seu sorriso. Em pouco tempo, começava a esboçar-se um movimento de confiança e harmonia.

Quando a tempestade estava amainando, anunciando um novo dia, chegaram três emissários de Tiago, com cartas para Simão, que os recebe com muita estima, como, de resto, a comunidade inteira.

Mas a chegada dos enviados de Tiago logo desencadeou nova tormenta, pondo o trabalho de Paulo e Barnabé a perder. Cedo passaram estes a ver, com profundo desgosto, a atitude dos mensageiros de Jerusalém: lavavam as mãos após qualquer contato casual com algum pagano-cristão; não aceitavam convites para ir às casas dos cristãos da gentilidade; nos ágapes, sobretudo de sábado, comiam em mesas separadas, pois com incircuncisos não era possível sentar na mesma mesa e, muito menos, comer do prato comum, conforme usual no Oriente. As práticas, já de per si condenáveis, acabaram por dar lugar à posição extrema de afirmar-se que, se os gentios não se circuncidassem, não seriam passíveis de salvação.

Paulo e Barnabé sempre se dirigiam aos pagano-cristãos como "santos", "eleitos" ou "filhos de Deus", mas, pelos piedosos senhores da igreja de Jerusalém, foram chamados de "impuros" e "pecadores", despojando-se-lhes, pois, do Cristianismo.

Lamentavelmente, desde a chegada destes verdadeiros espias de Tiago, Simão Pedro começou a mudar de atitude. Antes tão liberal, tão dado à independência e à liberdade em Cristo Jesus, Pedro agora retraía-se. Não mais aceita os convites formulados pelas famílias dos gentios. As reuniões, antes organizadas para recebê-lo, já não contavam com sua presença amiga e alegre. Sempre acompanhado dos mensageiros de Tiago, mudou sua atitude no seio da própria igreja.

Paulo anotou as transformações ocorridas com o ex-pescador de Cafarnaum com inexcedível contrariedade e decepção. Para um temperamento forte como o dele, franco e leal, intransigente quando se tratava de defender a Boa Nova, afeito à liberdade de opinião, tais fatos eram chocantes e aflitivos.

Como interpretar as mudanças ocorridas com um discípulo do quilate de Simão Pedro?

Pedro, por sua vez, se mostrava grave e abatido, mas não se referindo à liberdade do Evangelho, como se ele próprio estivesse preso a amarras.

Paulo mediu a responsabilidade de seus compromissos perante a gentilidade, e na sua paixão pelas atitudes francas e desassombradas, e com seu temperamento fogoso, que lhe tornava espinhoso o adiamento de qualquer solução, decidiu, após expectação ansiosa de duas semanas, enfrentar o companheiro no terreno doutrinário, perante a assembleia da comunidade, expressamente convocada.

Este confronto entre Pedro e Paulo é um dos mais importantes episódios da história do Cristianismo, muitas vezes silenciado por escrúpulos tolos ou pias considerações.

O episódio não é falado nos *Atos*. Quando Lucas escreveu este livro, seu propósito foi não suscitar questões ou problemas. Procedeu, como se diz vulgarmente, como quem "lança água na fervura". Todo o esquema de Lucas visa, assim, a aplainar dificuldades e desbastar arestas.

Quem se refere a este confronto é o próprio Paulo, e o faz na carta aos gálatas, no versículo 11 e seguintes do capítulo 2. No versículo 11, assim se exprime: "*E, chegando Pedro a Antioquia, lhe resisti na cara, porque era repreensível.*"

A expressão "resisti na cara" exprime, no caso, o desforço verbal frente a frente, não implicando em ideia de agressão, embora, pelo que já sabemos do temperamento semítico, os ânimos devem ter-se exaltado.

Emmanuel, que também segue o mesmo espírito de Lucas nos *Atos*, dulcificando as amarguras, dedica ao episódio algumas páginas de grande beleza e elevado conteúdo espiritual. Há uma passagem sua muito elucidativa. Quando Paulo tinha acabado de verberar a atitude de Pedro, e o ambiente ficara saturado de nervosismo, Barnabé, indignado, tomou a defesa de Pedro, censurando Paulo e lhe endereçando a seguinte pergunta:

— "Com que direito poderás atacar a vida pura do continuador de Cristo Jesus?"

Emmanuel coloca, então, a seguinte resposta nos lábios de Paulo:

— "Temos, sim, um direito: o de viver com a verdade, o de abominar a hipocrisia, e, o que é mais sagrado — o de salvar o nome de Simão das arremetidas farisaicas, cujas sinuosidades conheço, por constituírem o báratro escuro de onde pude sair para as claridades do Evangelho da redenção."(379)

A atitude conciliadora de Pedro salvou a situação e, ainda conforme Emmanuel, salvara a igreja nascente. A reunião terminou apaziguada e sem novos atritos, recebendo Paulo o carinhoso e fraterno abraço de Simão Pedro.

Sem fugir a suas preocupações, Paulo sugeriu uma assembleia de todos os principais discípulos, a ser realizada em Jerusalém, a fim de dirimir dúvidas e resolver o importante problema. Afinal, segundo Paulo, transportar o Evangelho para o Judaísmo seria asfixiar-lhe as possibilidades divinas. Pedro, no meio da tormenta, sempre se questionava sobre onde se encaixariam as realizações milenárias dos judeus no campo da fé.

Simão, todavia, concordou com o alvitre da reunião, e, poucos dias depois, após verificar a plena reconciliação de Paulo e Barnabé, retornava para a Judeia com os emissários de Tiago.

A situação em Antioquia continuava, contudo, muito instável. A influência judaizante prosseguia oferecendo resistências à gentilidade, e esta reagia ao formalismo preconceituoso.

Paulo não descansava, enquanto alimentava o projeto da reunião na sede da igreja-mãe, de quem esperava decisão que viesse solucionar as diferentes questões, ao mesmo tempo que procurava alinhar os argumentos de que se utilizaria na referida assembleia.

Neste ponto, é bom que se preste um esclarecimento de grande relevância. Como dissemos, a discussão entre Pedro e Paulo só é citada na epístola aos gálatas. Acontece que ela é descrita ali *depois da reunião de Jerusalém*. Todos os comentaristas e biógrafos de Paulo, em consequência, seguem esta cronologia, reportando-se ao incidente de Antioquia como tendo ocorrido após aquele evento.

Emmanuel, todavia, contraria esta consagrada colocação, revelando que a estada de Pedro em Antioquia *antecedeu a reunião dos Apóstolos em Jerusalém*, reforçando esta revelação com uma nota ao pé de página, nos seguintes termos: "As observações de Paulo na epístola aos gálatas (2:11 a 14) referem-se a um fato anterior à reunião dos discípulos."[378]

Somos de parecer que a cronologia de Emmanuel responde, com muito mais propriedade, ao andamento e à análise lógica e psicológica dos fatos.

CAPÍTULO 13

O gume da espada

"Não cuideis que vim trazer a paz à terra, não vim trazer paz, mas espada."
Jesus (*Mateus*, 10:34.)

Cerca de quatro meses após o pedido de Paulo, chegaram emissários trazendo a ansiosamente esperada convocação para a assembleia apostólica de Jerusalém.

Ajudado por Barnabé, Paulo tomou as providências cabíveis, e dentro de poucos dias ambos partiam para a Judeia, acompanhados pelo jovem Tito e mais dois irmãos.

Este Tito, oriundo do paganismo, e não obstante contar, por esta época, 20 anos incompletos, era um dos pilares da comunidade antioquena. Desde que chegara de Tarso, Paulo afeiçoara-se ao jovem, e este correspondeu plenamente a atenção que lhe era tributada. Ele seria, com o correr do tempo, fiel colaborador de Paulo, que lhe atribuiria várias e delicadas missões. Ensinara-lhe a arte de tecelagem, e, quando Paulo estava fora, Tito ocupava-se de sua oficina.

A viagem do pequeno grupo foi vagarosa, pois fizeram escala em muitas aldeias, nas quais eram feitos anúncios da Boa Nova.

Em chegando a Jerusalém, onde foram efusivamente recebidos por Pedro e João, tiveram oportunidade de verificar que o antigo Caminho ampliara suas instalações com novos e modestos pavilhões, a fim de atender à demanda de serviços exigidos pela comunidade.

Daí a pouco Tiago e outros irmãos vinham receber e saudar os recém-chegados. Paulo analisou a figura do Apóstolo que representava as pretensões do Judaísmo. Emmanuel desenha-lhe o retrato: "O filho de Alfeu aparece-lhe, agora, radicalmente

transformado. Suas feições eram de um 'mestre de Israel', com todas as características indefiníveis dos hábitos farisaicos. Não sorria. Os olhos deixavam perceber uma presunção de superioridade que raiava pela indiferença."[385]
Ali estava a sustentação do judeu-Cristianismo. Tiago tinha logrado aliar amor de Jesus, fidelidade a Lei e vida ascética. Seu cabelo descia em longas madeixas, como de hábito entre os que, como ele, fizeram o voto de nazirato, ou seja, o de consagração a Deus por toda a vida. Nunca uma gota de azeite ungiu seu corpo, nem jamais chegou a sua cabeça uma tesoura. Abstinha-se de carne, não usava sandálias ou roupas de lã, vestindo apenas tecidos de linho.

Tiago virara um mito em Jerusalém. Alcunhavam-no de "o Justo" ou "Defesa do Povo". Dizia-se que não necessitava mais do que levantar os braços para que um milagre acontecesse. Passava, como o profeta Jeremias, os dias no templo, a fim de fazer penitência pelo povo e afastar Jerusalém do castigo que a ameaçava.

Ninguém se atrevia a atacá-lo: nem os fariseus, nem os saduceus, nem os judeus rigoristas ou liberais, nem mesmo Herodes Agripa I arriscou-se a tanto. Ao redor deste homem se formou um centro religioso fanaticamente conservador, e obstinado ao extremo.

No próprio foco do judeu-Cristianismo ia se resolver o grande dualismo. Paulo iria colocar a questão no recinto sombrio e pesado da assembleia.

Vamos seguir de perto Renan[40] na análise que se segue:

O problema existia dentro do próprio Judaísmo. Quando os prosélitos começaram a surgir de todas as partes, colocara-se entre eles esta questão. Alguns espíritos avançados, laicos, subtraídos à influência dos doutores, não insistiram sobre a circuncisão, visando a conversão da gentilidade. Os ortodoxos, ao contrário, a exemplo de Schammaï, firmaram ser a circuncisão indispensável. Foram contra o proselitismo entre os pagãos, que Schammaï, segundo consta, punha a correr a bastonadas.

---
[40] Renan, E., *São Paulo*, Liv. Chardron, Porto, 1908, pág. 49 ss.

A Lei, exageradamente restritiva, feita para isolar, era de um espírito diferente do dos profetas, que sonhavam com a conversão do mundo.

É claro que para o Judaísmo e, por extensão e mais intensamente, para o Cristianismo nascente, destes pontos dependia seu futuro.

Imporia ou não o Judaísmo os seus ritos particulares às multidões que lhe batiam às portas? Seria estabelecida distinção entre o monoteísmo, que constituía a sua natureza, e as observâncias que o sobrecarregavam? Se triunfasse a primeira hipótese, como queriam os chamaístas, a propaganda judaica estaria acabada. O mundo nunca seria judeu no sentido estrito da palavra. O que atraía no Judaísmo não eram os ritos, que não diferiam, em princípio, dos de outras religiões, mas a sua simplicidade teológica. Os pagãos o aceitavam enquanto filosofia religiosa.

O Judaísmo, como todas as religiões baseadas em castas ou raças, estava abafado por práticas destinadas a separar o crente do resto do mundo. Era, pois, como deísmo, e não como moisaísmo, que poderia tornar-se religião universal. Já Hillel, o grande representante da escola liberal, sintetizava esta filosofia religiosa numa sentença que bem poderia ter saído dos lábios de Jesus: *"Ama todos os homens e aproxima-os da Lei; não faças aos outros o que não queiras que te façam a ti. Nisto se resume a Lei, o resto é comentário."*

Três razões impediam o Judaísmo de ser uma religião universal: a circuncisão, a proibição dos casamentos mistos e a questão dos alimentos permitidos ou proibidos. Estas razões, se transportadas para o Cristianismo, o colocariam também como religião de facção, tão diferente de tudo quanto Jesus ensinara.

A circuncisão, nos adultos, era uma operação dolorosa, incômoda e perigosa; era o sinal que impedia os judeus de manter uma vida em comum, levando-os a viver em comunidades à parte. Nos banhos e nos ginásios, comuns nas cidades do mundo romano, os circuncisos ficavam à mercê de chacotas e afrontas. Cada vez que um grego ou um romano deparava com uma situação destas, rompia com observações grosseiras, que os judeus

— nisto tão sensíveis — revidavam com cruéis represálias. Daí serem comuns as conversões entre as mulheres, e raras entre os homens. Há muitos exemplos de judias casadas com pagãos, mas são raríssimos os casos inversos, de judeus casados com pagãs. Os casamentos mistos deram causa a muitas dificuldades. Os casuístas não os reconheciam, considerando-os simples fornicação. Era o crime que os *kanaim*, que Flávio Josefo chamava de sicários, puniam com punhal, isto porque a Lei não previa o tipo de morte para esta falta. No caso de cristãos, o assunto assumia dolorosa e injusta conotação. Dois irmãos na fé, embora ligados pelo amor comum a Jesus, não poderiam contrair matrimônio, se um dos cônjuges era judeu-cristão e o outro heleno-cristão, sob pena de ver a santa união identificada como fornicação.

As prescrições sobre as carnes puras ou impuras também tinham consequências lastimáveis. Era preciso dispor-se de magarefes próprios ou conhecidos. A origem das carnes era sempre esmiuçada, gerando tumulto e discussões. As carnes provenientes dos sacrifícios feitos aos deuses eram consideradas impuras. Levadas ao mercado, como distinguir umas das outras?

Impor toda esta casuística aos pagãos, fossem eles conversos ao Judaísmo ou ao Cristianismo, era levar tudo a perder. O Cristianismo não teria ganho espaço se carregasse consigo o peso dessas observâncias embaraçosas e sem sentido.

Assim se expressa Renan, de maneira muito feliz:

> Tratava-se de saber se o Cristianismo seria ou não uma religião formalista, ritual, uma religião de abluções, de distinções entre coisas puras e coisas impuras, ou antes a religião do espírito, o culto idealista que matou ou irá matando pouco a pouco o materialismo religioso, todas as práticas, todas as cerimônias. Para dizer melhor, tratava-se de saber se o Cristianismo seria uma pequena seita ou uma religião universal, se o pensamento de Jesus seria anulado pela incapacidade de seus discípulos, ou se esse pensamento, por sua própria força, triunfaria dos escrúpulos d'alguns espíritos estreitos e atrasados, que estavam quase a substituir-se a ele e a obliterá-lo.[41]

---

[41] Renan, E., *São Paulo*, Liv. Chardron, Porto, 1908, pág. 56.

Paulo – Um Homem em Cristo

Na verdade, a ação de Paulo e Barnabé na Anatólia tinha posto a questão à luz do dia. Paulo, com sua extrema coragem, vai enfrentar o grave problema de frente, como o médico que empunha o bisturi para sarjar um tumor.

Ali estavam eles, no centro mesmo de decisão, num dos momentos mais difíceis da história cristã, para desfazer o que parecia a Paulo um grande equívoco. Há cerca de dezoito anos da crucificação de Jesus, sua doutrina iria enfrentar um tremendo obstáculo.

Na primeira noite das discussões preparatórias, a Paulo foi dado observar os novos cooperadores da igreja, que lhe causaram uma impressão desfavorável, mais parecendo sinedritas na sua posição hierárquica e convencional, como diz Emmanuel.

Logo de início, um incidente veio provocar o primeiro grande aborrecimento à comitiva de Antioquia, da qual fazia parte Tito, pagão e incircunciso. Foi feita interpelação sobre Tito, e solicitada sua retirada do recinto, por não ser circuncidado e, em consequência, não haver cumprido os preceitos.

Paulo apelou para Pedro que, entre dois fogos, assumiu posição conciliadora, solicitando fosse Tito circuncidado no dia seguinte, para mais livremente participar dos debates com a inspiração que ele, Pedro, tão bem conhecia.

A assembleia não chegou logo a qualquer conclusão. Em meio aos debates, Emmanuel alude a alguns despautérios, como, entre outros, dizer-se que os gentios eram "o gado do povo de Deus, bárbaros que importava submeter à força, a fim de serem empregados nos trabalhos mais pesados dos escolhidos".[387]

Mas foi em conversa particular, da qual participaram Pedro, João, Barnabé e Paulo, que se chegou a um consenso, a um entendimento razoável. Pedro convenceu Paulo, que estava visivelmente contrariado com a circuncisão de Tito, a não reagir, a fim de que fossem abertos os caminhos para a aprovação dos pontos fundamentais de interesse dos gentios. Cedia-se a um capricho para alcançar resultados finais favoráveis. Paulo acedeu a contragosto.

O gume da espada

Neste contato privado dos principais Apóstolos, ficou assegurada, por outro lado, a adesão de Pedro às teses de Paulo. Desta longa entrevista, da qual Emmanuel nos dá um formoso resumo, ficou acertada uma coleta entre os gentios, para que a igreja de Jerusalém pudesse assistir a seus necessitados.

No dia imediato Tito foi circuncidado, sob a orientação de Tiago e a íntima repulsa do tarsense.

As assembleias noturnas prosseguiram por uma semana. Durante todo este tempo Paulo aprendeu a admirar a tolerância e o poder de resistência de Pedro que, já no termo da semana de trabalho, pediu finalmente a palavra, e fez o discurso cujos pontos básicos estão no capítulo 15, versículos 7 a 11 dos *Atos*. A palavra de Simão caiu como água fria no calor das opiniões. Paulo exultou. Tiago não conseguiu vencer o seu desapontamento, já que Pedro finalizara sua comovida oração afirmando desnecessária a circuncisão entre os gentios.

Paulo e Barnabé falaram após a oração de Pedro, reforçando o pedido de independência para os pagãos, sobretudo no que se refere à circuncisão. As observações judiciosas de Pedro, que haviam calado fundo na assembleia, e os inspirados argumentos dos emissários antioquenos, levaram a assembleia, unanimemente, contra a circuncisão.

Tiago, que se viu só, pediu a palavra. Elogiou a inspiração dos companheiros, mas pediu que se acrescentassem três recomendações aos gentios: fugir da idolatria, evitar a luxúria e abster-se das carnes sufocadas.

Fora removido o obstáculo principal, e sem cisões nem anátemas! Paulo estava feliz! Triunfara em seu propósito de levar a Antioquia e à gentilidade a dispensa da odiosa exigência.

No dia subsequente os trabalhos foram encerrados, lavrando-se as decisões em documento próprio. Pedro providenciou para que cada irmão levasse consigo uma carta, como prova das deliberações, e isto a pedido de Paulo, interessado em mostrar aos gentios a comprovação de sua liberalidade no Evangelho.

Paulo não se preocupou com as exigências contidas nas emendas de Tiago. Afinal, a idolatria e a luxúria eram atos condenáveis, que todo cristão deveria evitar. Na verdade, por luxúria devemos entender duas coisas: as uniões ilícitas e o homossexualismo. As uniões ilícitas são, certamente, as enumeradas no capítulo 18 do *Levítico*, em sua quase totalidade realmente abomináveis; a homossexualidade era conhecida como o "vício grego", e estava extremamente difundida.

Quanto ao evitar as carnes sufocadas, Paulo disse a Pedro que supunha que cada cristão poderia comer como melhor lhe parecesse, desde que os excessos fossem evitados. Carnes sufocadas são carnes ensanguentadas. Entre os judeus, como entre muitos povos do Oriente, havia ideia de que a vida residia no sangue, e que era a própria alma. Abster-se do sangue era, pois, um preceito de religião natural. Supunha-se, também, que os demônios eram ávidos de sangue e que, em se comendo carnes sufocadas, podia-se correr o risco de engolir um demônio!

Pedro estimulou Paulo a fazer nova missão entre os gentios, oferecendo-lhe a colaboração de dois ótimos companheiros; seus nomes eram Silas e Barsabás, amigos da gentilidade, de princípios liberais, e que entravam de quando em quando em choque com Tiago.

Paulo aceitou o oferecimento com júbilo, pois forte simpatia o ligara a Silas desde o instante em que se conheceram.

Os membros da comunidade antioquena ainda permaneceram por três dias em Jerusalém, tempo que Barnabé dedicou a justo repouso no lar de sua irmã Maria Marcos. Paulo permaneceu na igreja, estudando a situação futura em companhia dos dois novos colaboradores.

Emmanuel lembra a reclusão deliberada de Paulo, para não entrar em contato com os cenários vivos de seu passado tumultuoso, e não gerar animosidades e reações na cidade.

Finalmente, tudo tendo ficado ajustado em clima de muita harmonia e entendimento, os visitantes, enriquecidos com a companhia de Silas, Barsabás e João Marcos, partiram para a comunidade de origem.

A presença de João Marcos era a pedido de sua genitora, que solicitara nova tentativa de adaptação do filho ao serviço evangélico.

O gume da espada

Chegados ao destino, em meio às demonstrações de legítima alegria e das efusões de gratidão dos gentios, Paulo e Barnabé deram início ao planejamento da nova missão. Desejavam, por um lado, alargar o campo de suas atividades, e, por outro visitar as queridas comunidades da Galácia meridional, a fim de confirmá-las na fé. A ternura que o Apóstolo dos gentios tinha pelas igrejas que surgiram de seu labor missionário contrastava com a intransigência e a rispidez que, muitas vezes, seu temperamento revelava.

Já com os planos em franco andamento, surge penoso incidente, que acabou por resultar na separação de Paulo e Barnabé, cuja amizade, até então, resistira a todas as provas.

Holzner diz que "parecia que o sol jamais se poria sobre a serena harmonia destes dois varões, que por largos anos haviam lutado e padecido juntos por Cristo".[42]

O pomo da discórdia foi, mais uma vez, João Marcos, que Barnabé desejava incorporar à missão, conforme prometera a sua irmã. Paulo, como líder, negou seu consentimento, daí surgindo uma troca de ásperas palavras.

No original dos *Atos*, nos passos que tratam deste assunto, usa-se — no versículo 39 do capítulo 15 — a palavra *paroxysmós* (παροξυσμος) para expressar o que houve entre os dois, o que quer dizer exasperação, irritação, excitação, paroxismo.

Paulo procurou justificar sua intransigência, mostrando a Barnabé que seu sobrinho não estava maduro para o cometimento, e que, na viagem que iriam empreender, não iam tentar uma experiência, mas dar um testemunho.

É difícil aceitar que Barnabé tenha absorvido, por inteiro, a atitude de Paulo, mas conformou-se com seus argumentos, afirmando, entre lágrimas, que, neste caso, não iria com ele.

Paulo, de imediato, urdiu novo esquema de atividades, sugerindo a Barnabé ir para Chipre com Marcos, a fim de completar trabalho ali iniciado na primeira viagem, em território que não

---

[42] Holzner, J., *San Pablo*, Editorial Herder, Barcelona, 12ª ed., 1980, pág. 158.

deveria apresentar maiores problemas, e que serviria ao amadurecimento de seu sobrinho. Quanto a ele, Paulo, rumaria para o Tauro, levando consigo Silas, enquanto Barsabás e Tito ficariam a serviço da comunidade de Antioquia.

O feliz alvitre parece haver apaziguado os ânimos.

Barnabé rumaria para Chipre, com João Marcos, e, a partir daí, a história perde-o de vista. Emmanuel, confirmando a tradição, anota que Barnabé chegou a ir a Roma.

No momento em que perdemos de vista esta figura exponencial da primitividade cristã, vamos procurar resgatar-lhe a memória.

Dificilmente Paulo encontraria amigo mais nobre, mais fiel e mais desinteressado que Barnabé. Não era, como Paulo, um temperamento fogoso e absorvente, capaz de engendrar, a cada momento, novas e criativas situações. Mas seu caráter afável, seu tom paternal, sua luminescente gravidade, seu olhar vivo e suave, seu carisma especial de admoestar profeticamente — como seu nome o indica — tinham algo de encantador que ganhava, rapidamente, os corações de seus interlocutores.

Tinha muito carinho por sua terra natal, e quis ali ser sepultado. Mostra-se, hoje, o seu sepulcro ao norte de Famagusta, a duas horas de viagem.

Impressionante em Barnabé a capacidade de apagar-se diante de Paulo, desde que compreendeu o alcance da missão que estava afeta ao Apóstolo das gentes.

Esta amizade não foi rompida, mesmo tendo passado por esta dura prova. Paulo cita Barnabé em suas cartas e, ao que parece, eles davam-se mutuamente conta de suas experiências e atividades.

O mesmo se pode dizer de Marcos, em quem Paulo reconheceria intimorato propagandista do Evangelho. Na carta aos colossenses, já na prisão em Roma, Paulo escreverá: "*Aristarco, que está preso comigo, vos saúda, e Marcos, o sobrinho de Barnabé, acerca do qual já recebestes mandamento; se ele for ter convosco, recebei-o.*"[43] E a Timóteo escreve, também do cárcere:

---

[43] COLOSSENSES, 4:10.

O gume da espada

"*Toma Marcos, e traze-o contigo, porque me é muito útil para o ministério.*"[44]

Ficamos a conjecturar se, de um ponto de vista mais alto, um poder ordenador não tenha disposto as coisas desta maneira. Não seria justo manter Barnabé à sombra de Paulo. Se não houvesse ocorrido esta separação, Barnabé teria permanecido sempre como um apêndice da ação apostólica do tarsense, quando teria condições e méritos para realizar importante tarefa, como certamente terá realizado em Chipre e em outras regiões. Ele bem que merecia um trabalho independente, e dele serviu-se o Senhor para um outro campo de abençoadas atividades.

O que é certo é que tanto Paulo quanto Barnabé tiveram nobres razões para sua separação. Tivéssemos nós, em nossas desavenças, tão altaneiras causas em jogo!

A imagem do amigo nunca mais saiu da lembrança de Paulo. Quantas vezes não terá dirigido o pensamento ao passado, a aquele dia em que Barnabé era o único que confiava e cria nele, enquanto todos os outros o olhavam com desconfiança; ou a aquele outro dia, memorável, em que o amigo veio buscá-lo em Tarso, para levá-lo a Antioquia, ponto de partida de seu destino de evangelizador dos povos; ou, ainda, a aquela triste noite, em Listra, em que Barnabé, aflito e em lágrimas, inclinou-se sobre ele, crendo-o morto.

Assim o Senhor conduzia aqueles que o serviam com fidelidade, para o atendimento de seus compromissos.

---
[44] II Timóteo, 4:11.

CAPÍTULO 14

"Passa à Macedônia e ajuda-nos!"

> *"Irmãos, quanto a mim, não julgo que o haja alcançado; mas uma coisa faço, e é que, esquecendo-me das coisas que atrás ficam, e avançando para as que estão diante de mim, prossigo para o alvo, pelo prêmio da soberana vocação de Deus em Cristo Jesus."*
> (*Filipenses*, 3:13 e 14.)

Como vimos, para preencher a lacuna deixada por Barnabé, Paulo tomou como companheiro Silas, o médium da igreja de Jerusalém. Os historiadores creem que Silas tenha tido a cidadania romana, o que, considerando seu nome latino de Silvanus, nos leva a admitir não ser ele originário da Judeia ou, se o era, tinha se familiarizado muito com os gentios.

Vamos começar a apreciação da segunda viagem missionária, que Paulo e Silas iniciaram após terem sido recomendados, pelos irmãos, às graças de Deus.

Fizeram a viagem por terra, rumando para o norte, através da planície de Antioquia, atravessaram o Amanus, pelas chamadas "portas sírias". Depois, contornando o fundo do golfo de Issus, transpuseram o ramo setentrional do Amanus, pelas conhecidas "portas amânidas", para chegar à Cilícia e à cidade natal de Paulo.

A viagem não se fez sem grandes dificuldades, exigindo dos viajantes enorme quota de esforço. Logo Silas adaptar-se-ia aos métodos de trabalho de Paulo, e entregava-se às tarefas com boa vontade e desassombro, enriquecendo-se de dons espirituais.

A Boa Nova foi semeada ao longo do trajeto. Homens simples, soldados romanos, caravaneiros ou escravos, recebiam as luzes

"Passa à Macedônia e ajuda-nos!"

do Evangelho, que lhes caíam nas almas como bênçãos reconfortadoras. Muitos pediam para transcrever certos trechos das anotações de Levi, os que mais lhes falavam aos sentimentos, e assim o Evangelho ia sendo paulatinamente difundido.

Durante o breve tempo que permaneceram na capital da Cilícia, o Apóstolo distribuiu generosamente as alegrias do Evangelho. Fortalecido na fé, e inteiramente renovado, Paulo reviveu os sítios de sua infância, sem recolher desta visita qualquer resultado depressivo.

Vencendo nova etapa da viagem, os missionários passaram as "portas cilicianas", nos desfiladeiros do Tauro, penetrando em território licaônio. Foram noites ao relento, sacrifícios e perigos de toda sorte, sobretudo dos malfeitores.

Depois de vencer os rudes caminhos, chegaram a Derbe, onde Paulo foi saudado efusivamente pelos amigos que ali fizera quando de sua viagem anterior. Como se percebe desde logo, esta viagem será feita em sentido inverso à da primeira missão, entrando na região já visitada pela "porta dos fundos". Os vanguardeiros do evangelho chegaram a Derbe e daí passarão, sucessivamente, a Listra, Icônio e Antioquia da Pisídia.

Foram confortadoras as notícias de Timóteo, que se tornara um mancebo de excelentes qualidades, desdobrando-se nos serviços evangélicos. Já prestara à comunidade de Derbe inestimáveis serviços, disseminando curas e consolações, e sua pessoa era muito querida em todas as localidades daquela área geográfica.

Paulo e Silas partiram para Listra com viva ansiedade. Paulo ardia por rever a família de Timóteo, pela qual foram recebidos com o mais vivo júbilo. Na tarde deste dia Paulo abraçou o rapaz, que chegava da faina diária junto aos rebanhos. Pôde verificar a extensão de seus progressos e de suas conquistas espirituais.

A comunidade listrense aumentara e mostrava-se rica de frutos.

Emmanuel nos informa que Timóteo conseguira a conversão de dois judeus muito influentes na administração pública, que se contavam entre os que tentaram lapidar Paulo em sua estadia anterior.

À noite reuniram-se os irmãos em concorrida assembleia, ocasião em que Paulo abordou o objetivo de sua viagem e os resultados da reunião de Jerusalém, fazendo apelo em benefício dos pobres da igreja-mãe. Como ocorrera em Derbe, todos procuraram colaborar, na conformidade de suas possibilidades.

Numa oportunidade, a avó de Timóteo expressou sua disposição de ir para a Grécia com a filha a fim de encontrar-se com os parentes de seu genro, já falecido, que reclamavam a sua presença. Loide achava oportuna a viagem, dado que seus recursos em Listra se esgotavam. Mostrou, ainda, desejo de consagrar Timóteo ao serviço de Jesus, solicitando pudesse incorporar-se à missão ora empreendida pelos visitantes.

Ambos recebiam a sugestão com aprazimento, enquanto Timóteo exultava de alegria em poder incorporar-se à pequena caravana de Jesus. Ficou acertado que se encontrariam na cidade de Corinto, para onde partiram, desde logo, Loide e Eunice.

Antes de retomarem a viagem, Silas aventou a hipótese da circuncisão de Timóteo, para que o jovem não fosse perturbado pelos judeus em suas tarefas apostólicas. Depois de pensar no assunto, Paulo concordou, crendo que assim o estaria desembaraçando de um sem-número de dificuldades.

Dias depois da circuncisão de Timóteo, os três rumaram para Icônio e Antioquia da Pisídia, não sem antes visitarem todas as pequenas aldeias da região.

Paulo tinha sobejas razões para estar muito satisfeito. Seus esforços, com Barnabé, tinham sido profícuos. A cada momento chegavam notícias confortadoras das igrejas anteriormente fundadas ou de novas comunidades cristãs que surgiam. Era a alegria do semeador cujas sementes haviam caído em terra fértil.

Com a visita a Antioquia da Pisídia terminava o reencontro com as comunidades já fundadas. Daqui para a frente teriam que palmilhar novas terras, mas Paulo ainda não tinha ideia clara do rumo a seguir. Pensou, então, dirigir-se para o oeste da Ásia Menor, ou seja, a província romana da Ásia, onde existiam belas e florescentes cidades, nas quais o Cristianismo iria estabelecer, em breve, o seu centro.

"Passa à Macedônia e ajuda-nos!"

Orientações espirituais emanadas de Estêvão fizeram a missão mudar de rumo, penetrando mais para o centro da península, cujas províncias eram menos célebres e mais atrasadas. Atravessaram a Frígia Epicteta, passando, provavelmente, pelas cidades de Synades e Aezanes, atingindo os confins da Mísia. Neste ponto recomeçaram as indecisões. Paulo pensava continuar rumo norte, a fim de atingir a Bitínia, província às margens do mar Negro, quando nova orientação espiritual lhe sugeriu alcançar o porto de Tróade ou Troas.

Atravessaram, então, a Mísia, de ponta a ponta, e chegaram a Tróade ou Alexandria Troas, fundada por um general de Alexandre, importante porto quase fronteiro à ilha de Tênedos, não longe do sítio da antiga Troia.

Caio Júlio César teve, por um momento, o sonho romântico de transferir a sede do governo romano para aquele lugar, de sagradas recordações de seus ancestrais, pois, segundo legenda imortalizada por Virgílio na *Eneida*, da destruição de Troia tinham conseguido escapar Eneias e um pugilo de bravos troianos, carregando consigo os tesouros de Príamo, a fim de fundar Roma Augusto elevou a cidade a colônia de veteranos.

Tróade era a porta extrema do continente. Acabava aqui a velha terra que fora o primeiro campo de trabalho de Paulo. Foi nesta margem que morreu Aquiles para que a Europa triunfasse, e na qual Alexandre desembarcou para que a Europa inscrevesse sua marca na Ásia.

O grupo apostólico fez, assim, de uma só vez, uma viagem de mais de 400km, através de uma região pouco conhecida e que, por falta de colônias romanas e judaicas, não lhes ofereciam algumas facilidades de que comumente se utilizavam.

Chegados ao porto de destino, os missionários instalaram-se, cansados, em modesta hospedaria. Foi aí que Paulo teve a visão de um macedônio, facilmente reconhecível por sua clâmide e o seu barrete muito alto e de largas abas, que estende o braço e diz: *"Passa à Macedônia e ajuda-nos!"*[45]

---

[45] Atos, 16:9.

O Apóstolo compreende. O Ocidente, cheio de nações, chamava-o. Paulo bem entende que tem que conquistar o próprio coração do Império, e chegar ao seu centro nervoso, Roma, e, quem sabe, aos confins da terra, Espanha.

Foi em Trôade que Paulo reencontrou Lucas. Emmanuel nos fala deste encontro, que teria acontecido numa casa comercial, onde Lucas fazia algumas compras. Depois das primeiras efusões de alegria, Paulo apresentou ao médico os seus companheiros, e veio a saber que ele, há dois anos, estava encarregado dos serviços médicos a bordo de uma grande embarcação, ora ancorada no porto, e que rumaria para a ilha de Samotrácia.

Lucas revelou, ainda, sua atividade em prol do Evangelho, declarando não perder oportunidade para levar a quantos podia os tesouros da Boa Nova.

Paulo relata a Lucas os seus últimos trabalhos, até chegar à visão que tivera horas antes, e da necessidade de passarem à Europa, embora lhes faltassem os recursos. O encontro com o amigo, segundo Paulo, tinha sido obra da Providência Divina, e, nos entendimentos subsequentes, Lucas decidiu acompanhar a missão e assumir as despesas do transporte até o litoral macedônio.

Agora o grupo ficara enriquecido com a cooperação de Lucas. A este homem estaria reservado um papel importante, pois seria não só o autor do terceiro Evangelho, o mais perfeito por sua forma literária, como o primeiro historiador das origens cristãs. Era um homem afável, uma alma terna, um caráter modesto, que fugia de evidenciar-se. Foi dedicadíssimo a Paulo, e, como Timóteo, parecia ter sido criado expressamente para ser o companheiro do Apóstolo. Segundo Renan, nunca o ideal do "discípulo" foi tão bem realizado quanto em Lucas.

Curioso verificar que a partir de *Atos,* 16:10, começa a ser utilizada a primeira pessoa do plural, uma das famosas seções de "nós", que os estudiosos alemães chamam de *wirstücke,* o que evidencia a presença do narrador nos eventos.

Além de médico, Lucas conhecia a arte náutica, do que dá sobejas provas no livro dos *Atos,* esta encantadora obra sobre a qual assim se expressa Renan:

"Passa à Macedônia e ajuda-nos!"

A alegria, a mocidade que respiram essas odisseias evangélicas foram alguma coisa de novo, original e encantador. Os *Atos dos Apóstolos*, em que se exprime este primeiro despertar da consciência cristã, são um livro de felicidade, de entusiasmo sem sobressaltos. Depois dos poemas homéricos, não havia aparecido ainda outra obra tão cheia de sensações agradáveis. Uma brisa matinal, um cheiro de mar, se nos é permitido dizer, inspirando alguma coisa de vivo e forte, penetra todo o livro, fazendo dele um excelente companheiro de viagem, o breviário delicado de quem anda à procura das antigas relíquias nos mares do Meio Dia. Foi a nova poesia do Cristianismo. O lago de Tiberíades e as suas barcas de pescadores tinham constituído a primeira. Agora um sopro mais poderoso, as aspirações para terras mais longínquas nos levam para o alto mar.[46]

No dia seguinte o pequeno grupo navegava para Samotrácia, a ilha cantada por Homero, de onde Posêidon assistiu ao combate dos filhos de Príamo. Certamente passaram pelo menos uma noite na ilha, junto das pedras negras, debaixo das quais, segundo a mitologia, os cabiras, gênios do fogo, trabalham sem descanso nas forjas de Hefesto.

Em pouco atingiam a Macedônia, após Lucas explicar-se exaustivamente e receber a permissão de afastar-se de suas funções por um ano.

A missão aportava em terras inteiramente novas, em pleno território europeu. A Macedônia era uma região áspera e rude, montanhosa, de quem os gregos tanto falavam como um país selvagem, até o dia em que os macedônios saíram de suas terras para submeter a Grécia, impor-lhe disciplina e levá-la à glória com Filipe e seu genial filho Alexandre Magno.

Logo que os romanos incorporaram a região, lá traçaram uma estrada excelente, que servia a seus fins comerciais e estratégicos, e que serviria aos vanguardeiros do Evangelho. Era a via Egnácia, que vinha de Dirráquio, no Adriático, à Macedônia.

---

[46] Renan, E., *São Paulo*, Liv. Chardron, Porto, 1908, págs. 11 e 12.

O navio deixou os missionários em Neápolis, a atual Cavala, situada em pequeno promontório à frente da ilha de Thasos. Neápolis era o porto de Filipos ou Filipes, cidade situada cerca de três léguas para o interior.

Depois de descansarem dois dias em Neápolis, prosseguiram para Filipos, utilizando-se da via Egnácia, que não abandonariam até Tessalônica.

Filipos era uma cidade mais latina do que grega. Ali Augusto estabeleceu uma das mais importantes colônias militares, a Colônia Augusta Julia Philippensis, com o *jus italicum*, certamente devido a sua ótima posição militar e pela fama adquirida desde a batalha de Filipos, quando Bruto e Cássio foram derrotados por Otávio e Antônio, em 42 a.C.

Quase às portas da cidade, Paulo sugeriu que Lucas e Timóteo seguissem para Tessalônica, enquanto Silas e ele fariam o trabalho em Filipos. Desta forma seria possível atender as comunidades das pequenas aldeias dos caminhos.

O alvitre foi aceito, e os quatro deveriam reunir-se, mais tarde, em Tessalônica. Antes, porém, entraram na cidade, onde o médico e o jovem listrense deveriam refazer-se, após o que prosseguiram para Tessalônica, utilizando-se de caminhos secundários a fim de ampliar a ação evangelizadora.

Filipos oferecia à missão um campo apropriado. Outras colônias romanas, como Antioquia da Pisídia e Icônio, haviam acolhido muito favoravelmente o Evangelho. A mesma coisa poderá ser observada em Corinto e Alexandria Troas.

Filipos não tinha sinagoga e, ao que parece, não possuía colônia judaica, pelo menos colônia judaica importante. Todo culto se limitava à celebração do sábado, feita por mulheres tementes a Deus, que se reuniam à margem do rio Gangas, num local aprazível não longe da cidade, rodeado de muros em ruínas, sítio em que ocorrera, cerca de um século, a famosa batalha.

Era comum, nas cidades que não possuíam sinagogas, serem feitas as reuniões dos adeptos do Judaísmo em pequenas edificações descobertas ou ao ar livre, em espaços circundados, chamados em grego *proseuchê* (προσευχη). Estes oratórios ficavam

"Passa à Macedônia e ajuda-nos!"

próximos ao mar ou de um curso d'água, a fim de facilitar as abluções.

Sabedores disso, os evangelizadores para lá se dirigiram no primeiro sábado, verificando, surpresos, que ali só se encontravam pessoas do sexo feminino. Paulo insinuou-se no círculo de mulheres em oração, dirigindo-lhes a palavra e anunciando Jesus.

Os resultados foram além de qualquer expectativa mais otimista. Senhoras, adolescentes e crianças ouviram, magnetizadas, o verbo do orador, muitas delas com os olhos marejados. Uma

Depois de descansarem dois dias em Neápolis, prosseguiram para Filipos.

senhora, de nome Tróade, que parecia ser a líder do grupo, confessou-se convertida, oferecendo sua residência para sede da primeira comunidade cristã da cidade.

Paulo ouviu o oferecimento sincero e amoroso e, lembrando-se das mulheres que acompanharam Jesus até o derradeiro testemunho, acedeu, sob forte emoção.

Lídia era uma viúva abastada, natural da cidade de Tiatira, no caminho de Pérgamo para Sardes, na província da Ásia. Tiatira é uma das sete cidades a quem o autor do Apocalipse envia uma carta. A cidade, e assim também Lídia, comerciavam com púrpura, corante líquido tirado de um molusco, o múrex. Tecidos tintos com púrpura eram usados no culto, para os véus e cortinas do tabernáculo e do templo e as vestes dos sacerdotes. No mais os mantos de púrpura só eram usados por reis ou pessoas importantes.

Na expressão de Lucas, o Senhor abrira o coração de Lídia.[47]

Desde o primeiro momento estabeleceram entre o Apóstolo e os convertidos de Filipos os mais sólidos laços de amizade.

Foi após a instalação da igreja na abastada residência de Lídia que Lucas e Timóteo rumaram para Tessalônica, enquanto Paulo e Silas desdobravam sua ação evangélica entre os filipenses.

A pequena *ekklesia*, composta só de mulheres, era muito piedosa, muito obediente e dedicada a Paulo. Além de Lídia, esta igreja contava com Evódia e Síntique,[48] que foram valiosas combatentes do Evangelho e diaconisas; Epafrodito,[49] que Paulo chama de irmão, colaborador e companheiro de armas, Clemente e outros, todos seus colaboradores, cujos nomes se encontram no livro da vida, como diz o próprio Paulo em sua carta aos filipenses.[50]

Foi a única comunidade de quem Paulo aceitaria auxílio financeiro. Talvez porque fosse abastada e tivesse poucos judeus pobres, ou porque confiasse em Lídia, sabendo que dela não partiriam exigências pelos favores feitos.

---

[47] ATOS, 16:14.
[48] FILIPENSES, 4:2.
[49] FILIPENSES, 2:25; 4:18.
[50] FILIPENSES, 4:3.

"Passa à Macedônia e ajuda-nos!"

A cidade, como dissemos, era muito latina. As ruas possuíam diversos templos e santuários aos deuses, muito frequentados por mulheres. Paulo, com a decisão costumeira, deliberou fazer pregações nas praças públicas, o que, como veremos, acabou por provocar a sua antecipada saída da cidade, tendo por causa um incidente de caráter mediúnico.

Era muito conhecida na cidade e em seus arredores uma pitonisa, cujas palavras costumavam ser interpretadas como oráculo infalível. Era uma jovem escrava, cujas faculdades mediúnicas eram miseravelmente exploradas por aventureiros, que mercantilizavam seus dons proféticos, daí resultando opimos ganhos. Acontece que a jovem estava presente na primeira pregação de Paulo, e começou a gritar:

"Recebei os enviados do Deus altíssimo! Eles anunciam a salvação!"

Paulo e Silas ficaram surpresos, mas calaram-se em atitude discreta. Ocorre que, nos dias subsequentes, e por uma semana inteira, após a palavra do Apóstolo, a jovem era assenhoreada pela entidade espiritual, que passava a bradar elogios aos pregadores, brindando-os com títulos pomposos.

Paulo fez um levantamento dos antecedentes do caso, vindo a saber que os patrões da jovem já haviam, inclusive, instalado um consultório, no qual atendiam, mediante pagamento, a inúmeros clientes.

Paulo, que não tergiversava com o comércio dos bens celestes, e senhor de todas as particularidades do assunto, esperou que a moça, certo dia, começasse a gritar, para descer da tribuna e, como que dominado por uma estranha influência, assim falar, segundo Emmanuel: "Espírito perverso, não somos anjos, somos trabalhadores em luta com as próprias fraquezas, por amor ao Evangelho; em nome de Jesus Cristo, ordeno que te retires para sempre! Proíbo-te, em nome do Senhor, estabeleceres confusão entre as criaturas, incentivando interesses mesquinhos do mundo em detrimento dos sagrados interesses de Deus!"[(410)]

A jovem, de imediato, libertou-se da influência deletéria, recobrando suas energias. Os seus exploradores, todavia, privados da fonte de recursos, fomentaram largo movimento de revolta contra os missionários. Para tanto, não faltaram os mais absurdos argumentos e as inverdades mais cruéis.

Certo dia Paulo e Silas foram surpreendidos, em praça pública, com um ataque imprevisto do povo. Foram presos aos troncos e flagelados impiedosamente. Quando sangravam sob a ação das varas, os estrategos intervieram, conduzindo-os ao cárcere. Pela primeira vez Paulo fora vítima de pagãos, não de judeus.

Quando o Apóstolo estava na prisão, ocorreu um fenômeno que os *Atos* descrevem no capítulo 16, versículos 25 e seguintes, e Lucas o faz com tanta vivacidade, que vamos transcrevê-lo:

> Por volta da meia-noite, Paulo e Silas oravam e cantavam louvores a Deus, e os outros presos os escutavam. E de repente sobreveio um tão grande terremoto, que os alicerces do cárcere se moveram, e logo se abriram todas as portas e foram soltas as prisões de todos. E, acordando o carcereiro, e vendo abertas as portas da prisão, tirou a espada, e quis matar-se, cuidando que os presos já tivessem fugido. Mas Paulo clamou com grande voz, dizendo: Não te faças nenhum mal, que todos aqui estamos! E, pedindo luz, saltou dentro e, todo trêmulo, se prostrou ante Paulo e Silas.

Certa crítica, a serviço do ceticismo, tem posto em dúvida a realidade deste episódio, julgando-o inverossímil. Admitem haver uma verdadeira tendência, quando não uma mania, de se encontrar acontecimentos ditos milagrosos.

Os fatos que ocorreram têm sua razão natural. Na área do Mediterrâneo, nas ilhas do Egeu e na Macedônia, os terremotos são muito comuns. Quem tenha visto uma prisão turca de nossos dias, escreve um conhecedor do assunto, não se maravilhará de saber que as portas se abram. Cada uma delas estava fechada apenas por um ferrolho, e como o terremoto agiu no solo da prisão, desconjuntou as jambas e os dintéis, de modo que os ferrolhos saíram das fechaduras, e as portas se abriram. Nos Balcãs, nestes dois mil anos, as coisas não mudaram muito.

"Passa à Macedônia e ajuda-nos!"

Quanto ao fato do terremoto ter sido provocado por falanges heroicas que agem na natureza, isto já é um outro problema, que, para os céticos, pode muito bem deixar de ser equacionado.

O carcereiro, de nome Lucano, converteu-se, socorrendo os missionários, pensando-lhes as feridas, e levando-os a sua casa, onde lhes serviu reconfortante vinho e alimento.

Ao alvorecer do novo dia os estrategos determinaram aos litores a libertação dos pregadores. Paulo, todavia, evocando sua cidadania romana, e reportando-se às irregularidades praticadas pelas autoridades, que os vergastou e aprisionou sem julgamento, exigiu a presença dos estrategos. Estes ficaram assustados quando souberam da cidadania romana de Paulo, pois haviam burlado a lei, e foram pessoalmente à prisão, a fim de solicitarem que deixassem a cidade. Paulo concordou, mas não sem antes explicar a que se propunha e o sentido da pregação, bem como de assegurar-se de que a igreja instalada na casa de Lídia não seria molestada.

Ambos retornaram à residência da dedicada amiga, onde passaram ainda alguns dias, traçando o programa do novo núcleo cristão, após o que, rumaram para a Tessalônica.

Filipos foi a única cidade da qual Paulo saiu em paz com as autoridades locais. Na sua vida ambulante de Apóstolo não se encontra quietude, descanso e estabilidade. Não senta raízes em parte alguma, antes lança-se sempre adiante. É um constante ir e vir, algumas vezes como que jogado fora, outras obrigado a partir.

Esta vida, esta intensa mobilidade, este contínuo abalançar-se a novas empresas, está longe da agitação exterior, da intranquila ânsia de trabalho, da nervosa e desgraçada atividade que nunca se interioriza e nunca termina. Paulo era um homem de extraordinária capacidade de concentração. As necessidades externas, as sortes adversas e as perseguições, que foram o seu dia a dia, não o alteravam.

CAPÍTULO 15

Solidão e malogro em Atenas

> *"Ninguém se engane a si mesmo; se alguém dentre vós se tem por sábio neste mundo, faça-se louco para ser sábio. Porque a sabedoria deste mundo é loucura diante de Deus. Pois está escrito: Ele apanha os sábios na sua própria astúcia."*
> (*I Coríntios*, 3:18 e 19.)

    Imaginemos, agora, Paulo e Silas caminhando pelo pavimento de granito da via Egnácia, deslocando-se para oeste até chegar a Anfípolis, depois de duas jornadas de cinco horas.

    As belezas do trajeto faziam esquecer, em parte, as dores nas costas, lembranças das vergastadas dos litores, ou os pés doloridos e inchados pela agressão dos cepos e das correntes. Os missionários atravessaram um vale maravilhoso, com campos de linho e alamedas de plátanos. Arroios cristalinos e poços abundantes faziam da região o paraíso das águas que desciam para o golfo que recebia a foz do Strimão. O caudaloso rio faz um enorme laço ao redor da península em que se situa Anfípolis, de onde se tem magnífica vista sobre o Egeu.

    Em Anfípolis detiveram-se pouco tempo. Paulo gostava das grandes cidades, e estava apressado para chegar a Tessalônica. Isto não quer dizer que não tenham anunciado a Boa Nova na modesta cidade, e onde pudessem ser ouvidos. No terceiro e quarto dias andaram entre o golfo e as montanhas costeiras, ora por espessos bosques, ora por amplas pradarias, ora rente a encantadores lagos, sempre tendo a visão sem-fim do mar.

Solidão e malogro em Atenas

Assim atravessaram, em toda sua largura, a península da Calcídica, com sua forma caprichosa. Passaram próximo ao túmulo do trágico grego Eurípedes, do que talvez não se tenham dado conta. Na tarde do quarto dia entraram em Apolônia, que se achava pinturescamente estendida à margem sul de um lago, separada, por uma montanha, da escarpada península do monte Atos, que se celebraria, muito mais tarde, por sua república de monges.

Após a última jornada, encantadora, mas fatigante, os missionários chegaram, possivelmente na tarde do sexto dia, aos montes que bordam a margem leste do golfo de Therma ou de Tessalônica. Nossos viajantes devem ter respirado com alívio e emoção não só pelo término da viagem, como pela beleza que descortinavam. O golfo apresentava todos os azulíneos matizes do mar e, mais ao longe, podia-se observar a neve do monte Olimpo, tingida de púrpura pelos raios do sol poente. Ali estava, confundida com as nuvens, a sagrada morada dos deuses. De seu trono em seu palácio de bronze, Zeus, o que acumula nuvens, exercia seu majestático poder. Com a mesma sagrada reverência que os israelitas tributavam ao monte Sinai, os gregos reverenciavam o Olimpo sagrado.

Aos pés dos recém-chegados, com seus reluzentes mármores, erguia-se Tessalônica — atual Salônica — que Holzner, poeticamente, afirma ter parecido "um relicário de pérolas no peito ondulante da deusa do mar".

Tessalônica fora fundada, no fim do século IV a.C., pelo rei macedônio Cassandro, com o nome de Therma, que, posteriormente, mudou para Tessalônica, para homenagear a irmã de Alexandre Magno, sua esposa, que tinha esse nome. A cidade só começou a florescer sob a administração romana, que fez dela a capital da província. Depois da batalha de Filipos, Tessalônica ganhou *status* de cidade livre, com magistrados próprios, chamados politarcas.

Na época de Paulo, Tessalônica era um dos principais portos comerciais do Mediterrâneo, sendo muito rica e bastante povoada. Paulo estava no seu elemento. Tinha a intuição de que ali se realizaria um grande trabalho.

A cidade possuía importante sinagoga, que servia a Filipos, a Apolônia e a Anfípolis, que não as tinham. Segundo seu esquema, durante três sábados consecutivos, Paulo falou nela. Alguns judeus se converteram, mas, como de hábito, foi entre os tementes a Deus que os resultados foram melhores. As mulheres aderiram em grande número. O que havia de melhor na sociedade feminina da cidade já se mostrara favorável ao Judaísmo. Paulo lançou sua rede nesse piscoso mar de piedosas senhoras, e os resultados foram ótimos.

A igreja fundada em Tessalônica rivalizava, em pouco tempo, com a de Filipos. Ali produziam-se todos os dons do espírito: taumaturgia, profetismo, glossolalia, efusões e êxtases.

Paulo e Silas hospedaram-se na casa de um certo Jesus, que tinha helenizado o nome para Jasón, e a quem tinham sido recomendados desde Filipos. Ali faziam apenas pousada, pois ambos dedicaram-se ao trabalho para assegurar seu sustento.

Nesse novo centro de lutas, segundo Emmanuel, Paulo e Silas reencontraram-se com Lucas e Timóteo, conforme fora combinado.

Quando em Tessalônica, Paulo recebeu uma dádiva enviada por Lídia e pelas irmãs de Filipos. Paulo aceitou-a, como dissemos, embora isto fosse raro e contra seus princípios. Talvez não quisesse magoar profundamente as dedicadas senhoras que, com tanto zelo e amor, quiseram presenteá-lo. É mais um argumento que aduzimos aos já falados.

Parece que ali Paulo logrou realizar seu ideal. A população a que se dirigia era composta, sobretudo, de laboriosos operários. O pegureiro de Cristo doutrinou-lhes na ordem, no trabalho e nas boas relações com os pagãos.

A igreja de Tessalônica tornou-se um verdadeiro modelo, que Paulo gostava de citar.[51] Além de Jasón, contava com dedicados obreiros, como Gaio (macedônio), Aristarco, que era circunciso, e *Secundus*.[52]

---

[51] TESSALONICENSES, 1:7.
[52] ATOS, 19:29; 20:4.

Solidão e malogro em Atenas

O que já tinha ocorrido inúmeras vezes volta a repetir-se. Judeus preconceituosos e de má-fé, agastados com os sucessos obtidos pelo Apóstolo, começaram a criar problemas e a gerar perturbações. Recrutaram um bando de ociosos, de valdevinos que a tudo se prestavam a troco de algumas moedas, e rumaram para a casa de Jasón. Reclamaram, aos gritos, a presença de Paulo e de Silas e, como não estivessem, prenderam o dono da casa e mais alguns fiéis, levando-os aos politarcas com as acusações costumeiras: são revolucionários, reagem aos editos do imperador, têm um rei que se chama Jesus.

A perturbação era intensa e os politarcas estavam nervosos. Soltaram Jasón e seus companheiros, após prestarem caução. Na noite seguinte alguns irmãos levaram Paulo e Silas para fora da cidade, e ajudaram-nos a partir para uma localidade de Bereia. As reações dos judeus prosseguiram, mas só fizeram fortalecer a igreja e consolidá-la.

Foi uma amarga despedida para o Apóstolo, que se afeiçoara fortemente aos tessalonicences. Seus pressentimentos de que sobre esta igreja e seus recém-convertidos viriam dias difíceis não eram vãos: mais de uma vez ouviremos falar das perseguições e trabalhos que recaíram sobre ela, redundando no estreitamento dos laços entre os fiéis e no seu maior fervor. A nenhuma outra *ekklesia* elogiou tanto o Apóstolo, destacando sua paciência, sua fidelidade e sua imensa caridade de uns para com os outros.

A vida do Apóstolo e alguns traços de sua psicologia são assim caracterizados por Holzner:

> Era uma busca de almas muito pessoal, face a face, homem a homem, de casa em casa. Vemos Paulo e Silas, com suas folhas de apontamentos contendo os endereços de seus protegidos, ir pelas ruas e pelos mais diversos bairros e subúrbios, subindo e descendo escadas. Paulo se preocupava pessoalmente por cada um, ouvia suas dúvidas, dificuldades e petições; com seu admirável poder de insinuação se introduzia no coração de cada um em particular, empregando sua maravilhosa força de persuasão, sua encantadora afabilidade, seu desinteressado espírito de sacrifício. Todos estavam presentes no seu coração e em

sua memória, os que tinham dúvidas, os que punham reparos, os difíceis, os impiedosos, os angustiados e os desbordantes de entusiasmo, os críticos e também os vacilantes e tímidos. A ninguém perdia de vista.

Na primeira carta aos tessalonicences, Paulo descreve seu método: sentado em meio a seus discípulos e recém-convertidos, exorta, alenta e conjura a cada um, como um pai a seus filhos, para que se portem de uma maneira digna de Deus. Os tons mais ternos do coração, a rica escala de sentimentos estavam à disposição deste homem admirável. Isto tecia um laço de íntima amizade entre eles e os neófitos. A estreita amizade pessoal é um caráter muito especial de seu método de trabalho.

E, mais adiante:

O Cristianismo, para Paulo, não era nenhuma doutrina abstrata, nenhuma relação puramente intelectual com Deus, senão, sobretudo, uma relação terna e íntima com o Senhor, uma coisa real e inteiramente viva, pela qual se está disposto a padecer e a morrer.[53]

Deixando Tessalônica, os missionários devem ter viajado por doze horas até Bereia, que hoje se chama Veroia, e que se situa ao pé do Olimpo. Era uma cidade pequena e tranquila, de abundantes fontes. Na quietude de seus vinhedos e olivais vivia um povo pacato e meio apartado do mundo, constituído de artesãos, lavradores e canteiros, estes empregando sua atividade nas cantarias de mármore do Olimpo.

Havia em Bereia uma pequena colônia judaica, cujos membros eram muito liberais e mais cordatos que os judeus de Tessalônica. Paulo pôde expor suas ideias na sinagoga, sem sobressaltos. Vários judeus se converteram, dos quais conhecemos um, Sópatros ou Sosípatros, filho de Pirrus. Mas as mulheres constituíam o maior contingente dos novos adeptos.

A reação contra a missão partiu dos judeus rigoristas de Tessalônica, cujos enviados tumultuaram a cidade, provocando

---

[53] Holzner, J., *San Pablo*, Ed. Herder, Barcelona, 12ª ed., 1980, pág. 200.

Solidão e malogro em Atenas

a exaltação dos ânimos. Silas, Timóteo e Lucas foram obrigados a afastar-se, peregrinando pelas aldeias vizinhas. Paulo foi preso e açoitado. A custo de muitas lutas os conversos conseguiram a liberdade do Apóstolo, com a condição de fazê-lo partir. Paulo, após inteirar-se dos companheiros, deixou Bereia e a Macedônia. O rebate fora dado em todas as sinagogas, e Paulo via-se escorraçado de cidade em cidade. A polícia romana não lhe era hostil, mas agia como polícia; desde que houvesse perturbação nas ruas, não tinha considerações com ninguém.

O final desta missão na Macedônia merece ser contado por Renan:

> Assim acabou esta brilhante missão na Macedônia, a mais fecunda de todas que Paulo tinha até então realizado. Estavam enfim fundadas igrejas compostas de elementos inteiramente novos. Nada disto era já a superficialidade siríaca, a bonomia licaoniense; mas raças finas, delicadas, elegantes, espirituais, que, preparadas pelo Judaísmo, entravam agora no novo culto. A costa da Macedônia estava toda coberta de colônias gregas; o gênio grego levava a essas regiões os seus melhores frutos. Estas nobres igrejas de Filipos e de Tessalônica, constituídas por mulheres das mais distintas de cada cidade, eram sem comparação as duas mais belas conquistas que o Cristianismo até esse tempo realizara. A judia tinha sido ultrapassada: submissa, modesta, obediente, tomando poucas vezes parte no culto, a judia não se convertia muito. A mulher "temente a Deus", a grega, cansada já dessas divindades brandindo as suas lanças lá do alto das acrópoles, a esposa virtuosa repudiando um paganismo já velho e procurando o culto puro, é que era a mulher que mais se impressionava e se sentia atrair pelo Cristianismo. Foram elas as segundas fundadoras da fé cristã. Depois das mulheres da Galileia que seguiam Jesus e o serviam, Lídia, Febe, as piedosas damas ignoradas de Filipos e de Tessalônica são as verdadeiras santas a quem a nova fé deve os seus mais rápidos progressos.[54]

A par das vicissitudes que assolavam os companheiros, com Silas e Lucas doentes, e Timóteo necessitando encontrar-se com

---

[54] Renan, E., *São Paulo*, Liv. Chardron, Porto, 1908, págs. 129 e 130.

sua mãe e sua avó em Corinto, Paulo decidiu pôr em prática um velho sonho: conhecer Atenas, dando atendimento a um antigo ideal. Sempre acalentara a esperança de visitar-lhe os monumentos e os templos, expressão mais alta da perfeição artística, assim como desfrutar de seu espírito sábio e livre.

Embalado por estas felizes perspectivas, Paulo rumou para a gloriosa cidade, fazendo-se acompanhar de alguns amigos bereienses, que o deixaram às portas da cidade. Paulo, quando entrou em Atenas, estava completamente só. Os especialistas concordam que esta viagem tenha sido feita por via marítima, tendo Paulo embarcado, provavelmente, em Alorus ou em Methonu. Deduz-se isto de *Atos,* 17:14 e 15. Para ir de Bereia a Atenas por terra não era necessário vir ao litoral. As estradas que assim seriam utilizadas eram cheias de voltas e dificuldades e, se este fosse o caso, seria natural que Paulo se dirigisse primeiro a Corinto.

Do fundo do golfo termaico até o Pireu, porto de Atenas, a viagem era feita em três ou quatro dias. O navio deixou, a bombordo, a tríplice península da Calcídica, navegando rente à costa da Tessália, onde se projetavam, contra o céu límpido de outono, as alturas das montanhas do Olimpo, depois do Ossa e, finalmente do Pélion. Singrando, provavelmente, entre a ilha de Eubeia e o continente, o navio teve que vencer o difícil estreito que os separa aproveitando-se da maré alta. De pé, sobre a coberta, Paulo terá visto desfilar ante seus olhos estes topônimos ilustres para quantos foram educados em clima helênico: Áulis, onde Agamêmnon reuniu os mil navios da armada com que enfrentaria Troia; Maratona, onde a Europa conteve a tentativa de expansão asiática; os lendários montes do Parnaso, do Citéron e do Pentélico, povoados de deuses. No extremo sul da Acaia, no promontório de Sanium, o majestoso templo de Posêidon, dominando o mar, era quase um desafio para o navegante do Cristo. Singrando a costa ática, agora rumo ao norte, e lutando contra a mudança das correntes, chegaram ao movimentado porto de Pireu, de onde Paulo, pela estrada que leva diretamente a Atenas, distante cerca de 8km, chegou à cidade de Palas-Atenas, que simboliza a busca do ideal

Solidão e malogro em Atenas

por um povo extraordinário, que fundou ou elevou a patamar até então desconhecido, a arte, a ciência, a filosofia e a política.

Atenas, no tempo de Paulo, já não era mais a cidade de Péricles e de Fídias, e ainda não se tinha tornado a cidade de Adriano. Embora com grande parte de seus monumentos incólumes, a cidade estava em declínio, mas ainda guardava sua beleza, mas dessa beleza que, no dizer de Daniel-Rops, se vê nos lugares turísticos e nos museus.

A Grécia que Paulo pretendia conquistar já não era a orgulhosa Hélade das histórias homéricas, amante da liberdade, triunfadora das guerras médicas; aquela Grécia que no século V a.C. erguera as maravilhosas construções da Acrópole, a mais alta expressão do espírito humano, e nem mesmo a Grécia que, sob a tutela macedônia, levara, com os exércitos de Alexandre, a cultura helênica até os confins da Pérsia com a Índia.

Desde a queda de Corinto, dominada pelos romanos em 146 a.C., a Grécia entrou em declínio. Naquela data tornara-se a província romana da Acaia, que estava despovoada, saqueada e despojada pela cobiça dos governadores romanos e por sua predatória administração.

Suas províncias e cidades estavam desertas. As antigas e nobres famílias haviam se extinguido. Seus filhos, com ardor republicano, haviam sido chamados por Bruto e Cássio, e haviam caído com eles em Filipos.

No Peloponeso, a política espartana a tudo arrasara, embora Esparta e Argos ainda guardassem certa importância.

Em Tebas, apenas o velho castelo era habitado. Só Atenas e a nova Corinto haviam sobrevivido a tão profunda decadência. Atenas, pelo respeito que inspirava a glória de seus antepassados, de certa forma foi poupada, embora tivesse sido saqueada por Silas; Corinto, depois de arrasada, foi reerguida pelos próprios romanos, que dela fizeram importante porto para seus interesses comerciais.

A Grécia já se tornara um grande museu de arte para os turistas de então. Atenas, procurando ainda manter-se como centro intelectual, contava com grande número de professores e uma numerosa juventude, que aliava o gosto pelo conhecimento retórico aos prazeres dos sentidos. Era uma cidade de ociosos, preocupados em saber das novidades e estar em dia com os modismos da época. As ideias mais tolas, as teorias mais esdrúxulas encontravam, sempre, inteligências moças para defendê-las.

É neste meio que o judeu de Tarso vai penetrar, esperançoso de levar a suprema novidade a espíritos ávidos de saber: a Boa-Nova.

Depois das dolorosas experiências ultimamente vividas, era um refrigério para o espírito de Paulo percorrer a cidade e os seus monumentos.

Paulo decidiu pregar em praça pública. Os transeuntes e os ouvintes que se detinham para escutá-la não podiam ver-lhe a alma, nele enxergando o corpo esquálido, vitimado por privações, que o tornara uma criatura exótica, um molambo humano, destes que o Oriente trazia, comumente, para o Ocidente e suas grandes cidades.

O emissário do Cristo desejava entrar em contato com o espírito ateniense, como já entrara com suas obras de arte. Seu esforço, pela primeira vez, não lograva qualquer sucesso. Quando ouviam referências a Jesus e a ressurreição, estrugiam as gargalhadas, os chistes e as pilhérias de mau gosto.

Paulo a tudo escutava, e notava a massa de pessoas que lhe viravam as costas. Atenas, distanciada de suas esperanças, gelava-lhe o coração. Todos pareciam envenenados por falsa cultura. Por mais de uma semana insistiu nas pregações públicas, sem quaisquer resultados. Ninguém se interessou por seu Jesus e nem hospedagem lhe foi oferecida, por uma simples questão de simpatia.

Pela primeira vez Paulo sentiu-se fracassar. Deixaria uma cidade sem a fundação de uma igreja. Nem mesmo as anotações de Levi foram copiadas por quem quer que seja, sinal de que o labor evangélico não encontrara eco naqueles corações endurecidos pelo intelectualismo esterilizante.

Pela perseverante insistência de Paulo e graças à ação de um certo Dionísio, homem culto e generoso, areopagita, que lhe atendera os apelos, ficou acertado que se dirigiria, no Areópago, à

Solidão e malogro em Atenas

mais alta assembleia da cidade, em que pontificavam os homens mais sábios e inteligentes.

Ao aristocrático auditório Paulo fez o discurso que se encontra sintetizado no livro dos *Atos*, 17:22 e 32, referindo-se ao "Deus desconhecido", homenageado em vários altares atenienses. As coisas iam correndo muito bem. Paulo, inflamado, ia ganhando o auditório. Dionísio admirava-se de sua oratória. Mas, quando referiu-se à ressurreição, começaram a surgir murmúrios, depois risos francos e, finalmente, remoques acerados. A aristocracia ateniense não cederia nos seus preconceitos científicos e filosóficos.

Paulo ficou desolado. Em pouco, o recinto foi evacuado e ele viu-se só, dolorosamente só, angustiosamente só. A atitude do Areópago não lhe permitiu chegar ao fim. Foi quando Paulo concluiu que melhor do que esta experiência que acabara de vivenciar, teria sido enfrentar os ataques dos judeus.

Diz Emmanuel que "a cultura ateniense era bela e bem cuidada, impressionava pelo exterior magnífico, mas estava fria, com a rigidez da morte intelectual".[418]

Apenas o areopagita Dionísio, e uma certa senhora por nome Dâmaris, citados nos *Atos*, mostraram simpatia pelo Apóstolo, declarando-se constrangidos com os acontecimentos, embora eles estivessem propensos à causa. Mas, quando instados pelo Apóstolo, recusaram-se a fundar uma igreja, alegando impedimentos.

Recebendo as escusas, Paulo sentiu-se o semeador que lançara suas sementes entre as pedras e os espinheiros. Emmanuel situa, de maneira comovedora, a despedida de Paulo:

> O Apóstolo dos Gentios despediu-se com serenidade; mas, tão logo se viu só, chorou copiosamente. A que atribuir o doloroso insucesso? Não pôde compreender, imediatamente, que Atenas padecia de seculares intoxicações intelectuais, e, supondo-se desamparado pelas energias do plano superior, o ex-rabino deu expansão a terrível desalento. Não se conformava com a frieza geral, mesmo porque a nova doutrina não lhe pertencia, e

sim ao Cristo. Quando não chorava refletindo na própria dor, chorava pelo Mestre, julgando que ele, Paulo, não havia correspondido à expectativa do Salvador.⁽⁴¹⁸⁄⁹⁾

Paulo desenvolveria, mais tarde, o tema da dicotomia entre a sabedoria do mundo e a sabedoria cristã, no primeiro capítulo da primeira carta aos coríntios.

Paulo ficou desolado. Em pouco, o recinto foi evacuado e ele viu-se só, dolorosamente só, angustiosamente só.

CAPÍTULO 16

Êxitos nos domínios de Afrodite

> *"Mas o fruto do Espírito é: caridade, gozo, paz, longanimidade, benignidade, bondade, fé, mansidão, temperança. Contra estas coisas não há lei."*
> (*Gálatas*, 5:22 e 23.)

No clima de incertezas e de amarguras, tão fortemente vivido pelo Apóstolo, vem-lhe o socorro à alma angustiada na pessoa de Timóteo, que chega de Corinto com notícias confortadoras: já instalara sua mãe e sua avó na cidade, trazia consigo alguns recursos e, sobretudo, para alegria maior de Paulo, disse de seu encontro com Áquila e Prisca, os fiéis amigos do oásis de Dan, que ali se encontravam. A Boa Nova já fora levada à capital da Acaia, onde se desenvolvia de maneira promissora.

Tais notícias, e a perspectiva do reencontro com o casal amigo, fizeram com que Paulo decidisse rumar logo para Corinto, onde, além disso, desejava ter um encontro muito pessoal e pleno de sentimento com os sítios que foram teatro das lutas de Jeziel e Abigail, dos quais guardava indeléveis recordações pelas narrativas de sua noiva.

Era importante para o Apóstolo este reabastecimento de suas forças em novas fontes da fé, já que abandonara Atenas de ânimo abatido pelo insucesso de suas tentativas perante a cultura da respeitável cidade.

Os *Atos* não nos falam se Paulo e Timóteo rumaram para Corinto por terra ou por mar; em consequência, os autores optam por achar que teria preferido a via marítima, mais simples e direta, que os levaria do porto do Pireu ao de Cêncreas, que servia a Corinto. Assim também queria Timóteo, que desejava poupar o Apóstolo dos esforços de uma viagem a pé, quando o via tão abatido e o pressentia adoentado.

Paulo, todavia, segundo Emmanuel, negou-se a ir por mar, preferindo vencer a pé os 65km da estrada que, passando por Elêusis e Mégara, conduzia a Corinto. A distância foi percorrida em alguns dias de marcha, com vários intervalos para a pregação nas localidades do caminho e nos campos. Os humildes e simples campesinos recebiam com alegria as informações de Paulo, o que lhe era lenitivo para o esquecimento dos frustrantes encontros com a inteligência ateniense.

Igrejas domésticas foram fundadas não longe do golfo Sarônico.

Paulo iria defrontar-se, mais uma vez, com uma grande e movimentada cidade, famosa por seus costumes frouxos. Uma cidade mais apta a receber as sementes do Evangelho do que Atenas, em que pesem as suposições em contrário.

Corinto situava-se na entrada do extenso istmo que liga a Grécia central ao Peloponeso. Era servida por dois portos: o de Cêncreas, no lado do mar Egeu, no golfo Sarônico, e o do Lequeu, no mar Jônico, no golfo de Corinto, mais voltado para o tráfico com o Ocidente, assim como o outro servia às rotas que demandavam o Oriente.

Tanto Nero quanto Herodes Ático pensaram em construir um canal no istmo, mas este sonho levou séculos a materializar-se, pois o canal só foi aberto no último quartel do século XIX, inaugurado em 1893.

Os gregos não tinham canal, mas dispunham de uma engenhosa espécie de trilha sobre rolos, que permitia trasladar pequenas embarcações, por terra, de um porto para o outro. E não só embarcações de pequeno calado, como cargas volumosas.

A Corinto que Paulo vai conhecer e conquistar para o Evangelho não era mais a Corinto da Grécia clássica. Esta havia sido inteiramente arrasada, em 146 a.C. pelo cônsul Múmio, quando a Grécia foi reduzida à província romana com o nome de Acaia.

Êxitos nos domínios de Afrodite

No tempo de Paulo apenas existiam alguns vestígios da famosa "cidade dos dois mares" que foi cantada por Horácio. Pouco mais de cem anos depois, Júlio César determinou a reedificação da cidade, fazendo dela uma colônia romana e povoando-a de libertos. A nova Corinto, embora erigida capital da Acaia, era muito pouco helênica. Era uma cidade cosmopolita formada, como diz Daniel-Rops, "por tudo quanto o Mediterrâneo contava em matéria de raças, de povos, de peles e de pelos".[55]

Cidade comercial, rica, povoada de viajantes e marinheiros, sempre com um grande contingente de população flutuante, Corinto ostentava uma pinturesca, mas pouco tranquilizadora comunidade, cuja reputação era muito baixa, por sua extrema corrupção de costumes.

A cidade era dedicada ao culto de Afrodite Pândemos, cujo templo foi encontrado pelos arqueólogos no Acrocorinto, a elevação que dominava a cidade, e no qual serviam mais de mil sacerdotisas prostituídas. A cidade inteira era como que um grande lupanar, para o qual afluía expressivo número de marinheiros, que ali deixavam suas economias em loucas aventuras.

Havia em Corinto uma colônia judaica, provavelmente instalada no porto de Cêncreas, por suas ligações com o Oriente. Dizem os historiadores que a cidade tinha recebido, pouco antes da chegada de Paulo, um contingente de judeus, que haviam sido expulsos de Roma por um edito do imperador Cláudio. Afirmam os *Atos* que Áquila e Prisca tinham vindo nesta emigração forçada.[56] As autoridades romanas ainda não distinguiam judeus de cristãos.

Paulo e Timóteo, após percorrerem o istmo em toda a sua extensão, chegaram a Cêncreas, onde foram à pequenina casa em que viviam Loide e Eunice, mantendo com as venerandas senhoras as mais fraternas e emotivas trocas, após o que partiram em busca de Áquila e Prisca.

---

[55] Daniel-Rops, *São Paulo, Conquistador do Cristo*, Liv. Tavares Martins, Porto, 12ª ed. 1960, pág. 173.
[56] ATOS, 18:2.

O encontro dos velhos amigos foi realizado em meio a esfuziante alegria. Durante muito tempo trocaram notícias e informações sobre suas atividades evangélicas. Áquila e sua esposa tinham, realmente, seguido para Roma, como pretendiam, e ali exerceram sua atividade profissional numa casa em ruínas. Logo iniciaram a divulgação da Boa-Nova, no que provocaram a ira dos judeus, que declararam, segundo Emmanuel, guerra franca aos novos princípios.

Desde os primeiros momentos tiveram início as provações e os tormentos no *ghetto* judaico do Trastevere, onde viviam. Prisca relatou como, certa noite, aproveitando-se da ausência de Áquila, um grupo de inflamados israelitas invadiu-lhe os aposentos, aplicando-lhe flagelações e castigos, e deixando-a banhada em sangue. Estas dolorosas confidências mútuas uniam os amigos no amor incondicional ao Cristo Jesus, por quem sofriam tais agravos, recebendo-os como favores de Jesus, como títulos de sua glória.

E assim voltaram a reunir-se estes três companheiros, cada vez mais irmanados na fé e no ideal comum.

Áquila e Prisca (Priscila), como já dissemos em outra oportunidade, e vale repetir, desempenharam papel importante nas origens cristãs. Seus nomes ficaram indelevelmente ligados a fundação e/ou aos trabalhos das *ekklesias* de Roma, Corinto e Éfeso.

O desejo de Paulo, no sentido de fundar uma sólida igreja em Corinto, contou, desde logo, com o entusiástico e irrestrito apoio dos amigos. Sentindo que sua permanência na cidade seria longa, pela extensão dos projetos a realizar, Paulo aceitou o convite para morar com o casal, associando-se ao trabalho que ali já haviam desenvolvido. Em pouco, a oficina tornou-se uma colmeia de atividade profissional e centro de decisão dos trabalhos missionários.

Paulo entregou-se com paixão ao trabalho. Todos precisavam de um período de calma. O Apóstolo induziu Lucas a descansar em Tróade. Timóteo e Silas haviam encontrado serviço como caravaneiros, o que os levava frequentemente às novéis comunidades cristãs.

Foi nesta época que Paulo, no seu paternal zelo pelas Igrejas que criara, passou a enfrentar sério problema íntimo. Começaram a chegar a Corinto emissários de Tessalônica, de Bereia e de outros pontos da Macedônia, solicitando a orientação do Apóstolo e sua dedicada intervenção em assuntos delicados. Convocando Silas e Timóteo, solicitou-lhes a ajuda para a solução dos inúmeros problemas, dadas as oportunidades que lhes eram oferecidas pela atividade que exerciam.

Dentro em pouco, assegurada a colaboração dos companheiros, Paulo começou a falar na sinagoga, com extraordinário êxito inicial. Os comentários prosseguiram por várias semanas. Os assuntos doutrinários, que colocavam, frente a frente, a Lei e o Evangelho, acabaram por gerar as habituais e fortes reações, e estas foram num crescendo tal, que Paulo viu-se impedido de prosseguir com suas palestras, afastando-se da sinagoga não sem antes sacudir o pó de suas vestes, declarando, segundo Emmanuel: "Até agora, em Corinto, procurei dizer a verdade ao povo escolhido por Deus para o sagrado depósito da unidade divina; mas, se não a aceitais desde hoje, procurarei os gentios!... Caiam sobre vós mesmos as injustas maldições lançadas sobre o nome de Jesus Cristo!..."[(423)]

Nessa ocasião, Paulo foi salvo da agressão por parte dos judeus enfurecidos, pela intervenção providencial de um romano que se chamava Tício Justo (*Titius Justus*), que era temente a Deus e que, desde o primeiro momento, sentira forte atração pelo Apóstolo e pela doutrina que veiculava.

Foi Tício Justo, já definitivamente convertido, que, com auxílio de outros conversos, adquiriu uma casa para a instalação do núcleo cristão. Prisca e Áquila, assim como Loide e Eunice, contam-se entre os seus primeiros colaboradores.

A Igreja de Corinto começou a produzir seus frutos espirituais e a fazer brilhar sua luz em meio ao ambiente viciado da cidade corrompida. As conversões eram numerosas entre judeus e pagãos.

Crispo, o chefe da sinagoga, converteu-se com toda a sua casa,[57] assim como Estéfanas, cuja família exerceu grande influência na comunidade.[58] Os *Atos* lembram os nomes de alguns dos convertidos e colaboradores da Igreja: Gaio, que será o hospedeiro de Paulo quando de seu retorno a Corinto,[59] e que também converteu-se com todos os seus. Outros são Quarto, Acaico, Fortunato e Erasto,[60] que era tesoureiro da cidade. Muito importante a figura feminina de Cloé,[61] cuja casa era muito numerosa. Não temos certeza se Zenas, legisperito que Paulo recomendou a Tito,[62] era de Corinto.

Segundo tese defendida por E. J. Goodspeed, no *Journal of Biblical Literature*, o Gaio que citamos teria sido Gaio Titius Justus, o qual seria a mesma pessoa que o Titius Justus de *Atos*, 18:7, que abrigou a igreja. Emmanuel não faz qualquer referência a Caio ou Gaio, em Corinto. Será isto indício de que a tese de Goodspeed é correta?

Com o seu crescimento quantitativo e qualitativo, a Igreja de Corinto passava a exercer influência que ultrapassava suas fronteiras. De todas as comunidades, tanto da Macedônia, quanto da Galácia, da Pisídia, da Licaônia ou de Chipre, vinham emissários em busca de conselhos e soluções para os problemas internos, para assuntos de doutrina ou para a administração da comunidade.

Paulo, que tinha por suas igrejas uma preocupação quase doentia e um zelo que raiava ao ciúme, afligia-se em não poder atender a tudo e a todos. Isto lhe pesava na consciência desperta, dado o seu temperamento de diligente e severo cumpridor de seus deveres.

Certa noite, quando a casa que abrigava a comunidade estava vazia, aproveitando-se do silêncio noturno, Paulo, em lágrimas,

---

[57] Atos, 18:8.
[58] I Coríntios, 1:16; 16:15.
[59] Romanos, 16:23.
[60] Romanos, 16:23; I Coríntios, 16:17.
[61] I Coríntios, 1:11.
[62] Tito, 3:13.

rogou a Jesus não o desamparasse no atendimento de suas obrigações e tarefas.

Ao fim da comovente prece, Paulo viu-se envolvido por transcendente luz, tendo a íntima intuição da visita do Senhor. As recomendações que, então, lhe foram feitas por Jesus envolviam três pontos, a saber: 1ª – não temer, não calar e prosseguir divulgando a verdade; 2ª – não se atormentar com as necessidades do serviço; na impossibilidade de estar em todos os lugares, a solução seria chegar a todos, simultaneamente, pelos poderes do espírito, e 3ª – o problema seria resolvido por intermédio das cartas aos irmãos, em seu nome, e sob assistência direta de Estêvão.

Assim começou o movimento epistolar com as cartas aos tessalonicenses, os mais antigos documentos do Novo Testamento. O labor de Silas e Timóteo, que não podia, por mais infatigável que fosse, satisfazer às necessidades das igrejas, ver-se-ia coberto pelas epístolas emanadas da inspiração crística.

No império romano só havia serviço regular de correios para suprir a correspondência oficial. Para as cartas particulares, nada havia que se assemelhasse a um serviço postal. A correspondência privada era feita em ocasiões oportunas ou pela mobilização de mensageiros especiais.

Entre os judeus, o gênero epistolar era muito cultivado. A dispersão dos judeus pelo mundo mediterrâneo levou-os à prática corrente da troca de correspondência. As sinagogas se comunicavam, regularmente, umas com as outras, e nelas havia, mesmo, encarregados de levar as cartas, cargos que eram preenchidos por dignitários de certa categoria.

As epístolas se tornaram a forma da literatura cristã primitiva, num tempo em que o Cristianismo ainda não tinha textos escritos. Essa forma era, não obstante, admirável, perfeitamente apropriada ao seu tempo e, no caso particular, às inclinações e aptidões de Paulo.

Certamente o Apóstolo serviu-se de companheiros para secretariar sua numerosa correspondência. É provável que tenha levado consigo, ou, quando não em viagem, tenha mantido junto a si pessoas encarregadas dessa missão.

Paulo deve ter escrito um número de cartas muito superior ao do que dispomos atualmente. As comunidades primitivas estavam tão distanciadas das preocupações materiais, eram tão puramente idealistas, que nem pensaram no imenso valor de tais escritos. A fé era tudo. As epístolas, escritos de ocasião, ninguém as imaginou que se tornariam textos de tão alta importância. Só no fim da vida do Apóstolo, ou logo após seu martírio, que se começou a pensar em conservar estes preciosos documentos, estimando-os pelo que eles próprios valiam.

Cada comunidade passou a guardar, zelosamente, as cartas que possuía, consultando-as com frequência ou delas fazendo leitura regular nas reuniões dominicais. Cópias eram autorizadas, mas já se haviam perdido, inapelavelmente, muitas cartas do primeiro período.

Assim começou o movimento epistolar com as cartas aos tessalonicenses, os mais antigos documentos do Novo Testamento.

Das cartas endereçadas a Paulo pelas igrejas nada possuímos, o que é natural, dada a vida errante e atribulada do Apóstolo, que não teve, no feliz dizer de Renan, "outros arquivos mais do que a sua memória e o seu coração". Paulo gostava de associar às suas cartas os seus colaboradores mais íntimos. Nas primeiras cartas que escreveu, endereçadas aos tessalonicenses, agregou Silas e Timóteo à sua subscrição.[63] Na realidade, Paulo não escrevia, ditava suas cartas. E, quando começaram a surgir cartas falsas — e elas surgiram ainda em vida do Apóstolo —, ele tomaria o cuidado de encerrar sua correspondência com algumas linhas do próprio punho, dando, assim, autenticidade a todo o texto.

A comunidade de Corinto progredia a olhos vistos, e assim se manifesta Emmanuel a seu respeito:

> Altamente confortado, o ex-doutor da Lei procurou enriquecer a igreja de Corinto de todas as experiências que trazia da instituição antioquense. Os cristãos da cidade viviam num oceano de júbilos indefiníveis. A igreja possuía seu departamento de assistência aos que necessitavam de pão, de vestuário, de remédios. Venerandas velhinhas revezavam-se na tarefa santa de atender aos mais desfavorecidos. Diariamente, à noite, havia reuniões para comentar uma passagem da vida do Cristo; em seguida à pregação central e ao movimento das manifestações de cada um, todos entravam em silêncio, a fim de ponderar o que recebiam do Céu por meio do profetismo. Os não habituados ao dom das profecias possuíam faculdades curadoras, que eram aproveitadas a favor dos enfermos, em uma sala próxima. O mediunismo evangelizado, dos tempos modernos, é o mesmo profetismo das igrejas apostólicas.
>
> Como acontecia, por vezes, em Antioquia, surgiam também ali pequeninas discussões em torno de pontos mais difíceis de interpretação, que Paulo se apressava a acalmar, sem prejuízo da fraternidade edificadora.[(427)]

---

[63] I Tessalonicenses, 1:1.

Os visíveis progressos da igreja, continuamente enriquecida com a adesão de romanos com recursos, que eram trazidos por Tício Justo, acabaram por provocar, por parte dos judeus, um terrível movimento contra o Apóstolo e contra a igreja, cuja ação esvaziava a sinagoga, seca de frutos, onde apenas se encontrava a intolerante ortodoxia de preceitos e preconceitos, defendida por sacerdotes impiedosos.

Já se tinha passado quase um ano e meio que Paulo dava seu concurso à comunidade de Corinto. Sua pregação, dirigida, indistintamente, a todos, acabara por levar ao Cristo um povo numeroso. A cidade de Afrodite entregava-se à verdade libertadora.

Aqui não eram mais os intelectuais de Atenas, de coração endurecido pelas muitas letras; nem eram mais os judeus preconceituosos que tinham o coração enrijecido pelas observâncias que sufocavam a criação espiritual. Paulo fala aos sedentos de luz, aos doentes e ignorantes. Seu público é de estivadores e de rufiões, de marinheiros, de meretrizes — estes humildes e conspurcados —. que receberiam melhor o Verbo do que aqueles que estavam vitimados pelo intelectualismo estéril ou pelas práticas vazias.

CAPÍTULO 17

Em Jerusalém com o produto da coleta

"Todas as vossas coisas sejam feitas com caridade."
(*I Coríntios*, 16:14.)

É importante seja observado que o antissemitismo, tão comum na Diáspora, era particularmente forte em Corinto. O rompimento de Paulo com a sinagoga foi um fator que veio, de certa forma, em favor do progresso da igreja. Desde aí era cada vez maior o número de pagãos que acudiam à nova fé.

Os judeus, agora liderados por Sóstenes, desde que Crispo se convertera, moveram processo contra Paulo junto à autoridade proconsular. A Acaia voltara a ser, desde 44, uma província senatorial, portanto governada por um procônsul, que era, na época, Marcus Annaeus Novatus, conhecido como Június Gállion, que assumira seu cargo no ano de 52.

Marcus Annaeus Novatus era filho de Annaeus Sêneca, e irmão mais velho do famoso filósofo Sêneca. Tinha sido adotado por Lúcius Június Gállion, razão pela qual tomara o nome de seu patrono, conforme a prática romana.

Gállion era um dos espíritos mais amáveis e cultos de seu tempo. Era uma nobre alma, amigo dos poetas e escritores célebres. Todos que o conheciam, rendiam-se ao seu encanto pessoal. O irmão dedicou-lhe duas obras: *Da Cólera* e *Da vida feliz*. Ele próprio escreveu alguns livros, hoje perdidos. Foi sua cultura helênica que levou Cláudio a nomeá-lo para o governo da província.

Sua saúde obrigou-o a abandonar o cargo antes do tempo. Gállion, "como o irmão, teve a honra, no tempo de Nero, de pagar com sua morte a sua distinção e honestidade".[64]

O fato de se ter associado, nos *Atos*, o nome de Gállion e a primeira estada de Paulo em Corinto, nos permite ter uma das raras informações de cronologia absoluta da vida do Apóstolo. O governo de Gállion foi determinado graças à descoberta de uma inscrição na cidade de Delfos contendo um rescrito de Cláudio, na qual se faz referência ao procônsul.

Movido o processo, o procônsul determinou audiência pública no tribunal. Na véspera do feito, Paulo foi aprisionado pelos judeus, ocasião em que impediu que os companheiros reagissem à prisão. As determinações de Gállion neste sentido foram, diga-se de passagem, abusivamente cumpridas.

No dia do julgamento o tribunal estava repleto. Pela acusação falou Sóstenes e, em defesa de Paulo e da igreja, apresentou-se para falar Tício Justo. Verificou-se, então, um fato inesperado: os gentios da assembleia, ante o testemunho da defesa, prorromperam em demorados aplausos.

Sóstenes conduziu a acusação destilando os argumentos habituais de blasfêmia, feitiçaria e deserção da Lei. Emmanuel nos revela um fato muito curioso. Enquanto ele fazia suas acusações, Gállion mantinha um dos ouvidos fechados com um dedo. Sóstenes, desconcertado com essa atitude, e ao final de seu arrazoado, interpelou o procônsul sobre seu estranho comportamento.

Depois de ouvir uma repreensão de Gállion, que lhe afirmou não ter que dar contas de seus atos, lembrou que, como administrador da justiça naquele tribunal, deveria guardar um ouvido para a acusação e o outro para a defesa. A explicação provocou muitos risos entre os gentios.

Após a emocionante defesa de Justo, Gállion declarou não haver encontrado qualquer crime em Paulo ou em sua igreja, e que as controvérsias doutrinárias, nas quais não lhe cumpria imiscuir-se, não deveriam ser causas de agitações.

---

[64] L. Renan, E., *São Paulo*, Liv. Chardron, Porto, 1908, pág. 173.

Em Jerusalém com o produto da coleta

Paulo foi, de imediato, declarado livre. O recinto estrugiu de aplausos, e o que se viu, a seguir, foi a fúria dos gentios, que começaram a maltratar Sóstenes, sob o olhar complacente de Gállion. Da ira dos gentios, Sóstenes foi salvo por intervenção do próprio Paulo.

Quando a sinagoga recorreu a Gállion, não se dava conta de que a aversão aos judeus era quase uma herança de família dos Sêneca, e que o fanatismo faria pouca fortuna com um homem de temperamento tão equilibrado.

Os *Atos* narram o episódio de maneira sintética, e um pouco diferente das revelações de Emmanuel acerca do assunto. Em *Atos*, 18:14 a 16, lemos: *"E, querendo Paulo abrir a boca, disse Gállion aos judeus: Se houvesse, ó judeus, algum agravo ou crime enorme, com razão vos sofreria, mas se é questão de palavras, e de nomes, e da lei que entre vós há, vede-o vós mesmos; porque eu não quero ser juiz dessas coisas. E expulsou-os do tribunal."*

Eu não quero ser juiz nesses assuntos. Renan considera esta resposta admirável, apresentando-a como modelo para os governos civis, quando os vão convidar, ou intrigar, para que se intrometam em assuntos religiosos. A sabedoria política do procônsul o evitou de entrar nas questões dogmáticas ou de fé.

Os israelitas, mal refeitos do insucesso, voltaram a maquinar novas formas de agravo à igreja. Paulo, todavia, reunindo a comunidade, participou-lhe seu propósito de partir para a província da Ásia, onde era insistentemente requisitado por João, e de onde deveria rumar para Jerusalém, a fim de levar o produto da grande coleta que, em benefício dos pobres do Caminho, empreendera ao longo da missão.

Os cristãos de Corinto lamentaram a decisão, pois sem o concurso e a assistência do Apóstolo, ver-se-iam órfãos de sua solicitude paternal e de sua indormida vigilância. Paulo, além do missionário admirável, era primoroso diretor de consciências. Ninguém, como ele, se encarregou melhor das almas, tratando os problemas educacionais de maneira mais viva e mais íntima.

Paulo, ante a tristeza da comunidade, mostrou que a igreja, fundada e já consolidada, tinha que viver da continuidade do esforço, do carinho e da atenção de seus membros, e que a continuidade de sua presença apenas acirraria o ânimo dos judeus contra ela. Eram argumentos aduzidos aos seus deveres e às obrigações que o chamavam à Jônia e à Palestina.

O apóstolo João, segundo Emmanuel, iniciara muito cedo suas atividades na comunidade de Éfeso, mas sem se desligar de Jerusalém. Embora seja reconhecida a estada de João na Ásia, onde parece ter vindo a falecer, em idade muito avançada, tem sido difícil para os historiadores das origens cristãs levantar dados confiáveis acerca das atividades do filho de Zebedeu nessa cidade e, de um modo geral, na província da Ásia. Emmanuel não nos esclarece quando teria ele chegado a Éfeso.

Cerca de um mês depois do julgamento, Paulo embarcou para Éfeso, levando consigo Áquila e sua esposa, que se dispuseram a acompanhá-lo.

Os *Atos* falam de maneira muito avara sobre o final da segunda missão, à qual não dedicam senão cinco versículos, ou seja, os versículos 18 a 22 do capítulo 18, cujo teor é o seguinte:

> E Paulo, ficando ainda ali muitos dias, despediu-se dos irmãos, e dali navegou para a Síria, e com ele Priscila e Áquila, tendo rapado a cabeça em Cencreia, porque tinha voto. E chegou a Éfeso, e deixou-os ali; mas ele, entrando na sinagoga, disputava com os judeus. E rogando-lhe eles que ficasse por mais algum tempo, não conveio nisso. Antes, se despediu deles, dizendo: Querendo Deus, outra vez voltarei a vós. E partiu de Éfeso. E, chegando a Cesareia, subiu a Jerusalém e, saudando a igreja, desceu a Antioquia.

Todos os comentaristas, seguindo o esquema dos *Atos*, e na falta de qualquer indicação complementar nas epístolas, falam de uma breve passagem por Éfeso, o tempo de permanência do navio no porto, no máximo uma semana, e de sua ida a Jerusalém para a entrega de coleta.

Na falta de dados objetivos, os biógrafos preenchem esta lacuna com informações subjacentes, com maior ou menor sucesso. Desde Renan que os autores tendem a inserir, nesta altura, comentários acerca da vida das comunidades cristãs, com ênfase sobre as da Macedônia.

Em Jerusalém com o produto da coleta

Emmanuel nos conduz por caminhos novos, fornecendo-nos uma série de revelações ligadas a este período, embora ele próprio também não se demore muito nele.

Inicialmente, como vimos nos *Atos*, Paulo embarcou no porto de Cencreia, onde rapou a cabeça por haver feito voto. Para uns, Paulo desejava dar mais solenidade ao seu desejo de passar a Páscoa em Jerusalém, ligando-se a este projeto por um voto, a fim de dar-lhe força. Para outros, Paulo havia feito um voto de nazirato, que o obrigava a apresentar, em Jerusalém, as oferendas prescritas, e isto, talvez, pelo sentimento de gratidão por sua salvação das mãos de seus inimigos e pela liberdade de sua igreja, graças a nobre tolerância de Gállion. O que não se encaixa nessa hipótese é, justamente, o corte dos cabelos, já que o nazirato impunha justamente o contrário, a proibição do corte.

Para Emmanuel, Paulo, após saturar-se de recordações dos sítios em que Abigail e seu irmão haviam passado a infância, lembrando a partida da noiva bem-amada do porto de Cencreia, raspou a cabeça, renovando os votos de fidelidade eterna, conforme os costumes populares de seu tempo.

Continuemos com a narração, segundo o esquema de Emmanuel. A viagem foi difícil, repleta de incidentes. Chegados a Éfeso, encontraram a comunidade cristã, ali já existente, enfrentando sérios problemas. João esforçava-se para que os parcos resultados já obtidos não se perdessem em meio ao desconcerto de polêmicas estéreis, capitaneadas por judeus ligados à sinagoga, com os quais Paulo teve que manter vários e tumultuados contatos.

Um fato importante que nos é trazido por Emmanuel diz respeito a Maria de Nazaré que, segundo ele, residia, nesta época, em uma casa muito simples de frente para o mar, certamente trazida por João, a quem Jesus confiara sua mãe. Paulo, em meio aos trabalhos a que se entregava, visitou-a com grande carinho, dela ouvindo, com muita emoção, reminiscências do nascimento e da vida de Jesus. Pediu ele o concurso de Maria para o projeto que acalentava, de escrever um evangelho com base em suas lembranças e em seu testemunho, o que a mãe do Mestre acolheu com aprazimento.

Paulo, após colaborar algum tempo no fortalecimento da igreja, comunicou dever continuar a viagem, rumando para Jerusalém, a fim de fazer entrega dos recursos de que era portador. João, que participara da célebre reunião de Jerusalém, onde a coleta fora acertada, deu razão ao Apóstolo, apoiando seu propósito de prosseguir viagem, embora isto contrariasse o desejo da comunidade, que só se tranquilizou ante a formal promessa de Paulo de retornar em breve, para uma boa temporada em Éfeso.

A viagem à Palestina contou com a companhia de Silas e Timóteo, que vieram ao encontro do tarsense em Éfeso.

Pregando sempre a Boa-Nova, em meio às habituais dificuldades, os viajantes aportaram a Cesareia, onde permaneceram alguns dias, antes de rumarem para Jerusalém a pé, como de hábito.

Paulo e seus companheiros foram recebidos com amplas demonstrações da mais legítima alegria e da mais pura fraternidade. Paulo e Pedro estavam fisicamente mudados, guardando no corpo as cicatrizes das lutas que enfrentavam, cicatrizes que, no caso de Paulo, eram muito reais, como sequelas das sevícias a que fora submetido várias vezes. Eram as marcas do Cristo.

Com alegria, o ex-rabino fez entrega a Simão Pedro da pequena fortuna de que se fizera portador, e que iria assegurar maior liberdade e mais independência para a instituição hierosolimitana, sempre às voltas com inúmeras dificuldades para assistir ao crescente número de "filhos do Calvário" que lhe batiam às portas.

Paulo, extremamente comovido, ouviu de Pedro referências às suas cartas, que, segundo o ex-pescador de Cafarnaum, provinham de inspiração direta do Mestre. Falou de cristãos que detinham cópias das epístolas, assim como de igrejas, como as de Jope e Antípatris, que liam e comentavam em assembleia os preciosos documentos.

Após alguns dias em Jerusalém, Paulo e os companheiros foram para Antioquia, ponto de partida e chegada das missões.

CAPÍTULO 18

A vida interior das comunidades paulinas

"Lembrando-nos sem cessar da obra da vossa fé, do trabalho, da caridade, e da paciência da esperança em nosso Senhor Jesus Cristo, diante de nosso Deus e Pai; sabendo, amados irmãos, que a vossa eleição é de Deus; porque o nosso evangelho não foi a vós somente em palavras, mas também em poder; e no Espírito Santo, e em muita certeza; como bem sabeis quais fomos entre vós, por amor de vós."
(*I Tessalonicenses*, 1:3 a 5.)

Antes de iniciarmos o estudo da terceira viagem missionária, a mais complexa das três, vamos tecer alguns comentários acerca das comunidades fundadas por Paulo, procurando sondar-lhes as características e sua vida interior.

As igrejas que fornecem o modelo para estes comentários são as da Macedônia, pelas quais Paulo tinha particular carinho, nunca escondendo o fato de julgá-las exemplares.[65] Mas são dados que podem ser projetados, tranquilamente, para as demais.

A vida interior destas comunidades era extremamente rica de frutos espirituais. Justino, ao escrever sua I Apologia (I, 67), lá pela metade do século II, já se referia, com algum resquício de saudade, à inocência, ao espírito fraternal e à caridade sem limites destas primitivas igrejas. Constituíam elas um espetáculo que não se voltaria a ver senão em regime de exceção, um ideal que o Cristianismo vem procurando reencontrar através dos tempos.

---

[65] Veja-se, por exemplo: *Filipenses*, 1:5 e 6; *I Tessalonicenses*, 1:7 e 8; 2:19 e 20; *II Tessalonicenses*, 1:3 e 4.

Poder-se-ia imaginar fossem essas comunidades muito frágeis, o que seria um ledo engano. Eram elas sólidas como a rocha, solidez que advinha da união irrestrita de seus membros. Inseridas no meio pagão, em trato instável e recheado de incompreensão, e tendo que conviver, permanentemente, com a animosidade e as reações dos judeus, ou mesmo dos cristãos judaizantes, aos irmãos não restava outra saída senão estreitarem os laços de sua união, fortificando-se na fé e fazendo nascer novas experiências de seu labor.

A organização interior dessas comunidades era invejável. Elas tinham certa hierarquia, mas assentada sobre o reconhecimento dos valores espirituais demonstrados pelos fiéis. Os membros mais antigos, ou os membros mais ativos, ou os depositários das recomendações do Apóstolo, tinham certa precedência. O próprio Paulo, que fazia, costumeiramente, sentir a sua autoridade com um ascendente que chega a impressionar, era o primeiro a repelir tudo o que lembrasse uma chefia, insistindo em ser, apenas, "cooperador de Deus".[66]

Os mais velhos, ou seja, os *presbyteros* (πρεσβυτερος), eram eleitos por votação, decidida a contagem dos votos pelas mãos levantadas, ou então eram estabelecidos pelo próprio Paulo, mas sempre, em qualquer caso, a indicação era entendida como uma orientação espiritual. Com o tempo passaram a denominar-se *epíscopos* (επισκοπος), palavra que significa "o que observa, o que vela por, o supervisor", donde "guardião, protetor (de uma cidade), vigilante", palavra esta que foi tomada da linguagem política. "Presbyteros" e "epíscopos" são, no primeiro século, perfeitamente sinônimos.

Nada havia que se assemelhasse a uma hierarquia "oficial" ou uma organização burocrática ou administrativa. Presbíteros, diáconos ou "epíscopos" são distinguidos por sua capacidade de servir e por seus dons espirituais, os carismas. São os que se fazem servos de todos. Alguns decênios depois esta situação estará

---
[66] I CORÍNTIOS, 3:9.

tristemente alterada, e a igualdade existente até então entre os crentes, todos irmãos, será rompida pelo aparecimento do conceito de clero, em oposição ao laicato, situação já identificada em meado do segundo século.

A *dependência do Espírito* era o fundamento da autoridade, constituindo a característica marcante das comunidades cristãs criadas por Paulo.

Outro aspecto que deve ser enfatizado é destacado por J. Drane:

> Esses primeiros cristãos, contudo, não se consideraram como uma organização, mas como um organismo vivo. Paulo expressou esta ideia de modo muito completo quando denominou a igreja "o corpo de Cristo" O que une os cristãos — disse ele — não é o fato de todos eles serem acionistas da mesma firma religiosa, mas o fato de cada um participar da vida e da força do próprio Jesus mediante a ação do Espírito Santo em suas vidas. O próprio Espírito era o "princípio organizador" da vida da Igreja, e por isso era desnecessário que os fiéis organizassem eles próprios a Igreja. A mesma espécie de argumentação é usada por Jesus quando descreve a relação entre os cristãos e Cristo, usando a imagem de uma planta viva, com a mesma fonte de vida a alimentar e a ativar todas as suas partes (*João*, 15:1 a 10).[67]

A visão dos crentes não era, pois, institucional, mas orgânica.

As *ekklêsias* gozavam de ampla liberdade, e os diversos contextos sociais e culturais em que estavam inseridas lhes emprestavam grande variedade.

A autoridade plena pertencia à comunidade reunida. Esta autoridade abrangia tudo, aí compreendida até a vida particular de cada um de seus membros. A assembleia ou, pelo menos, os chamados "espirituais" (entenda-se "médiuns") faziam repreendas aos faltosos, davam ânimo aos desencorajados, tudo como hábeis diretores espirituais, com grande conhecimento do coração humano.

---

[67] Drane, J., *A vida da Igreja Primitiva*, Ed. Paulinas, São Paulo, 1985, pág. 72.

Havia muita tolerância para com os pagãos, mas muita distância do paganismo. Afinal, muitos dos conversos tinham sido idólatras, ou tinham parentes e amigos idólatras; sabiam, de experiência própria, com que boa-fé se pode estar em erro. Os costumes podiam ser austeros, não eram melancólicos. Paulo considerava a alegria uma das marcas do cristão. *Charis kai eirênê* (Χαρις και ειρηνη) Alegria e paz — era sua saudação habitual. Nada que lembre a virtude inflexível, normalmente hipócrita, que os rigoristas de todos os tempos pregam como virtude cristã. Parecia que havia irmãos que se dedicavam, especialmente, ao ensino. Eram os "catequistas", dentre os quais se contavam mulheres. Num período em que a atividade missionária era fundamental, as tarefas dos ministros da palavra assumiam grande relevo.

A virgindade era altamente considerada, mas não representava uma negação do amor e da beleza, como ocorre com certos setores que praticam um ascetismo infecundo. Era, na mulher, o sentimento justo de que a beleza e a virtude valem tanto mais quanto mais se escondem. A nudez pagã era condenada; nada era feito em detrimento da pudicícia. Grande foi o impacto destas ideias em cidades cosmopolitas e de costumes frouxos, como Corinto ou Éfeso.

Escreve Renan:

> O espírito de família, a união do marido e da mulher, a sua estima recíproca, o reconhecimento do marido pelos cuidados e previdência de sua mulher, transparecem de uma maneira frisante nas inscrições judaicas, que a esse respeito não faziam mais do que reproduzir o sentimento das classes humildes onde a propaganda cristã ia recrutar seus adeptos... A caridade, o amor dos irmãos eram as leis supremas, comuns a todas as igrejas e a todas as escolas. A caridade e a castidade foram as virtudes cristãs por excelência, as que fizeram o sucesso da nova predicação e converteram o mundo inteiro."[68]

O bem ao próximo era impositivo doutrinário, embora Paulo admitisse que os companheiros de fé tivessem certo direito de

---

[68] Renan, E., *Paulo*, Liv. Chardron, Porto, 1908, pág. 190 e 191.

preferência. Outra virtude, tão apregoada por Paulo, era o amor ao trabalho. O Apóstolo condenava a preguiça e a ociosidade, e erigiu para máxima de sua filosofia social o "quem não trabalha, que também não coma".[69] O ideal paulino, ao que parece, era o do bom operário, fruindo, no suor do próprio esforço, o pão honestamente ganho. Não podemos esquecer que, por toda Antiguidade, eram desprezados todo trabalho dependente ou qualquer atividade que redundasse em fadiga, bem como a execução de qualquer tarefa. Nas aglomerações urbanas um verdadeiro "gado humano", constituído, basicamente, por escravos, mulheres e estrangeiros (metecos, na Grécia), dava conta de todos os serviços.

O que se torna claro da leitura das epístolas paulinas, o que nos impressiona vivamente, e o que explica, em grande parte, o rápido sucesso da propaganda cristã, é o espírito de dedicação e de altíssima moralidade reinante nessas comunidades. A igreja era uma fonte permanente de edificação e de conforto. A regra de Paulo, de que se devia permanecer no estado em que cada um se encontrasse quando da sua conversão, levava todas as almas a uma resignação imensa, tornando indiferente tudo o mais, e espalhando sobre as tristezas e misérias deste mundo o amortecimento e o alívio.

A oração e o nome de Jesus estavam em todos os lábios. Antes de cada ação, rendia-se graças, como, por exemplo, antes das refeições.

Considerava-se uma injúria levar os processos perante os juízes civis.

As reuniões dos cristãos não eram como as frias assembleias das atuais confissões religiosas, nas quais o imprevisto e a iniciativa pessoal estão ausentes. Assemelhavam-se muito mais com as práticas das casas espíritas, conforme se lê nos capítulos 12 e 14 da primeira carta aos coríntios, em que são abordados todos os problemas ligados aos carismas, ou seja, aos dons mediúnicos; à unidade orgânica das assembleias de Cristo Jesus; aos dons em

---

[69] I Tessalonicenses, 4:11; I Tessalonicenses, 3:10 a 13.

face dos neófitos que procuravam as comunidades, e aos problemas pertinentes à disciplina e à ordem nas reuniões.

Depois das reuniões com caráter mediúnico, a comunidade tomava assento para a ceia em comum. Era o "repasto do Senhor", e chamava-se *ágape* (αγαπη), palavra que exprime o amor desinteressado e total, e que foi distinguida com o famoso hino que consta do capítulo 13 da primeira epístola aos coríntios.

O ágape foi uma das mais comovedoras invenções do espírito fraterno dos primitivos cristãos, e tinha uma grande eficácia moral. Ele começava com o ósculo santo, sem que nenhum escrúpulo viesse perturbar esta inocente e pura iniciativa. De ordinário, davam-no os homens entre si, e as mulheres umas às outras. Algumas igrejas, todavia, como o lembra Renan, "levavam sua santa liberdade até o ponto de não fazer no beijo de amor nenhuma distinção de sexo. A sociedade profana, incapaz de compreender uma tal pureza, serviu-se deste fato para espalhar várias calúnias. O casto beijo cristão provocou a suspeita dos libertinos e dos hipócritas, e a igreja teve, dentro em breve, de tomar a este respeito severas precauções."

Depois das reuniões com caráter mediúnico, a comunidade tomava assento para a ceia em comum. Era o "repasto do Senhor", e chamava-se ágape...

A vida interior das comunidades paulinas

Com os ágapes exercitava-se a verdadeira fraternidade cristã, superando-se as diferenças sociais. Imaginemos essas formosas refeições em comum, como devem ter acontecido em Corinto, por exemplo. Pequenas mesas eram colocadas em um semicírculo ou em forma de ferradura, onde tomavam assento, lado a lado, o pobre escravo ou a pobre escrava, que em suas casas eram frequentemente maltratados, junto ao tesoureiro da cidade, Erasto; ao antigo chefe da sinagoga, Crispo, ou do rico romano Tício Justo. O *presbytero*, ou seja, o mais velho, ficava sentado no centro. As pátenas ou pires que serviam para as bebidas eram objeto de particular cuidado.

Entre as mesas circulavam jovens cristãs, servindo aos convivas, e às quais se atribuíam os nomes de "ágape" e "irene", ou seja, "amor" e "paz".

A ingestão do pão e do vinho tinha particular e especial importância, pela lembrança das palavras de Jesus em sua última ceia.

Estes ágapes, inicialmente diários, como o eram na igreja de Jerusalém, cerca de vinte ou trinta anos depois passaram a ser semanais. A refeição era celebrada à tardinha, à luz dos candeeiros, e o dia escolhido passou a ser o domingo, o primeiro dia da semana, o "dia do Senhor", em recordação à ressurreição. O domingo cristão obscurecia, assim, a importância do sábado judeu.

Nas igrejas judeu-cristãs ainda dava-se importância aos sábados, mas o mesmo não ocorria nas comunidades étnico-cristãs, que não tinham razões especiais para qualquer apego ao sábado. Em pouco tempo o dia de descanso tendeu a confundir-se, como acabou se confundindo, com o "dia do Senhor".

Pouco a pouco o repasto foi se tornando, quanto à forma, meramente simbólico. Na sua origem era, em realidade, uma ceia, na qual cada um comia segundo sua vontade, embora fizesse isto com certa unção mística. O ágape começava com a oração. Cada um chegava com sua espórtula e com os alimentos. Inicialmente, todos comiam de todos, indistintamente. Pouco depois, cada um comia do que trazia, o que já era um retrocesso, que Paulo iria condenar. A igreja, ou a casa na qual se realizaria o ágape, fornecia os acessórios, como a água quente e as sardinhas.

Com o tempo, como dissemos, a refeição tornou-se numa simples aparência. Vinha-se já ceado de casa; na assembleia não se comia senão por simples cerimônia, sendo servidos apenas alguns tragos, tendo em vista somente o simbólico.

Assim chegou-se a separar, nitidamente, a refeição fraternal em comum do ato místico, o qual consistia, apenas, no partir do pão. A partilha do pão, por sua vez, com o escoar do tempo, foi se tornando cada vez mais sacramental; a refeição, ao contrário, na medida em que a igreja se alargava, ia se tornando mais profana. As refeições santas ainda foram mantidas até o final do século III, como atos de caridade para com os pobres, e sem qualquer ligação com a partilha do pão.

Importante observar que as primitivas *ekklesias* não tinham edifícios expressamente construídos para suas sedes, nem sequer arquitetura própria. Hoje, a palavra "igreja" nos reporta, de imediato, ou a uma confissão religiosa institucionalizada, ou a edificações de características e arquitetura próprias e inconfundíveis.

As assembleias realizavam-se nas casas dos irmãos mais conhecidos, ou que dispusessem de aposento apropriado. Preferia-se, para as reuniões, o cômodo que, nas casas orientais, constituía o andar superior. Essas salas eram espaçosas, com bom pé-direito e bastante arejadas.

Os grupos formados em determinada casa constituíam as *igrejas domésticas*, piedosos núcleos de grande atividade moral e grande força catequética. O espírito do tempo inclinava-se mais para estes grupos familiares.

Vamos concluir com estes comentários extraídos da obra de Bousset, *Kyrios Christós*:

> No serviço religioso em comum se fortalecia, nos fiéis, a consciência de sua unidade e apertada e singularíssima união. Espalhados, durante o dia, por suas ocupações da vida ordinária, nos aposentos dos escravos, junto à masseira, nos bazares, no seu isolamento dentro de um mundo estranho, às vezes expostos à mofa, juntavam-se, ao anoitecer, para o banquete sagrado comum. Ali experimentavam o milagre da comunhão, o ardor

do entusiasmo em torno de uma fé e de uma esperança comuns; ali o espírito os inflamava e os cercava de um mundo de bênçãos. E, para além desta onda de entusiasmo, reinava o Senhor Jesus como a cabeça da comunidade, pleno de poder, com uma evidência, com uma certeza e uma presença imediata que suspendia o alento. Jesus era o hóspede ao redor do qual reunia-se a comunidade.[70]

---

[70] Citação em Holzner, J., *San Pablo*, Ed. Herder, Barcelona, 12ª ed., 1960, pág. 245.

CAPÍTULO 19

A nova província do Reino de Deus

> *"Para que não sejamos mais meninos inconstantes, levados em roda por todo o vento de doutrina, pelo engano dos homens que com astúcia enganam fraudulosamente. Antes, seguindo a verdade em caridade, cresçamos em tudo naquele que é a cabeça, Cristo, do qual todo o corpo, bem ajustado, e ligado pelo auxílio de todas as juntas, segundo a justa operação de cada parte, faz o aumento do corpo, para sua edificação em amor."*
> (*Efésios*, 4:14 a 16.)

Vamos retomar a narrativa da odisseia paulina do ponto em que a interrompemos, isto é, do retorno de Paulo, certamente acompanhado de Timóteo e Silas, a Antioquia, ponto terminal da segunda viagem missionária.

A visita a Jerusalém, malgrado a entusiástica recepção de Pedro, deve ter deixado algum desengano no ânimo do Apóstolo. Talvez a sua recepção não tenha sido tão cordial por parte de outros irmãos, como Tiago, que simbolizava a tendência judaizante dentro do Cristianismo. Talvez seja esta a razão que levou Lucas a resumir esta visita de maneira tão exageradamente sucinta: "...subiu a Jerusalém, e, saudando a igreja, desceu a Antioquia" é o que diz ele apenas.[71] O estado da igreja-mãe não era satisfatório: a cada dia mais se estiolava no isolamento.

Qualquer sombra que, porventura, tenha ficado na alma do Apóstolo os irmãos de Antioquia tudo fizeram por afastar.

---

[71] Atos, 18:22b.

A nova província do Reino de Deus

Quanta alegria na rua Singon pela volta do companheiro que era um símbolo para toda a comunidade, que era o seu Apóstolo, o seu líder, o seu grande herói! Eles haviam confiado em Paulo, enviando-o a pregar em todas as nações, e ele os havia formado e conduzido à testa da cristandade.

Mas Paulo se deteve pouco tempo em Antioquia. As igrejas requisitavam sua presença, sumariando dificuldades e problemas. Cartas e emissários chegavam, constantemente, solicitando o concurso do Apóstolo.

Tanto consignam os *Atos*, "e, estando ali algum tempo, partiu...",[72] quanto o faz Emmanuel, "descansou algum tempo junto dos companheiros bem-amados",[(435)] nos mostram que Paulo não se demorou em Antioquia. Chegara no outono. Como costumava iniciar suas viagens na primavera, é de pensar que haja invernado em Antioquia. Assim, provavelmente em abril ou maio do ano 53, o Apóstolo retomava sua faina, sua incansável atividade missionária, dando início à sua terceira viagem.

Certamente Timóteo e Silas partiram com ele, pois, segundo Emmanuel, haviam-se incorporado, em Éfeso, ao final da viagem da segunda missão. Supõem os historiadores que Tito haja se juntado ao grupo. É quase certo. Aquele autor espiritual nos fala na presença de Tito em Éfeso, logo a seguir, o que leva-nos a crer que teria viajado com os companheiros.

É muito curioso que os *Atos* jamais mencionem Tito, que representou — e passará a representar mais ainda a partir deste momento — importante papel na vida de Paulo.

Nós estamos nos aproximando do ponto culminante da vida do Apóstolo, justamente o mais sofrido. Todas as grandes ideias vingaram sobre grandes dores. O Cristianismo, sob a ação de Paulo, vai se desvestindo de qualquer vínculo com o Judaísmo. Isto irá provocar feroz oposição contra ele e suas igrejas. Desde as derrotas dos pontos de vista judeus-cristãos em Antioquia e na reunião de Jerusalém, que os judaizantes se organizaram

---

[72] Atos, 18:23.

num verdadeiro partido, um poderoso movimento com enorme espírito de propaganda. Teve início uma campanha sistemática contra Paulo, verdadeira contramissão em suas comunidades, e foram feitas sérias tentativas para a criação de igrejas rivais em todas as que foram por ele fundadas.

Seus passos eram seguidos e os emissários de Jerusalém tudo faziam para anular as decisões do Apóstolo e subverter seus ensinamentos. A situação chegará ao ponto de se tentar contra a sua vida.

Esses judeus-cristãos foram ficando cada vez mais sectários, e o seu movimento só arrefeceu com a morte de Paulo e com a destruição de Jerusalém seis anos depois, no ano 70.

Antes de sua partida, crê-se que Paulo tenha tido notícias dos planos de seus adversários, de movimentar uma contramissão na Ásia Menor. Esta, talvez, a razão pela qual não seguiu para Éfeso, que era o seu destino, pelo caminho mais curto, preferindo voltar a ver as igrejas do sul da Galácia. Pela terceira vez percorreria o caminho balizado pelas comunidades que fundara em sua primeira viagem. Tinha muita vontade de rever suas queridas igrejas da Galácia. Temia que elas tivessem ficado sentidas com a linguagem que utilizara na carta circular que lhes dirigiu. Desejava corrigir, com a afabilidade de sua presença, a aspereza de sua carta.

A caravana seguiu o itinerário inicial da segunda viagem, através da estrada axial do planalto anatólico. Primeiro foi a cidade natal de Paulo, onde se deteve por alguns dias, logrando trazer à fé um grande número de tarsenses.

A seguir, os viajantes se internaram pelos desfiladeiros do Tauro, até alcançarem Derbe, Listra, Icônio e Antioquia da Pisídia. Paulo depressa retomou o seu ascendente, desfazendo as intrigas dos emissários de Tiago, levantando o ânimo dos companheiros e estimulando-lhes a fé. Nesta tarefa gastou o que Emmanuel chama de "elevada percentagem de tempo".

Em Derbe juntou-se ao grupo um novo companheiro, de nome Gaio.

Depois, atravessando a rude Frígia, desceram para aquela costa belíssima da qual fora desviado, durante a segunda viagem,

A nova província do Reino de Deus

por orientação espiritual. É mais do que provável que Paulo haja dado um caráter diferente a este terceiro estágio de seu apostolado. Estava bem que persistisse no seu afã de levar o Evangelho a toda parte, mas isto não lhe parecia tudo. Urgia a realização de todo um trabalho visando a organizar e aprofundar as conquistas já feitas. Para este efeito, que pressupunha contatos constantes e simultâneos com as igrejas da Ásia e da Europa, Éfeso estava esplendidamente situada.

Se, para sua viagem de inspeção às igrejas da Galácia, contarmos com as necessárias pausas, Paulo talvez tenha retomado a viagem para Éfeso, de Antioquia da Pisídia, no início ou nas proximidades da primavera de 54.

A estrada que segue melhor para ir de Antioquia da Pisídia para Éfeso leva a Apameia e daí, pela bacia do Licus, às três cidades vizinhas de Colossos, Laodiceia e Hierápolis. Estas cidades, em pouco tempo, serão o centro de ativa propaganda cristã. Mas, por agora, Paulo não deve ter-se detido nelas. Daí, pelo vale do Meandro, e depois pelo do Caístro, chegaram à chamada Campina da Ásia, cantada pelos homéridas, e celebérrima pelos seus cisnes e outras belas aves. Aí já se achavam às portas de Éfeso.

O esforço que Paulo realizava em suas viagens é inacreditável. Se contarmos — apenas e tão somente — os caminhos de suas três viagens pela Ásia Menor, chegamos aos seguintes números: primeira viagem, de Antália a Derbe, ida e volta: 1.000km; segunda viagem, de Tarso a Tróade: 1.400km (se passou por Ancira, mais 520km); terceira viagem, de Tarso a Éfeso, 1.150km (se passou por Ancira, seriam 1.700). Há que se considerar os caminhos acessórios, os percursos vicinais, que deve tê-los havido em profusão. Contando por baixo seriam, portanto, apenas na Ásia Menor, cerca de 4.000km.

Deissmann, recolhendo impressões de suas viagens pela Ásia Menor, assim se expressa:

> Uma das mais duradouras impressões de minhas viagens, efetuadas, na maior parte das vezes, com modernos meios de transporte, é a indizível admiração que me assoma, ao ver o esforço puramente físico do viajante Paulo, o qual dizia, verdadeiramente

e não sem fundamento, que tinha dado murros em seu corpo e o domava como a um escravo.⁷³

Às pessoas sensíveis à história, certos nomes evocam extraordinário fascínio: Delfos, Babilônia, as Tebas grega e egípcia, Nínive, Ispahã, Ecbátana etc. Basta surgir um destes nomes diante de nossa memória, para que despertem em nós, certamente nas telas profundas do inconsciente, uma série de imagens e recordações.

Na Antiguidade, Éfeso era um deste sítios ilustres. Ilustre pela riqueza, ilustre pela beleza, rival de Atenas pela ciência e pela cultura, e um dos maiores centros religiosos do paganismo, sede de um culto multinacional a Ártemis, centrado no soberbo templo de Artemísion, uma das sete maravilhas do mundo antigo.

Éfeso era, como afirma Daniel-Rops, "uma Nápoles que, ao mesmo tempo, fosse Londres e Chicago".⁷⁴ A cidade era um importante centro, juntamente com Esmirna, Pérgamo e Magnésia, daquela Lídia que ainda continuava presa à lembrança do fabuloso Creso.

Situada junto às águas de uma lagoa formado pelo Caístro, em parte assente sobre as águas, em parte encravada nas encostas do monte Coressus, estendia-se pelo monte Píon e por suas ramificações, onde se localizavam grandes bairros cortados por belíssimas avenidas retilíneas.

A cidade exibia, com orgulho, seus grandes monumentos, um teatro para 25.000 espectadores, uma via sacra com mais de dois quilômetros, duas ágoras, uma grega e outra romana, enquadradas por pórticos e colunatas, ginásios e estádios. No centro urbano um gigantesco relógio hidráulico que era célebre em todo Império.

Mas a suprema beleza da cidade era o Artemísion, o templo dedicado à deusa Ártemis, que os latinos chamavam de Diana, cujas ruínas estão submersas sob as águas lodosas de um lago salgado. A Ártemis que tinha o seu culto centrado em Éfeso não

---

⁷³ Citado em Holzner, J., *San Pablo*, Ed. Herder, Barcelona, 1980, pág. 280.
⁷⁴ Daniel-Rops, *São Paulo*. Liv. Tavares Martins, Porto, 1960, pág. 181.

era a veloz e esbelta caçadora da mitologia grega, sempre representada como uma encantadora jovem portando aljava e arco e tendo junto a si um cervo. A Ártemis de Éfeso era uma antiga divindade lunar que representava a fecundidade da terra e as potências da vida. Adoraram-na, por muito tempo, utilizando de um bloco informe de rocha, que se dizia ter caído do céu. No tempo de Paulo era representada por uma figura de mulher que ostentava no peito vinte mamas — símbolo da fecundidade — e cujas pernas pareciam revestidas por um cortiço, dado que as abelhas também simbolizavam a fecundidade. A estátua da deusa que se encontrava no Artemísion também teria descido do céu.

Numeroso clero servia o templo, e por largo tempo o sumo sacerdote, o megabizo, fizera sacrifício de sua virilidade à deusa virgem. As sacerdotisas deveriam ser castas, ao menos durante o tempo de serviço, mas escritores antigos, como Estrabão, não acreditavam nisto, numa cidade que não emprestava qualquer valor à castidade e onde os costumes eram tão licenciosos.

Todo mês de Artemísio, o nosso abril, as festas atraíam os peregrinos de toda Ásia Menor e da Europa do Mediterrâneo oriental. Cerimônias litúrgicas, anúncios do futuro e negócios levavam grandes multidões à festa, que culminava com um banho da estátua da deusa nas águas do mar. Nestas noites primaveris havia grande licenciosidade.

Limiar da Ásia, ponto de partida das estradas, centro comercial e metrópole espiritual, Éfeso era bem a "porta grande e eficaz (que) se me abriu" a que Paulo vai se referir em sua carta aos coríntios.[75] Ela será a terceira capital do Cristianismo, depois de Jerusalém e Antioquia.

Há séculos que Éfeso não era mais uma cidade puramente helênica. Deixara-se seduzir pelos costumes asiáticos e se tornara, com Sardes, o ponto mais avançado da influência oriental. A corrupção, a introdução do luxo eram, segundo os gregos, um efeito dos costumes efeminados da Jônia, que Éfeso resumia.

---

[75] I Coríntios, 16:9.

Vamos concluir estas considerações em torno de Éfeso, com uma transcrição de Renan:

> A importância excessiva que aí tomou o culto de Ártemis extinguiu completamente o espírito científico e favoreceu o desenvolvimento de todas as superstições. Era quase uma cidade teocrática: as suas festas eram numerosas e esplêndidas; o direito de asilo do templo povoara-a de malfeitores. Vergonhosas instituições sacerdotais aí se mantinham, e cada dia parecia mais destituídas de sentimento... Dir-se-ia que Éfeso era o ponto de reunião universal de todas as cortesãs e vagabundos. A cidade regurgitava de mágicos, adivinhos, momos e tocadores de flauta, eunucos, vendedores de bijuterias, vendedores de amuletos e medalhas, romanceiros etc. A expressão "novidades efesianas" designava, com esta outra "fábulas milesianas", um gênero de literatura, pois que Éfeso era uma das cidades onde mais frequentemente se punham no teatro os romances de amor.[76]

Sempre é bom relembrar como o Cristianismo fazia fortuna em cidades como esta, a exemplo de Antioquia da Síria ou Corinto. Nos faz isto pensar que os que precisam de médico são, realmente, os doentes, não os sadios...

Foram muito importantes os quase três anos passados por Paulo em Éfeso. Além de cumprir sua promessa aos efésios, Paulo cumpria a sua estratégia de situar-se num ponto onde pudesse atender as igrejas da Ásia e da Europa e, segundo Emmanuel, desejava dispor de tempo para maiores contatos com Maria de Nazaré, da qual esperava poder recolher preciosas informações para a feitura de um projetado Evangelho.

O Cristianismo já chegara à cidade de Éfeso, como já tivemos a oportunidade de falar. Ali se encontrava, há algum tempo, o Apóstolo João, com quem Paulo mantivera contato quando de sua passagem pela cidade, rumo a Jerusalém, no fim da segunda missão. Ali deixara Áquila e Prisca, cujos esforços tanto valeram às igrejas de Roma, Corinto e Éfeso. Finalmente, ali surgira um

---
[76] Renan, E., *São Paulo*, Liv. Chardron, Porto, 1908, págs. 254 e 255.

certo Apolo, judeu alexandrino, homem eloquente formado nas escolas retóricas, e escriba, provavelmente da escola de Fílon de Alexandria. Quando chegou a Éfeso considerava-se discípulo de João, o Batista. Áquila e a esposa logo reconheceram o extraordinário potencial de Apolo, apressando-se a instruí-lo na sã doutrina de Jesus. Apolo passou a trabalhar em Éfeso até que mostrou desejo de viajar para Acaia, projeto que o casal apoiou com entusiasmo. Apolo seguiu para Corinto, onde sua retórica e sua cultura foram extraordinárias armas na permanente luta contra a sinagoga.

Quando Paulo chegou a Éfeso, não mais encontrou os companheiros do oásis de Dan, que tinham seguido com Apolo para Corinto. Esta informação de Emmanuel colide com as indicações dos historiadores.

Paulo não encontrou paz em Éfeso. A sinagoga exercia extraordinária e ameaçadora ascendência sobre a comunidade cristã, que João não lograra controlar. Durante três meses Paulo teve que manter acaloradas discussões, aceitando a luta e entregando-se, com a paixão que o caracterizava, ao desafio que se apresentava diante dele.

Neste trabalho incansável Paulo contou com o concurso de poderosas forças espirituais. Começou a operar curas, e a sua fama de taumaturgo espalhou-se pela cidade. Muitas vezes, nimbado de luz, o Apóstolo impunha as mãos sobre os doentes e curava-os. De outra feita, desceu o Espírito Santo em praça pública, como outrora em Jerusalém e, em novo Pentecostes, as pessoas incorporaram espíritos e começaram a falar em outras línguas.

Tais fatos, numa cidade supersticiosa e dominada por ritos mágicos, elevou a consideração do Apóstolo e sua fama tornou-se notória. A tal ponto que os *Atos* assim se expressam, nos versículos 11 e 12 do capítulo 19: "*E Deus pelas mãos de Paulo fazia maravilhas extraordinárias. De sorte que até os lenços e aventais se levavam do seu corpo aos enfermos, e as enfermidades fugiam deles, e os espíritos malignos saíam.*"

O episódio da efusão do Espírito, ao qual Emmanuel empresta um sentido amplo, nos *Atos* é narrado como tendo ocorrido com doze discípulos de Apolo.[77] Com o prestígio de Paulo em seu apogeu, a sinagoga perdia rapidamente sua influência, e os pagãos afluíam à nova fé, abdicando de suas antigas crenças.

A instituição cristã crescia a olhos vistos. Paulo emprestava-lhe ordem e disciplina, ao mesmo tempo que lhe inspirava a criação de serviços assistenciais.

Paulo deixou-se ficar em Éfeso, pois o progresso da igreja era notório, e as tarefas de evangelização eram enormes. E ainda havia o problema do Evangelho que desejava escrever.

Para ajudá-lo, e para sua alegria, vieram discípulos da Macedônia Áquila e Prisca, para seu conforto, retornaram de Corinto. Timóteo, Silas e Tito colaboravam no esforço de evangelização das regiões vizinhas. Em Éfeso também se encontravam Aristarco, Gaio e Erasto.

Necessitando de local para o trabalho com os gentios, Paulo utilizou-se do que os *Atos* chamam[78] *scholê Tyrannou* (σχολη Τυραννου), ou "escola de Tirano". Não sabemos bem o que devemos entender por isso: se um local público, uma dessas *scholae* ou absides semicirculares, tão numerosas nas cidades antigas, que serviam para conversação e ensino livre, ou se se tratava de uma sala particular de algum gramático chamado Tirano. É mais provável esta última hipótese. Paulo utilizava-se da sala da quinta à décima hora, ou seja, das 11 às 16 horas, período em que os alunos e professores faziam suas refeições e dormiam a sesta.

O dia do Apóstolo era cheio, desde a alva trabalhava na oficina de Áquila, e trabalhava para valer, pois exibia, com orgulho, os calos em suas mãos. Depois dirigia-se à escola de Tirano, onde falava aos fiéis e aos simpatizantes da mensagem cristã, atendendo

---

[77] Atos, 19:1 a 7.
[78] Atos, 19:9.

a todas as necessidades do auditório. Após a décima hora, quando o professor retornava a seu labor, Paulo ia visitar os que não tinham podido ouvi-lo, os doentes e os inválidos. À noite, de acordo com os costumes da igreja primitiva, todos se reuniam para o ágape fraterno e a partição do pão. O Apóstolo, muitas vezes, desdobrava-se na atividade catequética, comumente no teatro da cidade.

Neste período ocorreu um fato curioso que os *Atos* narram em 19:13 a 17, e ao qual Emmanuel não se refere, como, aliás, não fala da escola de Tirano. Corriam as estórias acerca da autoridade de Paulo sobre os espíritos obsessores. Alguns exorcistas judeus, filhos de um certo sacerdote Cevas, tentaram evocar o nome de Jesus junto a um indivíduo que estava possesso, dizendo: "Eu vos adjuro por este Jesus que Paulo prega." Mas o espírito obsessor, não sem perspicácia, replicou: "Jesus, eu o conheço, e quanto a Paulo, sei quem é. Mas vós, quem sois?" E, lançando-se sobre eles, o possesso os dominou, maltratando-os e deixando-os nus e com ferimentos.

Fatos como esses ganhavam as ruas, eram certamente ampliados, e acabavam por acrescer maior fama para o Apóstolo. Esta fama chegou a tal ponto que os pagãos vinham a Paulo trazendo suas *"ephesia grammata* (εφεσια γσαμματα)*",* livros e opúsculos de fórmulas mágicas. Tais livros eram queimados em presença de todos, e foram tão numerosos que os *Atos* chegam a dar-lhe o valor: 50.000 peças de prata.[79]

Certamente neste período desenvolveu-se, por inspiração direta de Paulo, intensa atividade missionária nas regiões vizinhas, para a qual contou com o concurso de seus auxiliares mais chegados.

Toda parte ocidental da Ásia Menor, sobretudo as bacias do Meandro e do Hermus, cobriram-se de comunidades cristãs. Esmirna, Pérgamo, Tiatira, Sardes, Filadélfia e, provavelmente, Tralas, receberam o germe da fé. Estas cidades tinham colônias

---

[79] ATOS, 19:19.

judaicas, e a doçura dos costumes, assim como os longos abandonos da vida de província, tinham preparado as almas para as alegrias de uma vida pura. A Ásia Menor tornou-se, assim, de certa forma, como afirma Renan, "a segunda província do Reino de Deus".[80]

Uma rica parte da Frígia meridional, especialmente a pequena bacia do Licus, afluente do Meandro, também conheceu a formação de núcleos cristãos muito importantes. Ali se situavam três cidades vizinhas: Colossos, Laodiceia sobre o Licus e Hierápolis. O evangelista desta região foi Epafras, natural de Colossos, amigo e colaborador de Paulo.[81] Epafras exercia nas três cidades uma espécie de liderança. Podemos lembrar outros nomes, como Nymphas, que, em Laodiceia, reunia o Caminho em sua casa. Filêmon, que em Colossos presidia um grupo semelhante, e Ápia, diaconisa dessa cidade, talvez esposa de Filêmon. Todos conheciam Paulo e nele viam a figura do chefe e do orientador.

Há de se imaginar a intensa atividade nestas comunidades todas, e as constantes trocas mantidas com elas pelos auxiliares de Paulo. Certamente as viagens eram permanentes e numerosas, e as delicadas aspirações morais que reinavam na região se encarregavam de propagar o movimento como folhas levadas pelo vento.

---

[80] Renan, E., op. cit., pág. 26.
[81] COLOSSENSES, 1:7; 4:12s. – Filêmon, 23.

CAPÍTULO 20

Provocações em Éfeso, apreensões em Corinto

> *"Porventura, começamos outra vez a louvar-nos a nós mesmos? Ou necessitamos, como alguns, de cartas de recomendação para vós, ou de recomendação de vós? Vós sois a nossa carta, escrita em nossos corações, conhecida e lida por todos os homens. Porque já é manifesto que vós sois a carta de Cristo, ministrada por nós, e escrita, não com tinta, mas com o Espírito de Deus vivo, não em tábuas de pedra, mas nas tábuas de carne do coração.*
> *(II Coríntios, 3:1 a 3.)*

Os progressos do Evangelho na província da Ásia eram notórios, entretanto a luta não era fácil. Em vários passos das escrituras, há referências de Paulo às terríveis dificuldades que teve de enfrentar em Éfeso. Fala das "muitas lágrimas e tentações, que pelas ciladas dos judeus me sobrevieram"[82] naquela cidade. Refere-se inclusive, numa expressão enigmática, a "uma luta contra as bestas" bem como das tribulações que enfrentou.[83]

Em que pesem as dificuldades, Paulo ia permanecendo em Éfeso, até que um dramático incidente veio provocar sua saída prematura da cidade.

Éfeso, como centro religioso, tinha intenso comércio ligado às atividades do culto a Ártemis. Estatuetas da deusa, reproduções

---
[82] Atos, 20:19.
[83] I Coríntios, 15:32. – II Coríntios, 1:8s.

do Artemísio, e uma infindável série de outras lembranças, constituíam importante atividade econômica da cidade, sustentadas por inúmeros ourives, que trabalhavam artesanalmente a prata, o ouro e as pedras, para o suprimento deste florescente e lucrativo comércio.

A pregação de Paulo, todavia, mudara os hábitos de muitas pessoas, e os ourives se ressentiam da queda em seus negócios. Chefiados por certo Demétrio, os artesãos levaram violento protesto junto às autoridades, e, sem esperar delas qualquer solução para o pleito, afirmando que Paulo estava acabando com as mais caras tradições da cidade, e tirando o ganha-pão de inúmeros trabalhadores, Demétrio reúne os companheiros e amotina-os.

Sabedores que Paulo falaria no teatro, os agitadores pagos pelos artífices começaram a espalhar boatos alarmantes entre os mais crédulos, insinuando que Paulo e os seus seguidores se preparavam para arrombar o Artemísio a fim de queimar os objetos do culto. Diziam que os incendiários sairiam do teatro para cumprir seus sinistros objetivos.

Ao entardecer, já grande e agitada multidão se concentrava na ágora, e, quando anoiteceu e as luzes se acenderam, para lá se deslocou a massa popular enfurecida, na certeza de encontrar Paulo. Como o Apóstolo não se achasse ali, a fúria popular voltou-se contra Gaio e Aristarco, que foram presos.

Do teatro os amotinados seguiram para a tenda de Áquila, mas Paulo também lá não foi encontrado. A oficina foi literalmente destruída e o abnegado casal preso sob a gritaria do populacho.

A notícia do motim correu com rapidez, e, à medida que avançava a noite, novas pessoas vinham engrossar a mole humana.

Recolhido à residência de um amigo da causa cristã, ao que parece por interferência de Áquila, Paulo teve impulso de ir ao encontro dos agitadores, no que foi impedido, prudentemente, pelos companheiros.

Ao longe ouviam-se os gritos: "Grande é a Ártemis de Éfeso"!

— "Grande é a Ártemis de Éfeso"!

Um certo judeu, de nome Alexandre, pressionado por alguns populares, tentou, inutilmente, apaziguar os ânimos, que só

Provocações em Éfeso, apreensões em Corinto

arrefeceram, depois de muito tempo, graças à interferência do escrivão da cidade. A multidão dispersou-se e, desta noite, Paulo irá guardar, por muito tempo, amargas recordações.

Estes acontecimentos, que certamente constituíram o epílogo de outros contratempos graves, abalaram muito a saúde física e o ânimo de Paulo. Entrementes tinham surgido sérios problemas na comunidade de Corinto, que exigiram grandes esforços do Apóstolo, e lhe provocaram dolorosas preocupações. A primeira carta aos coríntios refere-se a estas questões.

No dia seguinte ao tumulto, Paulo, em companhia de João, visitou a oficina de Áquila, e o valoroso pregador, tão desassombrado e resistente, não pôde conter as abundantes lágrimas. Os golpes vinham de todos os lados. Paulo julgava de seu dever deixar a Jônia, a fim de preservar seus amigos da cólera de seus inimigos. Debalde tentou João demover o ex-rabino. No comovente e longo diálogo entre ambos, que Emmanuel nos confia, há uma fala de Paulo que transcrevemos, por ser extraordinária síntese do quanto foi dito até agora.

João argumentava com Paulo, insistindo para que este permanecesse em Éfeso, e Paulo então responde:

— Talvez estejas enganado. Nasci para uma luta sem tréguas, que deverá prevalecer até o fim dos meus dias. Antes de encontrar as luzes do Evangelho, errei criminosamente, embora com o sincero desejo de servir a Deus. Fracassei, muito cedo, na esperança de um lar. Tornei-me odiado de todos, até que o Senhor se compadecesse de minha situação miserável, chamando-me às portas de Damasco. Então, estabeleceu-se um abismo entre minha alma e o passado. Abandonado pelos amigos de infância, tive que procurar o deserto e recomeçar a vida. Da tribuna do Sinédrio, regressei ao tear pesado e rústico. Quando voltei a Jerusalém, o Judaísmo considerou-me doente e mentiroso. Em Tarso experimentei o abandono dos parentes mais caros. Em seguida, recomecei em Antioquia a tarefa que me conduzia ao serviço de Deus. Desde então, trabalhei sem descanso, porque muitos séculos de serviço não dariam para pagar quanto devo ao Cristianismo. E saí às pregações. Peregrinei por diversas cidades, visitei centenas de aldeias, mas de nenhum lugar me retirei sem luta áspera.

Sempre saí pela porta do cárcere, pelo apedrejamento, pelo golpe dos açoites. Nas viagens por mar, já experimentei o naufrágio mais de uma vez; nem mesmo no bojo estreito de uma embarcação tenho podido evitar a luta. Mas Jesus me tem ensinado a sabedoria da paz interior, em perfeita comunhão de seu amor.⁽⁴⁴⁰⁾

Após descrever o motim provocado por Demétrio, os *Atos* dizem, no primeiro versículo do capítulo 20: "*E, depois que cessou o alvoroço, Paulo chamou a si os discípulos e, abraçando-os, saiu para a Macedônia.*"

Segundo Emmanuel, Paulo ainda demorou-se algum tempo em Éfeso, esforçando-se por movimentar todos os recursos disponíveis em benefício dos companheiros presos, e só partiu quando os viu libertados. Quando de sua partida, o Apóstolo era presa de uma profunda tristeza, e suas energias estavam como que desmanteladas. Foi um momento muito difícil.

A viagem que vai empreender não se parecerá com as precedentes. Paulo não tinha rumo definido, deixando-se levar pelos acontecimentos e pelos sentimentos. Mais do que nunca precisava que o Espírito dirigisse seus passos, e desse forças a sua alma para o testemunho que se avizinhava.

Paulo acreditava haver terminado sua missão na Ásia, embora sentisse angústia ao lembrar-se da comunidade efésia, que organizara com tanto esforço. Que seria dela, no futuro?

Desejava ir para o Ocidente. Insinuava-se nele a ideia fixa de ir a Roma, capital do Império, e ainda a mais distantes terras ocidentais, à Espanha, se Deus o permitisse.

Com alguns companheiros, um deles certamente Timóteo, Paulo rumou para Troas. Nos termos da carta que enviara, por Tito, aos coríntios, Paulo deveria embarcar, em primeiro lugar, para Corinto. Mas eram dolorosas suas incertezas; os cuidados que tinha pela Acaia tornavam-no hesitante. No último instante decidiu mudar de itinerário: não lhe parecia próprio ir a Corinto na disposição em que se encontrava. Não sabia o efeito que sua carta produziria, e isto o deixava inquieto. Decidiu para lá seguir só depois de receber notícias por Tito.

Provocações em Éfeso, apreensões em Corinto

Paulo esperava encontrar esse seu dileto auxiliar em Troas, supondo viesse ele por mar, chegando assim antes dele, mas decepcionou-se por não ver confirmada sua suposição.

Paulo já havia passado por Troas há cerca de cinco anos, ocasião em que o Espírito de um macedônio o chamara à Europa. Troas era uma cidade latina, do tipo de Antioquia da Pisídia e Filipos. Parece que um certo Carpo o recebeu e hospedou, e, enquanto aguardava Tito, tinha a oportunidade de lançar as bases de uma *ekklêsia*. E parece ter tido grande sucesso, pois já um bom grupo de irmãos levou-o a praia, no momento de partir para a Macedônia.

Quando de sua partida, o Apóstolo era presa de uma profunda tristeza, e suas energias estavam como que desmanteladas.

Após alguns dias em Troas, Paulo achou que deveria prosseguir até Filipos, onde o carinho e o amor daquela comunidade ser-lhe-iam doce refrigério para um instante de repouso. Realmente, foi muito confortadora sua estada ali, sobretudo por haver reencontrado Lucas, então naquela cidade.

Lucas, com seu olhar de médico, ficou impressionado com o estado em que encontrou o velho amigo. Foi a oportunidade para o Apóstolo falar de suas dificuldades e de seus problemas. Ao esclarecer que desejava partir para Corinto, onde se encontraria com seus mais dedicados colaboradores, e que de lá seguiria para Roma, Lucas comprometeu-se a acompanhá-lo até a capital da Acaia.

O Apóstolo alegrou-se pela colaboração afetuosa do amigo, e o médico estava satisfeito pela oportunidade de assistir o missionário durante a viagem, ao mesmo tempo que procurava ocultar dele suas penosas impressões.

Certamente Paulo visitou as comunidades de Tessalônica e Bereia. Estas igrejas da Macedônia continuavam como as mais perfeitas, as mais generosas e as mais devotadas ao Apóstolo. Em nenhuma parte ele encontraria, como diz Renan, "tanto afeto, tanta nobreza e simplicidade".[84]

A preocupação que o atormentava era com a comunidade de Corinto. Finalmente Tito chegou com boas notícias, aliviando sua carga de preocupações, e consolando-o de todas as suas apreensões. A carta de Paulo produzira efeito. Quase todos testemunharam a Tito, entre lágrimas, o respeito e a afeição que dedicavam ao seu pai espiritual, lamentando tê-lo afligido, e desejando ardentemente vê-lo e obter-lhe o perdão.

Não sabemos onde Tito reencontrou-se com Paulo. O que sabemos é que Paulo apressou-se a escrever nova carta, que conhecemos por *II Coríntios*, e que começa com expressões de grande ternura, de muita alegria, de muita afeição e confiança. Esta carta

---

[84] Renan, E., *São Paulo*, Liv. Chardron, 1908, pág. 238.

deverá precedê-lo em sua chegada a Corinto, e Tito será, mais uma vez, o fiel mensageiro.

Em Corinto, o Apóstolo encontrou a comunidade apaziguada, embora seus inimigos não lhe dessem trégua. Paulo ratificou suas epístolas, e devotou-se à reorganização da igreja.

Mas o que mais lhe aprazia então era formular os projetos da viagem a Roma, onde esperava auxiliar os cristãos já existentes na capital imperial a organizarem as comunidades nos moldes das de Antioquia, Corinto ou Filipos.

Neste entretempo, máxime desde a viagem de Filipos a Corinto, o Apóstolo recobrava suas energias, para gáudio e espanto de Lucas.

Paulo pretendia fazer preceder sua chegada com uma carta aos cristãos de Roma, na qual intencionava transmitir uma recapitulação da doutrina de Jesus, ao mesmo tempo que enviaria suas fraternas saudações a todos os irmãos, particularmente aos muitos que eram de suas relações e que se achavam naquela capital.

O propósito da viagem mais acentuou-se com a notícia de que Áquila e Prisca tinham retornado a Roma: seriam seus preciosos e afinados auxiliares.

Paulo dedicou vários dias à confecção da importante epístola aos romanos, terminando-a com um afetivo rol de saudações aos irmãos daquela comunidade. Certamente, com tantas saudações, pretendia ele mostrar não ser de todo estranho à comunidade. Curioso é, que para levá-la a destino, como os irmãos e pregadores estivessem sobrecarregados de obrigações, ofereceu-se a valorosa irmã Febe, grande colaboradora de Paulo no porto de Cêncreas, de vez que tinha que viajar a Roma a fim de atender assuntos particulares.

Tão pronto partiu a dedicada irmã, Paulo reuniu a comunidade para ultimar os preparativos da importante e esperada viagem. Lembrou que o inverno estava a começar, mas que logo tivesse início o período de navegação, com a chegada da primavera, deveria encetar viagem, justificando-a com uma série de razões, e concluindo por perguntar quais os companheiros que estariam dispostos a acompanhá-lo.

Começaram a surgir, segundo Emmanuel, as dificuldades. Timóteo tinha que dar assistência a Eunice, já que desencarnara a venerável Loide; desejava transferir-se para a Tessalônica, sendo secundado em seu projeto por Aristarco. Tíquico e Trófimo pretendiam seguir para Antioquia, sua terra natal, depois de breve estada em Éfeso. Gaio tinha necessidade de retornar a Derbe. Sópatros tinha problemas a solucionar em Bereia. Outros companheiros alegaram dificuldades, mas Silas e Lucas colocaram-se ao inteiro dispor do Apóstolo. Lucas, inclusive, que se oferecera para vir até Corinto, agora abria o leque de sua colaboração.

Paulo ficou feliz com as disposições dos dois fiéis amigos, tão afinados com seu método de trabalho e que já haviam acumulado ampla experiência como valorosos seareiros a serviço de Jesus.

Tudo corria sem sobressaltos, quando sobreveio radical mudança nos planos assentados.

CAPÍTULO 21

Pronto para o testemunho

"Porque para mim o viver é Cristo, e o morrer é ganho."
(*Filipenses*, 1:21.)

Emmanuel apresenta visão radicalmente nova dos fatos, que não se ajusta às lições dos *Atos*. Temos que levar em consideração que o período que vai da estada de Paulo em Éfeso até sua derradeira ida a Jerusalém é muito movimentado. São muitos os acontecimentos, as idas e vindas, as mudanças de objetivos, de forma que se torna difícil recompor, com absoluta segurança, os itinerários do Apóstolo nesta fase.

Por outro lado, os *Atos* seguem determinado esquema, adaptado a determinadas e nobres finalidades. É um livro maravilhoso, mas escrito dentro de um objetivo. Lucas tenta ser conciliador. As lutas, os problemas, as dissensões geradas pelo judeu-Cristianismo perdem, na pena de Lucas, o seu real contorno. As cores esmaecem. Daí serem os *Atos* um livro de tão alta formosura, mas, por outro lado, um livro que tem suscitado inúmeros problemas para os exegetas e hermeneutas.

Os *Atos* dão a entender que Paulo desejava passar por Jerusalém antes de ir a Roma. Pretendia passar a Páscoa, ou Pentecostes, naquela cidade. Fala-se, também, com base em *I Coríntios*, 16:1, na necessidade de se levar o produto de uma coleta para os "santos de Jerusalém".

Vamos acompanhar os acontecimentos conforme revelados por Emmanuel, em sua versão sensivelmente diferente. Diferente porque não endossa o projeto paulino de uma viagem a

Jerusalém, fixando-se, exclusivamente, no objetivo de ir a Roma e ao ocidente. Diferente pela apresentação da causa que o levou à Palestina, pois, abandonando as hipóteses classicamente aceitas, Emmanuel nos revela outra, que passaremos a expor.

No dia imediato ao da assembleia em que Paulo explanou seus planos de viagem, convocando os companheiros a segui-lo, bateu às portas da comunidade um pobre viajante vindo de Jerusalém, que aportara no Peloponeso num dos últimos navios chegados antes do inverno, quando então cessava o trânsito marítimo.

Pediu para ser levado a Paulo, com quem desejava entender-se em particular. O Apóstolo recebeu-o, verificando tratar-se de Abdias, que viera na qualidade de emissário de Tiago, trazendo importante missiva ao tarsense.

Entre perplexo e nervoso, Paulo começou a ler o documento, fazendo-se pálido à medida que o lia.

Era um documento comovente e patético, no qual Tiago Menor descrevia as novas e cruéis perseguições que vinha sofrendo a comunidade hierosolimitana. Os rabinos e sineditas tinham decidido retomar as aflições impostas aos cristãos, reeditando as violências praticadas, outrora, pelo então rabino Saulo.

Os fariseus haviam se infiltrado no Caminho, que fora assaltado por muitos outros, sem consciência, que só não lhe causaram maiores danos pelo respeito que o povo tributava a ele, Tiago.

O sinédrio afirmava que só relaxaria sua atuação facciosa após um entendimento com o Apóstolo dos gentios. A ação de Paulo na Diáspora era amplamente conhecida em Jerusalém. De toda a parte choviam as informações, testemunhando da pregação do Apóstolo, da qual resultara a sementeira cristã. As sinagogas sofriam substanciais defecções. Os mais ortodoxos pediam providências para conter a ação do odiado apóstata, do trânsfuga que afrontava as mais caras tradições judaicas.

Pressionando a igreja de Jerusalém, tendo-a como que refém, talvez o sinédrio pensasse em por a mão no execrável heresiarca.

Tiago desfilava suas apreensões. Simão Pedro fora banido. O filho de Alfeu dizia-se envelhecido e cansado, concluindo com dramático apelo para que Paulo enfrentasse os sineditas, já que ele saberia como dirigir-se às autoridades religiosas para que a causa do Caminho lograsse êxito. A vinda do tarsense, segundo sua visão, apenas visava ao esclarecimento do sinédrio, como se fazia indispensável. A extensa mensagem estava eivada de pungentes referências e veementes apelos.

Ficamos a pensar se Tiago realmente acreditava no que escrevia. Se julgava ser possível sair Paulo ileso de um confronto desta natureza. Não estaria ele certo de que estava pedindo um derradeiro testemunho ao evangelizador dos gentios? Não conhecia ele, de sobejo, a dureza dos corações, a intransigente ortodoxia, o fanatismo e a impiedosa secura dos líderes de sua raça?

O mesmo, certamente, terá pensado Paulo naquele momento, envolvendo-o em angustiosas incertezas. Com que direito Tiago lhe exigia tal sacrifício? Não lhe fora ele sempre antagônico? Não procurara ele, por todas as formas, anular seu trabalho? Não levara às suas comunidades a desconfiança e a discórdia? Não procurara, sempre que possível, solapar-lhe a autoridade? Não questionara sua missão apostólica?

Em que pese sua índole, mas atento a sua adesão ao Evangelho de Jesus, não podia odiar o companheiro, como não sentir afinidade com ele, a ponto de lhe ser associado em empresa tão difícil.

Paulo afastou-se para recanto solitário e começou a por em dia suas ideias e alinhar suas dúvidas. Havendo abandonado o projeto de uma viagem a Jerusalém, que alimentara em Éfeso, concentrara todas suas esperanças na viagem a Roma e ao Ocidente, pois considerava concluída sua missão no Oriente. Mostrava-se relutante em ceder e em renunciar à sonhada excursão a Roma.

Em meio a este caudal de incertezas, recorreu ao Evangelho. Desenrolou os pergaminhos e, abrindo-os a esmo, deparou com as anotações do apóstolo Levi: *"Concilia-te depressa com teu adversário."*[85]

Paulo recebeu a indicação como um convite de Jesus para restabelecer com o Apóstolo galileu os laços da mais pura fraternidade.

---

[85] MATEUS, 5:25.

A causa não era dele, Paulo, nem de Tiago: era do Cristo. Rememorou os débitos clamorosos que contraíra com o Caminho. Veio-lhe a lembrança, com meridiana clareza, o dia sombrio em que prendera Simão Pedro, em meio às súplicas e aos soluços dos enfermos e aleijados que o cercavam. Recordou as duras perseguições que desencadeara sobre os irmãos, levando aos seus lares sofrimentos indizíveis. Não deixara ele, em Jerusalém, a marca indelével de seus crimes? Não seria a hora aprazada para resgatar as dívidas que contraíra?

Em meio a estas considerações, Paulo decidiu-se, não sem certa alegria interior. Chamou Abdias, sugerindo-lhe repouso, do qual tanto necessitava, dizendo-lhe que em dias levaria a Jerusalém a notícia de sua disposição em anuir ao pedido de Tiago, e pelo fiel mensageiro inteirou-se de novos detalhes sobre a aflitiva situação vivida pelos cristãos da Cidade Santa.

Paulo procurou certificar-se de tudo, mas muitas incertezas perduravam. Como agir em Jerusalém? Que espécie de esclarecimentos prestar ao sinédrio? Que testemunhos lhe competia dar?

No tumulto de suas apreensões, entregou-se ao repouso noturno e teve, por ocasião do desprendimento espontâneo de seu Espírito, um encontro com Abigail e Jeziel, que lhe aflorou a consciência como um nítido sonho. Paulo viveu, então, instantes de muita emotividade. Abigail, agradecendo as constantes e ternas lembranças suas, sobretudo em Corinto, disse a Paulo:

— Não te inquietes. É preciso ir a Jerusalém para o testemunho imprescindível.

Lembrando-se de seus planos, Abigail apressou-se a falar-lhe, antes que formulasse qualquer pergunta:

— Tranquiliza-te, porque irás a Roma cumprir um sublime dever; não, porém, como queres, mas de acordo com os desígnios do Altíssimo...[448]

Após as naturais impressões desse contato espiritual, experimentado durante o repouso do corpo físico, o Apóstolo acordou renovado, cônscio de que deveria visitar a Palestina antes de partir para Roma.

Lucas, apreensivo, não concordou com a partida imediata de Paulo, sobretudo com o seu propósito de viajar a pé, pedindo-lhe se refizesse, por mais alguns dias, de suas últimas lutas.

Ainda três meses ficaram em Corinto, tempo que Paulo dedicou a instruir Apolo e a dar missões a todos os companheiros, ultimando preparativos para sua despedida, que sua intuição sabia tratar-se da derradeira em corpo mortal.

A partida de Paulo foi, mais uma vez, feita às pressas. A sinagoga de Corinto havia recebido secretas instruções de Jerusalém, envolvendo nada mais nada menos do que o puro e simples assassinato do ex-rabino. A conspiração deveria centrar-se em Cêncreas. No vaivém do grande porto, particularmente cheio de peregrinos judeus que se aprestavam para comemorar a Páscoa do ano de 58, em meio a marujos, estivadores, viajantes, ociosos, não era nada difícil a ação criminosa de um malfeitor.

Para melhor aquilatarmos os riscos corridos por Paulo, há que se recordar os atos extremos e ferozes dos zelotes, membros do partido ultranacionalista, que aguardavam o reino messiânico para realizar sua vingança contra os gentios, organizando, na época, uma verdadeira guerra santa aos que infligiam a *Torá*. Esses vingadores eram chamados sicários, nome que lhes foi dado pelo punhal curvo de que se utilizavam, chamado *sicum* em latim. Apareciam nas festas, em meio aos ajuntamentos humanos, misturavam-se ao povo levando sob a túnica a temível arma branca. Velozes como um raio, feriam mortalmente suas vítimas, e depois sumiam entre a multidão com a mesma rapidez.

Inutilmente Jesus clamara contra o uso da religião e da esperança messiânica para fins políticos!

Paulo, avisado do perigo, decidiu viajar por terra, passando pelas comunidades da Macedônia, e fazendo-se acompanhar por Lucas e Silas, enquanto outros irmãos rumavam para Troas, onde encontrar-se-iam com o Apóstolo.

A todas as comunidades dirigiu-se em tom de despedida, suscitando sempre comovente movimento de anciãos, mulheres, homens válidos e crianças nas horas de partida.

Particularmente em Filipos, Lídia e os demais irmãos da comunidade local, tudo fizeram para reter Paulo, em meio a muitas lágrimas e aos receios das incursões farisaicas. O Apóstolo, todavia, mantinha-se firme em seu novo objetivo, a todos exortando na fé, na esperança e na caridade.

Concluída a tarefa em Filipos, os três rumaram para Troas, onde Paulo passou uma semana em comunhão com os fiéis. Na última noite de permanência nesta cidade, falava ele em espaçosa casa, sendo ouvido por expressivo número de pessoas. Era uma quente noite de primavera. A reunião realizava-se em vasto salão do terceiro piso, iluminado por grande número de candeeiros. As janelas, abertas, apenas mitigavam o intenso calor. A noite já avançava e ninguém arredava pé, recolhendo as dádivas espirituais distribuídas pelo venerável missionário.

Um jovem, de nome Êutico, sentado no peitoril de uma janela, lutava contra o sono. De repente um grito, o rapaz se projetava sobre o pátio, caindo da altura de três pavimentos.

Paulo e outros irmãos desceram rapidamente as escadas, pressurosos e preocupados. O Apóstolo debruçou-se sobre o corpo semimorto do jovem, abraçou-o, e disse calmamente:

— *Não vos perturbeis, que a sua alma nele está.*[86]

O rapaz recobrou suas condições físicas, o Apóstolo subiu, partiu o pão, e ainda falou até o raiar do sol, quando então saiu.

O códice Beza (séc. V/VI), famoso manuscrito pergamináceo contendo o *Novo Testamento*, hoje na Universidade de Cambridge, nota que nas despedidas de Paulo esteve também o jovem Êutico, são e salvo.

Ficou acertado que Lucas, Silas e mais alguns companheiros seguiriam para Assôs, onde promoveriam a aquisição de modesta embarcação, pois Paulo desejava navegar entre os numerosos portos e ilhas, a fim de despedir-se dos amigos e irmãos.

Paulo fez o trajeto até Assôs, de quase 25km, a sós e a pé. Com passadas firmes e ritmadas, iniciou sua caminhada, passando pela frente das famosas fontes termais de Troas, cortando

---

[86] Atos, 20:9 e 10.

os bosques de carvalho que se estendiam ao pé do monte Ida, o monte dos deuses, para, finalmente, chegar a Assôs sob o sol a pino do meio-dia. No trajeto despediu-se de numerosos e humildes seguidores, renovando-lhes as esperanças. A cidade ficava sobre uma escarpa abrupta, e ali ainda subsistiam recordações dos tempos homéricos. Paulo desceu as escarpas até o porto, onde reencontrou os companheiros.

Eles haviam adquirido um barco, que Emmanuel qualifica como "muito ordinário"[451] e, com ele, navegaram para o Sul. Holzner anota que este era o primeiro navio de peregrinos cristãos que partia para Jerusalém.

Ao anoitecer aproximavam-se da terra, e passavam a noite na embarcação ou em alguma cabana de pescadores. Assim deve ter sido em Mitilene, na ilha de Lesbos, a das róseas casas de campo, onde os viajantes puderam ouvir as melodias eólicas tocadas pelos pescadores.

A alegria e a beleza das ilhas iam surgindo a estibordo. Depois de Lesbos, foi a vez da escarpada Quios, a ilha das fragrâncias florais e dos capitosos e fortes vinhos. Depois os viajantes passaram ao largo de Éfeso, avistando, ao longe, o Artemísio. Paulo lembrou-se, com um calafrio, dos horrores da festa de Artemísia do ano anterior. Não desejou parar ali, a fim de não reatar ódios adormecidos e suscitar problemas para os irmãos de ideal. A igreja de Éfeso estava muito perto de seu coração, mas bem compreendia o seu dever de preservá-la das investidas de seus inimigos.

Depois de passarem pela ilha de Sarnos, semelhante a uma folha de plátano assente sobre as águas, a caravana aportou na pobre enseada de Mileto, que não distava muito de Éfeso. Paulo aí se deteve, e enviou mensageiros — provavelmente Tíquico e Trófimo — para chamar os anciãos e os fiéis da comunidade efésia, dos quais desejava ardentemente despedir-se.

A cena foi tocante. Decorrido o tempo próprio, começaram a chegar à praia os anciãos, as mulheres, as crianças, os inúmeros filhos que gerara na fé, todos desejosos de abraçar a figura paternal de Paulo, e prestar-lhe efusivas demonstrações de carinho.

A própria Maria de Nazaré, segundo Emmanuel, já avançada em anos, veio de longe e fez-se presente, para levar uma palavra de afeto àquele que era, segundo o mentor espiritual, "o paladino intimorato do Evangelho de Seu Filho".[451] Presente, também, como se poderia concluir da presença de Maria, o apóstolo João.

O discurso de Paulo, que consta do capítulo 20 dos *Atos*, é uma das mais comoventes passagens deste livro, e uma das páginas mais impressionantes de Paulo. Os derradeiros conselhos que transmite são como que sentenças de um testamento. Leiamos trechos desta oração de adeus:

> Vós bem sabeis, desde o primeiro dia em que entrei na Ásia, como em todo esse tempo me portei no meio de vós. Servindo ao Senhor, com toda a humildade, e com muitas lágrimas e provações, que pelas ciladas dos judeus me sobrevieram; como nada, que útil seja, deixei de vos anunciar, e ensinar publicamente e pelas casas, testificando. Tanto aos judeus como aos gentios, a conversão a Deus e a fé em nosso Senhor Jesus Cristo. E agora, eis que, ligado eu pelo espírito, vou para Jerusalém, não sabendo o que lá me há de acontecer, senão o que o Espírito Santo de cidade em cidade me revela, dizendo que me esperam prisões e tribulações. Mas em nada tenho a minha vida por preciosa, contanto que cumpra com alegria a minha carreira, e o ministério que recebi do Senhor Jesus, para dar testemunho do Evangelho da graça de Deus. E agora, na verdade, sei que todos vós, por quem passei pregando o Reino de Deus, não vereis mais o meu rosto... — e, *mais adiante* — ...agora, pois, irmãos, encomendo-vos a Deus e à palavra da sua graça; a ele que é poderoso para vos edificar e dar herança entre todos os santificados. De ninguém cobicei a prata, nem o ouro, nem o vestido. Vós mesmos sabeis que para o que me era necessário a mim, e aos que estão comigo, estas mãos me serviram. Tenho-vos mostrado em tudo que, trabalhando assim, é necessário auxiliar os enfermos, e recordar as palavras do Senhor Jesus, que disse: Mais bem-aventurada coisa é dar que receber.

Inspirados pela grandeza daquele momento, todos se ajoelharam no alvo lençol da praia, evocando a proteção do Pai para o valoroso trabalhador. Paulo orou com eles, para depois despedir-se de um a um, com os olhos marejados pela forte emoção.

Pronto para o testemunho

Grande parte dos irmãos jogou-se em seus braços, em testemunho de reconhecimento e filial solicitude. Abraçando, por último, a amantíssima mãe de Jesus, Paulo beijou-lhe as mãos com grande ternura.

Pouco depois a pequena embarcação prosseguia viagem. De novo o mar e as ilhas. Em três dias, por Cós, a ilha do vinho negro, e por Rodes, a ilha das rosas, da qual se dizia que não tinha um único dia no ano sem sol, chegaram a Pátara, na costa da Lícia, hoje em ruínas. Aqui tiveram a felicidade de encontrar um navio que seguia, sem escalas, para a Fenícia.

Paulo, todavia, prosseguia no atendimento do seu dever maior. Fretou uma barca para Ptolemaida (a São João d'Acre das Cruzadas).

Chipre foi deixada a bombordo. Talvez Paulo avistasse aquela Nea-Pafos onde, há cerca de 15 anos, tinha começado a sua carreira de peregrino de Cristo, assumindo o papel de Paulo. E, certamente, seus olhos verteram algumas lágrimas na lembrança do fiel amigo dos primeiros tempos, Barnabé.

Após uma navegação de quatro a cinco dias chegaram a Tiro, onde permaneceram cerca de uma semana. A comunidade cristã da cidade tivera origem na fuga dos adeptos de Jerusalém, fruto das perseguições de Saulo. Na igreja de Tiro estreitou-se o cerco contra a viagem de Paulo a Jerusalém. Os médiuns tentaram dissuadi-lo, dizendo interpretar o pensamento dos espíritos.

Paulo, todavia, prosseguia no atendimento do seu dever maior. Fretou uma barca para Ptolemaida (a São João d'Acre das Cruzadas). Os tírios foram despedir-se de Paulo e, como na enseada de Mileto, ajoelharam-se na praia, orando pelo amigo, após o que retornaram tristes para suas casas. No mesmo dia chegaram ao destino, onde havia uma comunidade cristã com a qual os viajantes passaram o dia.

Retomaram viagem para Cesareia, mas por terra, seguindo a grande estrada que contorna o Carmelo e avança pela planície de Saron. A cidade de Cesareia, ao mesmo tempo centro administrativo e guarnição militar, dispunha de importante comunidade cristã.

Aqui os viajantes passaram alguns dias na casa de Filipe, o chefe da comunidade. Os *Atos* o designam, modestamente, *evangelista*, isto é, um Apóstolo de segunda ordem, embora levasse, também, o título de *um dos sete*. Trata-se, pois, do diácono Filipe, não o Apóstolo Filipe, do qual nada se sabe. Filipe havia herdado, em grande parte, o espírito de Estêvão. Fugira de Jerusalém, há mais de vinte anos, em consequência das perseguições movidas por Saulo. Atuou na Samaria e nos arredores de Jope e, finalmente, instalou-se em Cesareia.

Muitas horas agradáveis desfrutou junto a esta modelar família cristã. Ao cair da tarde iam para o terraço, do qual se avistava o mar, e onde entretinham longas e proveitosas palestras centradas no Evangelho e em Jesus. Filipe, já em idade avançada, falava

Pronto para o testemunho

de Jerusalém e do ambiente ali dominante, das maquinações da ortodoxia farisaica, sem deixar de extemar seus mais legítimos receios.

Corroborando tais receios, chegou a Cesareia, vindo da Judeia, o médium Ágabo, que Paulo conhecia de Antioquia. Na primeira reunião de que participou em casa de Filipe, em transe mediúnico, dirigiu-se a Paulo, tomou-lhe o cinto, e com ele manietou os próprios pés e mãos, dizendo em voz alta:

— Isto diz O Espírito Santo: Assim ligarão os judeus em Jerusalém o varão de quem é esta cinta, e o entregarão nas mãos dos gentios.[87]

A atitude de Ágabo estava de acordo com a tradição profética de Israel. Outrora, Jeremias, para anunciar a seu povo a opressão caldáica, perambulava pelas ruas albardado como um burro, enquanto Isaías desfilara nu para fazer compreender a penúria a que seria condenado o povo, quando a ira de Jeová chegasse!

Os amigos rogaram a Paulo, entre lágrimas, que não partisse, ao que o Apóstolo respondeu, segundo Emmanuel:

— Por que chorarmos, magoando o coração? Os seguidores do Cristo devem estar prontos para tudo. Por mim, estou disposto a dar testemunho, ainda que tenha de morrer em Jerusalém pelo nome do Senhor Jesus!...[(452)]

---

[87] ATOS, 21:11.

CAPÍTULO 22

Sacrifício ao amor

"Porque, sendo livre para com todos, fiz-me servo de todos para ganhar ainda mais."
(I Coríntios, 9:19.)

Ainda estavam todos com a mensagem de Ágabo na lembrança, quando foi levado à presença de Paulo um emissário de Tiago, de nome Mnáson. O Apóstolo galileu soubera da chegada do tarsense e se apressava em adverti-lo dos perigos que enfrentaria em Jerusalém.

Paulo deveria ficar na casa de Mnáson, onde seria procurado por Tiago, ocasião em que seria decidido o que melhor conviesse aos interesses da causa de Jesus.

Aproximava-se Pentecostes, a tradicional festa de Israel, que congregava grande número de peregrinos, que vinham agradecer, nos adros do templo, a revelação da Lei a Moisés. A caravana, sob os mais sombrios presságios, fez a última etapa da viagem. Muitos irmãos de Cesareia haviam se incorporado ao grupo que, passando por Antípatris, através da planície de Saron e da meseta pedregosa da Judeia, chegou à Cidade Santa.

Holzner identifica certo paralelismo entre as vidas de Jesus e Paulo:

> Se até então a vida ambulante cheia de perigos do Apóstolo havia sido uma imagem da vida ambulante de Jesus, desde agora toma feição mais clara a semelhança com a vida do Mestre. Sua última viagem a Jerusalém se assemelha, em muitos pontos, nos pressentimentos da morte, no heroísmo com que se volta

Sacrifício ao amor

para Jerusalém, a matadora dos profetas, nos avisos que recebe dos mais fiéis amigos, à última viagem de Jesus, quando este, com visão clara do que haveria de suceder, obediente à vontade do Pai, vai ao encontro da catástrofe.[88]

Os *Atos* são bastante pródigos na narrativa dos graves acontecimentos vivenciados por Paulo em Jerusalém e Cesareia, até seu embarque para Roma como prisioneiro. Lucas aborda o assunto desde o versículo 17 do capítulo 21, até o final do capítulo 26, por mais de cinco capítulos, portanto.

O texto de Emmanuel, que consta do capítulo VIII da II parte de *Paulo e Estêvão*, acompanha de perto o dos *Atos*, com algumas discordâncias não substantivas.

Acompanharemos, como vimos fazendo, o esquema de Emmanuel, procurando enriquecê-lo com informações subjacentes.

Conforme estabelecido, Paulo hospedou-se na casa de Mnáson. Sob o manto da noite, como previsto, recebeu a visita de Tiago, que estava envelhecido, com ar doentio, refletindo grande cansaço interior. Paulo não pôde reprimir um sentimento de compaixão e simpatia pelo filho de Alfeu, no qual pressentiu terem ocorrido grandes modificações, desenhadas pelos revezes que sofrera.

Tiago solicita entreter com Paulo uma conversa reservada. Encaminhando-se para aposento discreto, o Apóstolo galileu desfilou suas preocupações e suas sérias apreensões.

Resumindo, os rabinos Enoch e Eliakim, no rastro do nacionalismo exaltado dos zelotes, estavam promovendo junto ao sinédrio, há mais de um ano, campanha no sentido de dar continuidade às perseguições iniciadas, anteriormente, por Saulo.

Deixando-se levar pelos argumentos exaltados dos dois rabinos, os sinedritas, reconhecendo que a ação missionária de Paulo levava inquietude às sinagogas da Diáspora, enfraquecendo-lhes os quadros, começaram por decretar a prisão do Apóstolo,

---

[88] Holzner, *San Pablo*, ed. Herder, Barcelona, 12ª ed., 1980, pág. 369.

ao mesmo tempo que restauravam antigos processos que tinham ficado interrompidos. A situação era tão dolorosa que, quando os réus já não mais viviam, a sanha dos fanáticos voltava-se contra seus descendentes, que eram torturados e humilhados.

Tiago, ante a estupefação de Paulo, falou de seus esforços no sentido de minorar a situação, e de reverter cruéis decisões nos processos mais iníquos. Usara toda a influência de que ainda dispunha, e de amizades valiosas, para, no caso de Paulo, lograr a mudança do veredicto de sua prisão.

Depois de vários entendimentos com o sinédrio, teve a alegria de ver coroados de êxito seus esforços. Ao ex-doutor da lei era concedida a liberdade para agir dentro de suas convicções cristãs, embora devesse dar uma satisfação pública aos preconceitos de raça — como fala Emmanuel — atendendo aos quesitos que o sinédrio lhe apresentaria por intermédio de Tiago. Este fez ver a Paulo que as exigências eram muito duras de início, mas que tinham sido abrandadas, restringindo-se a obrigações de menor importância.

Pela mente de Paulo, desfilaram os amargos sofrimentos infligidos por ele aos pobres adeptos do Caminho, e pressentiu ser chegada a hora de um testemunho, no próprio teatro dos acontecimentos.

Com a voz embargada pela gravidade daquele momento, Paulo arguiu Tiago sobre as exigências que lhe seriam impostas, respondendo este que os emissários do sinédrio, reunidos na igreja, haviam decidido que Paulo deveria assumir as despesas de quatro judeus paupérrimos que iam fazer os votos de nazireus, devendo associar-se a eles nos votos e nas observâncias legais a serem cumpridas no templo ao longo de sete dias consecutivos.

Esta aparição pública de Paulo no templo, atendendo a compromissos litúrgicos, mostraria ao povo que ele continuava sendo um judeu fiel e leal filho da Promessa!...

O Apóstolo das gentes, contrariado, com um gesto de desagrado muito seu, replicou:

— Pensei que o sinédrio fosse exigir minha morte!...[457]

Sacrifício ao amor

Nessa observação vazava toda sua repugnância às exigências que lhe eram impostas. Tiago bem compreendeu que, para Paulo, teria sido mais fácil aceitar o suplício do que humilhar-se diante da vaidade farisaica. Era, pois, uma dura instância para Paulo, mesmo se considerada como simples ato exterior.

Passar sete dias no templo praticando atos cultuais, em companhia de pessoas que lhe eram estranhas, não representava, a seus olhos, qualquer nobreza, antes lhe parecia mais uma ironia profunda, ou um achincalhe, procurando tratar homens conscientes como crianças irresponsáveis.

Isto sem falar nos gastos que lhe seriam exigidos, e que não tinha como honrar. Para as cerimônias do nazirato das cinco pessoas — os quatro pobres e ele próprio — seriam exigidos, como oferendas, quinze ovelhas, outros tantos cestos de pães, tortas e pastéis de azeite, e ainda outros mais cântaros de vinho, aos quais se deveria aduzir as despesas de manutenção nos sete dias.

Mesmo que estas exigências satisfizessem os judeus, e permitissem sua reconciliação com a igreja, o que dizer dos cristãos egressos do paganismo? Não se interpretaria esta atitude como a negação de palavras tantas vezes ditas com firmeza? Não sofreria com esta comédia a obra de toda a sua vida?

"Paulo, que fizeste tu?" deveria dizer-lhe sua consciência. Foi um árduo e áspero embate íntimo do Apóstolo consigo mesmo. Nós, que estamos conhecendo a grandeza, a nobreza e a dignidade dessa alma, e seu apego à verdade, talvez possamos imaginar os conflitos interiores que se terão travado em sua intimidade.

Ante os apelos de Tiago, e após o entendimento de que a comunidade assumiria as altas despesas a serem feitas, e mesmo conforme a outras razões que nos sejam desconhecidas, Paulo decidiu-se, colocando o amor acima dos respeitos e sentimentos pessoais. Animava-o a paixão de fazer-se "tudo para todos, para por todos os meios chegar a salvar alguns",[89] e de aproximar a igreja-mãe da igreja dos gentios.

---
[89] I CORÍNTIOS, 9:22.

Esta humilhação a que se submeteria, parecendo um desmentido de si mesmo, nos surge quase ininteligível. Com esta atitude Paulo atrever-se-á a uma decisão extrema.

Renan também compreendeu muito bem a grandeza de tal decisão, e escreveu:

> Mas um princípio superior, que dominou toda a sua vida, fê-lo vencer as suas repugnâncias. Paulo colocava a caridade acima das opiniões e dos sentimentos particulares. Cristo libertara-nos inteiramente da lei: mas se, com o aproveitar a liberdade que Cristo nos deu, escandalizamos nosso irmão, mais vale renunciar a esta liberdade e submetermo-nos à escravidão. É em virtude desse princípio que Paulo, como ele próprio confessa, se fez judeu com os judeus e gentio com os gentios. Aceitando a proposta de Tiago e dos anciãos, praticava o seu princípio favorito: submeteu-se, pois. Nunca talvez, através de sua vida de Apóstolo, ele fez à sua obra um tamanho sacrifício. Estes heróis da vida prática têm deveres diferentes dos da vida contemplativa. O primeiro dever destes é sacrificar o seu papel ativo à sua ideia, dizer tudo o que pensam, nada mais do que pensam, e na medida exata do que pensam; o primeiro dever dos outros é sacrificar frequentemente as suas ideias, as vezes mesmo os seus princípios mais enraizados, aos interesses da causa que eles pretendem fazer triunfar.[90]

Vamos abrir um breve parênteses, chamando a atenção dos leitores para um ponto. Emmanuel, nesta passagem, coloca nos lábios de Tiago, ao longo de seu diálogo com Paulo, uma longa digressão, na qual justifica suas atitudes judaizantes, particularizando seu papel no Cristianismo nascente. A pena do grande instrutor espiritual consegue suavizar as impressões nem sempre agradáveis que a história recolhe das atitudes de Tiago, reflexo das lutas acerbas entre o judeu-Cristianismo e o heleno-Cristianismo.

No dia imediato ao do encontro dos dois Apóstolos, Paulo e os companheiros compareceram à igreja, onde foram recebidos por

---

[90] Renan, E., *São Paulo*, Liv. Chardron, Porto, 1908, pág. 384.

Tiago, pelos presbíteros, pelos anciãos judeus e demais membros da comunidade cristã. Esta havia crescido. Falava-se em milhares de adeptos! Mas que difícil tarefa dirigi-la! Talvez consigamos compreender um pouco de Tiago, pensando nas dificuldades que teve que enfrentar no coração mesmo do Judaísmo.

Os irmãos foram corteses com os visitantes, embora os dirigentes estivessem paralisados em sua ação pelos zelosos cumpridores da lei, que minavam a igreja.

O ambiente deveria contrastar, vivamente, com as igrejas de gentios. No centro, a figura ascética de Tiago, vestido de branco e ladeado por seus presbíteros e por anciãos judeus.

A reunião começou com complexo cerimonial, que bem dava a medida da influência farisaica. Os companheiros de Paulo, afeitos à independência do Evangelho, começaram à mostrar-se inquietos, porém o convertido de Damasco, com discreto gesto, manteve-os silenciosos.

Convidado a falar, o ex-rabino fez um longo relato de suas atividades e do quanto Deus realizara por seu intermédio entre os gentios, repassando sua fala de toda a prudência possível.

Cainan, interpretando os sentimentos dos judaizantes, formulou algumas censuras a Paulo, dizendo-se bons cristãos, embora zelosos cumpridores da Lei. Sugeriu a Paulo não trabalhar contra a circuncisão. O Apóstolo dos gentios manteve-se calado, para surpresa dos companheiros. Finalmente Cainan concluiu formulando a proposta a que se referira Tiago na noite anterior.

Mais surpresos ficaram os amigos de Paulo quando o viram levantar-se e declarar sujeitar-se às exigências que lhe eram feitas.

Regressando a casa de Mnáson, o Apóstolo deu amplas satisfações aos companheiros, explicando-lhes todo o ocorrido. Habituados a acatar as decisões de Paulo, pediram para acompanhá-lo ao templo, a fim de participarem de seu ato de renúncia e humildade. Paulo mostrou a conveniência de ir só, mas acabou por aceitar a presença de Trófimo, que viera a Jerusalém e em breve deveria retornar a Antioquia.

O comparecimento do ex-rabino ao templo, acompanhando quatro míseros irmãos de raça que fizeram votos, alvoroçou o povo. Para alguns comentaristas, tal comparecimento deu-se no dia de Pentecostes.

Quando Paulo entrou na esplanada do templo, no átrio exterior, ali reinava indescritível gritaria e aglomeração de gente, de cambistas, comerciantes, peregrinos e curiosos de todos os países; a esta balbúrdia somavam-se os mugidos e os balidos dos animais destinados ao sacrifício.

Entre a multidão muitos judeus da Diáspora, sobretudo da Ásia, particularmente de Éfeso, que conheciam Paulo e Trófimo, e votavam ao Apóstolo grande ódio.

Que queriam fazer ali o renegado e o incircunciso? Seria bom vigiá-los, a fim de ver se Trófimo seria introduzido no átrio dos judeus, mas Paulo não cometeria erro tão grosseiro!

Já no segundo e terceiro dias, quando a notícia correra célere por uma Jerusalém repleta de peregrinos, todo povo acorria ao templo, a fim de ver o antigo e famoso rabino que enlouquecera às portas de Damasco.

Desde o segundo dia os doutores não se mostraram satisfeitos com as exigências feitas. Já maquinavam ir além e impor ao apóstata da lei uma penalidade maior.

No terceiro dia levantou-se uma celeuma, quando os doutores alegaram que Paulo tivera o atrevimento de se fazer acompanhar, nos lugares sagrados, por um indivíduo de origem grega, estranho ao Judaísmo. Tratava-se de Trófimo, servidor da igreja de Éfeso, que, embora filho de pais gregos, era conhecedor das observâncias judaicas, portando-se no templo com absoluta correção. De nada adiantou argumentar com as autoridades. Paulo preferiu pedir ao amigo para não mais acompanhá-lo.

O ódio farisaico, todavia, continuava a fermentar, alimentado pela presença dos judeus da Ásia.

Na véspera do último dia da purificação judaica, Paulo compareceu às oferendas e aos ritos com a mesma humildade. Logo, porém, que se pôs em posição para orar com os companheiros,

Sacrifício ao amor

teve início um motim, com os judeus da Ásia a gritar: "Varões israelitas, acudi; este é o homem que por todas as partes ensina a todos, contra o povo, e contra a Lei, e contra este lugar; e, demais disto, introduziu também no templo os gregos, e profanou este santo lugar."[91]

Em pouco tempo o alvoroço alastrou-se, e uma multidão enfurecida e aos gritos de "Morte!" e "Pedras à traição!", investia contra Paulo.

É difícil um ocidental, sobretudo do nosso tempo, conceber e descrever, com palavras, a fúria de uma multidão de orientais fanaticamente excitados. Todos os rostos refletiam o horror ante o crime de profanação. As pessoas se empurravam, enquanto Paulo entregava-se, inerme, à agitação dos amotinados, sendo jogado de lá para cá, e golpeado. Os levitas tocaram as trombetas, com medo de que o tumulto acabasse por contaminar o santuário. Os guardas do templo acorreram, empurrando a multidão para o pátio dos gentios. Paulo viu-se jogado pela escadaria que dava acesso ao pátio dos judeus, através da porta Formosa. A monumental porta de bronze, que só a força de vinte homens conseguia mover, fechou-se com um estrondo, e não pôde ele deixar de pensar que fora expulso de seu povo.

O Apóstolo dos gentios jazia no solo, aquele mesmo solo a que havia arrastado, há mais de vinte anos, o jovem Estêvão para ser lapidado. Paulo chegou a ser preso no tronco dos suplícios e a receber as primeiras pedras. Sentiu que ali lhe competia dar a afirmação de sua fé e de sua adesão à causa de Jesus.

As reflexões acerca do sacrifício de Estêvão vinham-lhe, inapelavelmente, à lembrança, e o Apóstolo chegou a sentir uma alegria interior por estar tendo a oportunidade de sofrer no local em que Estêvão experimentara seu martírio.

---

[91] Atos, 21:28.

A monumental porta de bronze, que só a força de 20 homens conseguia mover, fechou-se com um estrondo, e não pôde ele deixar de pensar que foi expulso de seu povo.

Terceira viagem
Viagem do Cativeiro

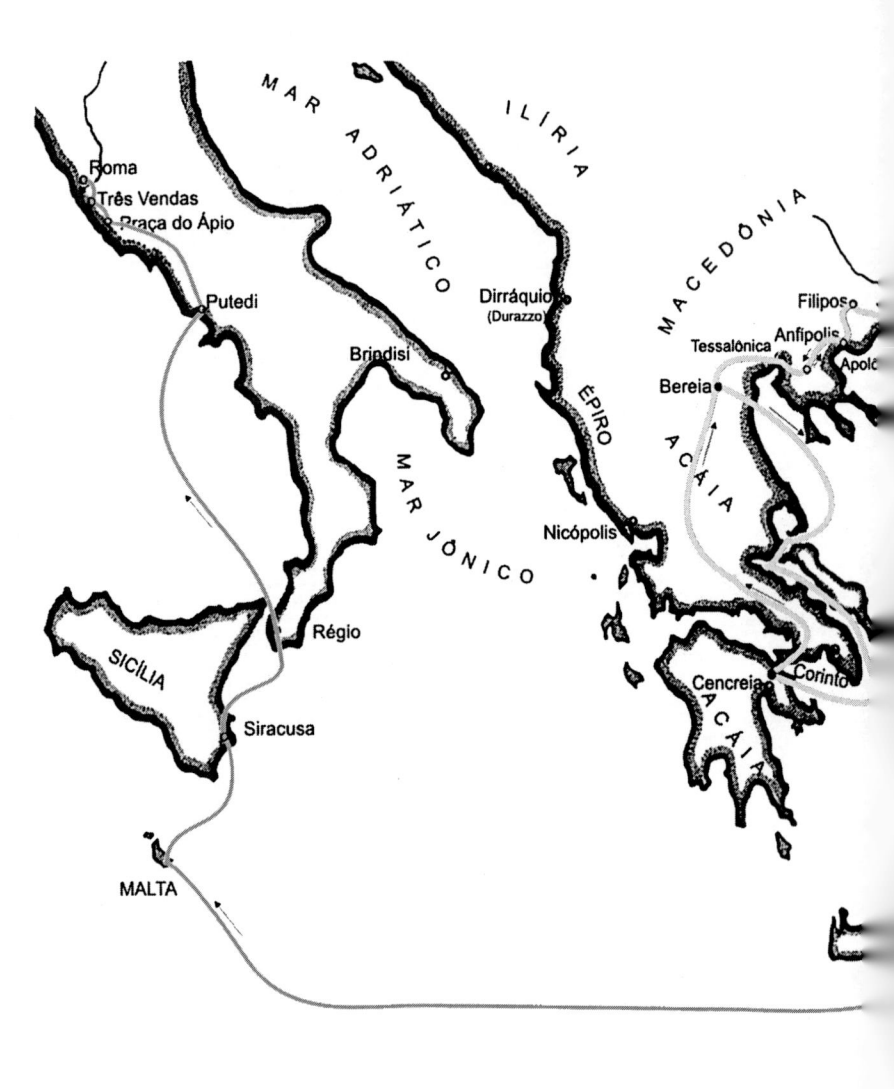

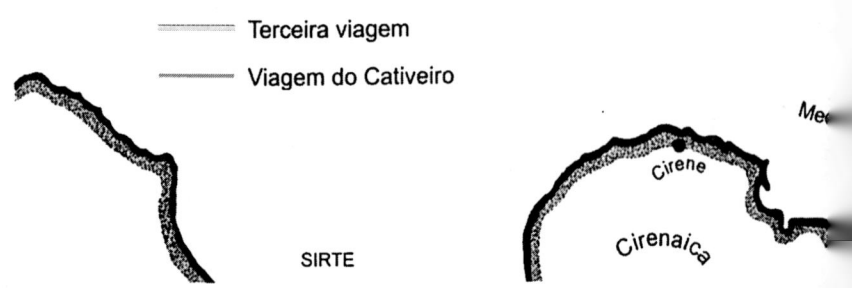

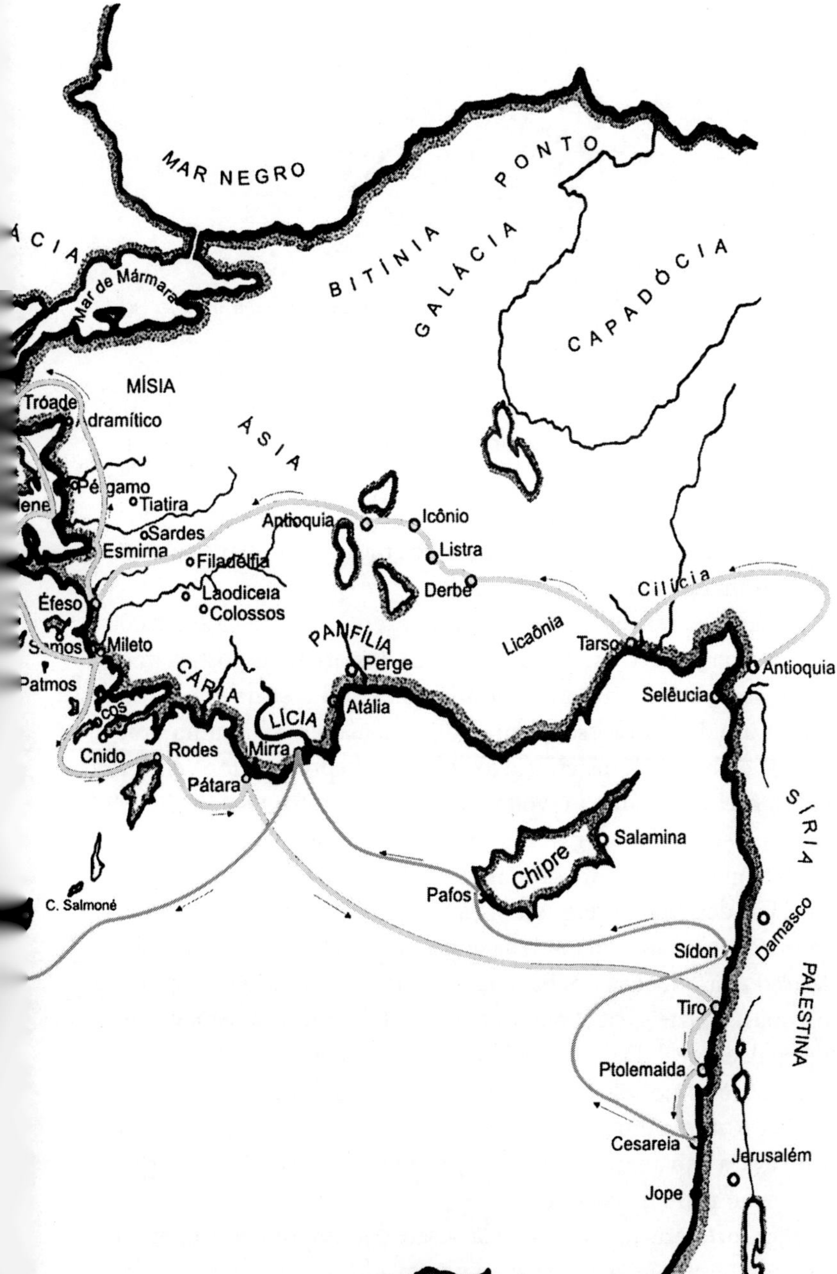

MAR NEGRO
PONTO
BITÍNIA
GALÁCIA
CAPADÓCIA
Mar de Mármara
MÍSIA
ÁSIA
Tróade
Adramítico
Pérgamo
Tiatira
Sardes
Esmirna
Filadélfia
Éfeso
Laodiceia
Colossos
Samos
Mileto
Patmos
CÁRIA
Cós
Cnido
Rodes
LÍCIA
Mirra
Pátara
PANFÍLIA
Perge
Atália
Antioquia
Icônio
Listra
Derbe
Licaônia
Cilícia
Tarso
Antioquia
Selêucia
SÍRIA
Chipre
Salamina
Pafos
C. Salmoné
Damasco
Sídon
Tiro
PALESTINA
Ptolemaida
Cesareia
Jerusalém
Jope
Alexandria

CAPÍTULO 23

Perante o Sinédrio

"Posso todas as coisas naquele que me fortalece."
(*Filipenses*, 4:13.)

As grandes festas judaicas, como Páscoa, Pentecostes ou Tabernáculos, eram, sempre, motivo de preocupação para a guarnição romana de Jerusalém. Normalmente vinham reforços de Cesareia, pois era muito grande o número de peregrinos. A cidade transbordava de gente, e os partidos radicais punham a autoridade romana em permanente alerta.

Falava-se, exageradamente, que nos tempos de Nero 2.600.000 pessoas haviam comparecido à Páscoa. Os orientais gostavam de aumentar os números. Mas mesmo que se tratasse de um quinto, ou até um décimo dessa quantidade, ainda assim seria um número respeitável de forasteiros. No governo do procurador Ventídio Cumano (48-52), uma revolta na Páscoa custou a vida de 20.000 pessoas, segundo nos revela o historiador judeu Flávio Josefo.

No ângulo noroeste do templo, sobre uma eminência rochosa, Herodes Magno erguera uma fortaleza, que batizara com o nome de Antônia, em homenagem ao general e triúnviro romano Marco Antônio. Era um baluarte com fortes torres, pátios, praças d'armas, quartéis, calabouços, e um castelo que se assemelhava a um palácio real. Daqui o poderoso e seguro braço de Roma exercia seu domínio sobre o agitado povo hierosolimitano.

Da Antônia um corredor conduzia ao telheiro do pórtico que rodeava a esplanada do templo, e uma escadaria descia diretamente ao pátio dos gentios.

Da fortaleza tinha-se ampla visão das imponentes construções do templo, que oferecia ao observador a perspectiva de três terraços sucessivos, em planos diferentes. O terraço exterior era o maior e o mais baixo, constituindo o pátio dos gentios, ao qual qualquer pessoa podia ter acesso. Dali Jesus expulsou os cambistas e os animais.[92] Uma belíssima escadaria de mármore conduzia à porta Formosa, onde Pedro curou o paralítico,[93] pela qual se chegava ao pátio interior, o pátio dos judeus, que incluía o pátio dos homens e o pátio das mulheres. Era menor e em plano mais alto que o anterior.

Num terceiro patamar situava-se o templo propriamente dito, o santuário, que compreendia o santo e o santo dos santos. A este local só tinham acesso os sacerdotes e as turmas de serviço. Diante destas construções e confrontando com o pátio dos homens, o altar dos holocaustos, com complicado sistema de canais para dar vazão ao sangue dos animais sacrificados.

Inscrições em latim, grego e aramaico alertavam para o fato de que o incircunciso que fosse surpreendido no pátio dos judeus ou no santuário incorreria na pena de morte. Os romanos para não criarem maiores problemas com os judeus, ratificaram esta lei, dando validade jurídica à morte dos gentios que se aventurassem a entrar nos átrios interiores.

Quando começou o tumulto a que nos referimos no capítulo anterior, prontamente a guarnição romana entrou em ação, quer por iniciativa própria, quer — como o afirma Emmanuel — por interveniência de Trófimo e Lucas. A guarnição era comandada pelo tribuno Cláudio Lísias, que, de imediato, fez soar a trombeta ou a "*bucina*", reunindo os centuriões e tropas para a imediata restauração da ordem, o que foi logrado como que por encanto. À vista das couraças, das clâmides vermelhas e dos gládios, os mais exaltados serenaram.

Paulo estava livre, porém não por muito tempo, ou melhor, livre dos judeus, mas não da autoridade romana, que resolveu prendê-lo e encarcerá-lo. Depois se veria de que se tratava. O

---

[92] MATEUS, 21:12 e 13; MARCOS, 11:15 a 17; JOÃO, 2:14 a 16.
[93] ATOS, 3:10.

tribuno buscou alguma explicação, mas não encontrou quem a desse. Quem era aquele homem? Seria ele o agitador que naqueles dias as autoridades romanas tanto desejavam prender? Ressurgiram os gritos e os apelos à morte do prisioneiro. Lísias decidiu conduzi-lo à fortaleza, tarefa não muito fácil porque a turba se comprimia e empurrava, com os punhos ameaçadores. Por entre as imprecações de cólera, os soldados passaram o prisioneiro de mão em mão, até colocá-lo a salvo na escadaria.

Quando estava para ser levado ao interior da fortaleza, compreendendo que não viera a Jerusalém apenas para acompanhar quatro nazireus miseráveis ao templo, antes para dar mais eloquente testemunho de Cristo, Paulo dirige-se a Lísias, respeitoso:
— É-me permitido dizer-te alguma coisa?
O comandante, surpreso, arguiu o prisioneiro:
— Sabes o grego? Não és tu, porventura, o egípcio que antes destes dias fez uma sedição e levou ao deserto quatro mil salteadores?

Ao que Paulo deu sua famosa resposta:
— Na verdade sou um homem judeu, cidadão de Tarso, cidade não pouco célebre na Cilícia; rogo-te, porém que me permitas falar ao povo.[94]

Obtida a permissão, o Apóstolo, ferido no rosto e nos braços, com contusões generalizadas, dirigiu-se ao povo com o gesto convencional de que deseja falar. Fez-se um grande silêncio, e Paulo falou a seus compatriotas, em aramaico, magnetizando a multidão e provocando em Cláudio Lísias sensações indefiníveis.

O discurso de Paulo consta do capítulo 22 dos *Atos*. Lembrou suas primeiras lutas e das perseguições ao Caminho; historiou a viagem a Damasco e a visão que então teve; falou de suas reminiscências de Ananias e de sua primeira estada em Jerusalém após sua conversão, e do êxtase que então lhe sobreveio, com nova visão e orientações de Jesus.

---

[94] Atos, 21:37 a 40.

Quando dizia que Jesus lhe afirmara que seria enviado aos gentios, a multidão retomou as acusações com inusitada fúria. Como era de hábito entre aquele povo fanático, rompiam as vestes e jogavam terra para o alto, cobrindo-se de pó e vociferando insultos. A situação tornara-se tensa e perigosa. Lísias determinou ao tribuno Zelfos fosse o Apóstolo conduzido ao interior da prisão.

Aqui há duas interessantes observações a fazer. Os *Atos*, assim como Emmanuel, dizem que o discurso foi em hebraico. Estamos com van Tichelen e outros especialistas, que afirmam ter sido o discurso pronunciado em aramaico, o dialeto siríaco falado na Palestina no tempo de Jesus. O hebraico estava reduzido a idioma litúrgico. Se Paulo tivesse falado em hebraico, não teria sido entendido pela maior parte do povo que o escutava e, certamente, não o teria sido por Lísias, que, quando muito, compreendia e falava o aramaico, a língua corrente e coloquial.

Aliás, no original grego de *Atos*, 21:40 e 22:2, fala-se em *dialeto hebraico* (τη Εβραιδι διαλεκτω), não em língua hebraica. O aramaico, ou arameu, era, realmente, uma mistura dialetal de hebraico com siríaco.

A outra observação, da qual nos dá conta Emmanuel ao longo da narração desse episódio, é a de que Cláudio Lísias foi muito tocado pela personalidade e pela palavra de Paulo. Mais ainda: o tribuno romano teria tido contatos com o Caminho, do qual recebera alguma espécie de auxílio. Conhecia, outrossim, o apóstolo Tiago.

Pelo pátio onde a soldadesca romana havia coberto o corpo flagelado de Jesus com uma capa escarlate, coroando-o com espinhos, e lhe imposto um cetro de bambu, Paulo foi recolhido à cela úmida. E, certamente, com sevícias e maus-tratos, esperava-se obter a verdade do prisioneiro.

Soldados impiedosos amarraram-no à coluna, e se aprestavam para flagelá-lo. Paulo foi despojado de suas roupas, estendido sobre um cavalete e atado com correias nos pés e nas mãos. Quando o centurião aproximou-se para inspecionar, Paulo perguntou-lhe, tranquilo:

Perante o Sinédrio

— É-vos lícito açoitar um romano sem ser condenado?[95] O centurião que presidia a flagelação suspendeu a execução do ato e procurou, incontinenti, o tribuno Zelfos. Ciente do ocorrido, o tribuno dirigiu-se a Paulo arguindo de sua cidadania, ao que Paulo, orgulhosamente, respondeu afirmativamente, certamente pronunciando a fórmula *Civis romanus sum*.

Paulo foi imediatamente retirado do tronco, tratado com maior respeito, e ser-lhe-ia permitido repouso e alimento, além de lhe ser entregue uma bilha d'água.

A declaração havia operado milagres. Fazer valer falsamente este título de cidadania era motivo de punição com a pena capital, e ninguém se atrevia a tanto. Por outro lado, o direito romano privilegiava seus cidadãos, aos quais era facultado serem submetidos aos trâmites da lei, com atendimento de todas as posturas jurídicas do processo. Nem aos cidadãos poderia ser imposta pena infamante, como a crucificação, por exemplo.

As autoridades romanas eram severamente punidas se submetessem cidadãos a vexames ao arbítrio da lei. Não se poderia começar um inquérito com atos de violência.

Outra belíssima conquista do direito romano, de que Paulo se servirá, era o apelo a César, que interrompia, no ponto em que se encontrasse, qualquer julgamento ou processo, transferindo-o para a esfera do Imperador.

"*Civis romanus sum*" e "*Caesarem appello*" eram, portanto, dois poderosos recursos à disposição dos cidadãos romanos.

O assunto foi levado ao comandante. Lísias, pessoalmente, confirmou com o Apóstolo sua cidadania, dizendo-lhe: "Eu com grande soma de dinheiro alcancei este direito de cidadão", ao que Paulo retrucou: "Mas eu sou-o de nascimento."[96]

Mais tarde, ao comentar com Zelfos os sucessos do dia e suas preocupações, Cláudio Lísias concordou com seu subordinado no sentido de levar o caso ao sinédrio, pois se tratava de assunto ligado à religião judaica.

---

[95] Atos, 22:25.
[96] Atos, 22:28.

Assim foi feito e, na manhã seguinte, Lísias participava ao senado judaico sua disposição de levar o prisioneiro perante os juízes daquela assembleia, nas primeiras horas da tarde. Os sinedritas se rejubilaram. Teriam, face a face, para julgamento perante o mais alto tribunal da raça, o odiado trânsfuga. A notícia correu célere, e em pouco tempo toda Jerusalém já sabia das disposições da autoridade romana.

Entrementes, segundo nos revela Emmanuel, Paulo recebeu na prisão, com lágrimas de emoção, a visita da irmã Dalila, já velha e alquebrada, e de seu jovem sobrinho Estefânio. Por largo tempo desfilaram reminiscências, sem abordar assuntos religiosos, de vez que a venerável senhora não esposava os princípios do irmão. Esta visita representou um extraordinário conforto espiritual para o valoroso conquistador do Cristo. Paulo ficou particularmente impressionado com a sagacidade e a inteligência do sobrinho, no qual entreviu abençoado futuro espiritual.

Pouco depois do meio-dia Paulo foi levado à presença dos juízes.

Holzner nos fala de uma "psicologia do perigo" para dizer que Paulo estava na categoria dos verdadeiros heróis, que veem o perigo, mas não se expõem a ele temerariamente. Mas, se o mesmo se apresenta de maneira a não poder ser evitado, os heróis o desafiam com bom ânimo, não permitindo que suas fantasias o pintem maior do que realmente é. Quando a voz interior de Paulo lhe dizia ser inevitável o perigo, ele o acometia com bravura; sua presença de espírito não o abandonava um só momento, e sempre tinha sangue frio suficiente para pensar que medidas tomar em cada caso.

Em continuação, Holzner escreve:

> A mesma presença de ânimo, Paulo demonstrou no dia seguinte, quando o comandante da fortaleza, para clarificar a questão sobre que versava a contenda, fez comparecer seu preso à presença do sinédrio, que era formado pelos chefes dos sacerdotes e pelos 71 membros do conselho. Cláudio Lísias compareceu pessoalmente, com escolta militar, ante o mesmo tribunal que

Perante o Sinédrio

em outro tempo, havia condenado Jesus. A sessão, todavia, não se realizou no pórtico do Conselho, chamado *Gazith*, que ficava no átrio dos sacerdotes, e sim no pórtico do átrio exterior, onde Estêvão, em seu tempo, havia sido interrogado. Os conselheiros estavam sentados e reunidos em grupos. Entre eles, certamente, havia algum rosto conhecido, sem dúvida o do sumo sacerdote Caifás. Ao velho corrupto a consciência de suas culpas havia deixado marcas profundas em suas feições endurecidas. Parece que o sumo sacerdote de então, Ananias (47-59), nomeado por Herodes de Cálcis, não presidia a sessão diretamente. Jamais, como então, estivera tão decadente a dignidade do sumo sacerdote. Ananias, da família de Anás, batizada por próprias fontes judaicas como 'raça de víboras', é descrito pelos contemporâneos como um homem dado aos prazeres, cobiçoso e glutão, de proverbial sensualidade, para quem nenhum meio, nem mesmo o punhal dos sicários, era demasiado mau para entregar-se às suas paixões. Paulo, que há muito estava afastado de Jerusalém, não conhecia o sumo sacerdote pessoalmente. Simultaneamente, ali encontrou-se com a aristocracia dos saduceus. Era gente de muito escassa cultura religiosa. Toda sua política era imediatista, um astuto e sinuoso caminhar entre as oposições religiosas e as políticas de seu tempo. O grande objetivo dos saduceus era impedir o entusiasmo religioso ou nacional, a fim de que não viesse a perigar sua dominação.[97]

Logo no início do seu discurso de defesa, ocorreu um incidente desagradável. Quando a oratória do Apóstolo começou a impressionar o auditório, o sumo sacerdote, cuja identidade era impossível estabelecer por quem não o conhecesse, pois estava anônimo entre os outros sacerdotes, determinou que o réu fosse ferido na boca, injúria inominável que tinha o simbolismo de significar que a vítima não mais pertencia ao povo judaico.

Paulo, revoltado, respondeu: *"Deus te ferirá, parede branqueada; tu estás aqui assentado para julgar-me conforme a lei, e contra a lei me mandas ferir?"*

---

[97] Holzner, J., *San Pablo*, Ed. Herder, Barcelona, 12ª ed., 1980, págs. 388 e 389.

A indignação tomou conta dos fariseus: "Injurias o sumo sacerdote de Deus?", ao que Paulo replicou que não o sabia, pois, do contrário, ter-se-ia contido, pois bem conhecia que, pela lei, era proibido injuriar o chefe do povo.[98] Paulo, realmente, não o conhecia, mas pode, muito bem, ter-se utilizado de fina ironia, como se dissesse que não lhe passaria pela cabeça que um sumo sacerdote fosse capaz de tal abuso.

Tudo começara mal. Paulo mais se convencia de que qualquer defesa era inútil. Preferiu usar um astucioso ardil, jogando os fariseus contra os saduceus.

Daniel-Rops assim descreve, sucintamente, os passos seguintes:

> O sinédrio dividia-se em dois partidos, os saduceus e os fariseus; os primeiros, de um modo geral, representavam o elemento rico da cidade, os abastados, e, espiritualmente, a tendência fácil; os segundos eram aquilo que se sabe, ásperos, rígidos, mais exigentes. Paulo não desconhecia que, entre eles, a trama da discórdia era a opinião sobre o além; os fariseus criam na ressurreição dos mortos e no julgamento dos bons e maus; os saduceus não acreditavam em tal. "Sou fariseu, filho de fariseu — começou ele —, e é por ter esperança na ressurreição dos mortos que fui trazido aqui"... O bote era bem jogado. Alguns saduceus começaram a protestar; logo certos escribas fariseus tomaram a defesa do arguido. Depressa a reunião se transformou numa contenda confusa, excessivamente ruidosa, na qual se entrechocavam os argumentos teológicos, em volta de um acusado, com quem ninguém se importava já. Desesperançado de perceber fosse o que fosse, e receando que algum golpe à traição atingisse o prisioneiro, o tribuno fê-lo reconduzir à torre Antônia.[99]

A intervenção de Cláudio Lísias surpreendeu os sinedritas, que não estavam acostumados a ver os romanos se imiscuírem nos assuntos religiosos da raça. Mas submeteram-se a contragosto, pois o tumulto lhes convinha, já que dele poderia surgir, a qualquer momento, a eliminação do tarsense.

---

[98] Atos, 23:3 a 5.
[99] Daniel-Rops, *São Paulo*, Liv. Tavares Martins, Porto, 1960, págs. 242 e 243.

Perante o Sinédrio

O tribuno solicitou a Ananias o encerramento dos trabalhos, determinando sua reabertura dentro de três dias, quando pudessem rever o processo com mais critério e mais serenidade. Reconduzido à fortaleza, sob os protestos isolados de alguns judeus mais exaltados, que afirmavam a parcialidade de Lísias e suas simpatias pelo novo credo, Paulo pode refazer suas energias.

Na noite subsequente, depois de passar o dia imediato confortado por novas atenções do comandante, e pela visita de Lucas e Timóteo, conta-nos Emmanuel que Paulo teve nova visão do Senhor. A pequena cela iluminou-se de intensa luz, e a suave voz do Mestre se fez ouvir:

— Regozija-te pelas dores que resgatam e iluminam a consciência! Ainda que os sofrimentos se multipliquem, renova os júbilos divinos da esperança!... Guarda o teu bom ânimo, porque, assim como testificaste de mim, em Jerusalém, importa que o faças também em Roma!...[475]

Pela manhã acordou reconfortado, com novas forças e novas disposições. Já nas primeiras horas do dia foi procurado pelo sobrinho Estefânio, que veio lhe trazer notícias de ominosos projetos que estavam sendo urdidos na sombra.

Projetava-se matar Paulo em plena luz do dia, na próxima reunião do sinédrio. Para lá de quarenta dos mais facciosos judeus haviam se comprometido, sob juramento, a levar o intento a bom termo.

Paulo tudo ouviu, e solicitou ao centurião conduzir o jovem à presença de Lísias.

O tribuno acolheu a denúncia, passando a prever as providências a tomar a fim de abortar a conjura. Lísias estava preocupado. Conhecia a capacidade do sinédrio de intrigar e sua habilidade de liderar manifestações populares, sempre perigosas. Estava em conjecturas, inclusive sobre a veracidade da informação, partida de um adolescente, e ainda mais sobrinho do prisioneiro, quando nova visita lhe foi anunciada. Um velhinho de semblante calmo surgiu-lhe à frente. Lísias alegrou-se quando viu o visitante: conhecia-o bem e devia-lhe favores. Tratava-se de Tiago.

O filho de Alfeu, que viera interceder a favor do intimorato Apóstolo dos gentios, confirmou a denúncia já feita pelo jovem Estefânio, e após atenciosas trocas de impressões, Tiago sugeriu que a solução do problema talvez fosse transferir o prisioneiro para Cesareia, sede do governo provincial, para que lá, longe do ambiente hostil e agitado de Jerusalém, pudesse ter julgamento mais justo. A providência, além disto, teria o mérito de resguardar a pessoa do tribuno, livrando-o das suspeitas solertes dos judeus.

Lísias acolheu a feliz sugestão, determinando, desde logo, fosse organizada forte escolta, que deveria estar pronta para cumprir suas finalidades à terceira hora da noite, ou seja, às nove horas. A escolta era surpreendentemente reforçada, e mostrava que o tribuno estava disposto a preservar a vida de Paulo a qualquer preço. Nada menos que 130 soldados de infantaria, muito provavelmente arqueiros árabes e siríacos, e 70 soldados de cavalaria, além de mais de 200 homens de polícia que serviam para o que chamavam *custódia militaris*, isto é, para guardar prisioneiros. Os autores, centrados em interpretação que dão a *Atos*, 23:23, falam de 400 homens a pé e os 70 cavalarianos. Dois centuriões comandavam a escolta e a Paulo, por ordem expressa de Lísias, foi dado a montar um dos melhores cavalos.

Todas as precauções de segurança foram tomadas, inclusive a partida e a primeira etapa da viagem realizadas na calada da noite. Depois de passar, à luz do luar, pelas perigosas gargantas da região rochosa da Judeia, encontraram-se, pela manhã, na planície de Saron, chegando a Antípatris depois de doze horas de marcha.

Neste mesmo dia deu-se a saber, em Jerusalém, a decisão do tribuno, e os judeus tomaram conhecimento de que Paulo, fortemente escoltado, já se encontrava longe. Perplexos, desapontados e raivosos, viram que não havia tempo para reação.

CAPÍTULO 24

Caesarem Appello

"Porque Deus não nos deu o espírito de temor, mas de fortaleza, e de amor e de moderação."
(*II Timóteo*, 1:7.)

Como na planície já eram remotas as possibilidades de ataques repentinos e emboscadas, a tropa de infantaria retornou de Antípatris, ficando os cavalarianos com a tarefa de levar o prisioneiro a Cesareia, onde a escolta chegou ao cair da tarde.

A cidade marítima de Cesareia era, para os romanos, a base de aprovisionamento e o ponto estratégico do país. Como em Jerusalém, também aqui o palácio real edificado por Herodes, fundador da cidade, servia de domicílio para os procuradores. Lucas o chama, nos *Atos*,[100] de "pretório de Herodes", e para lá eram levados os prisioneiros importantes, que ficavam sob a guarda direta de seu comandante.

O centurião entregou ao procurador Antônio Félix o prisioneiro e o informe de Lísias, o *elogium*. Félix leu o relatório do tribuno, que primava, bem ao estilo romano, pela concisão e objetividade.

O conteúdo principal do informe era favorável a Paulo: tratava-se, apenas, de um assunto religioso interno dos judeus.

O procurador, de imediato, buscou informar-se da nacionalidade do prisioneiro. Quando soube ser natural da Cilícia, tranquilizou-se por verificar que seu tribunal era juridicamente competente para julgar, já que a Cilícia era província imperial, não senatorial.

---

[100] 23:35.

É conveniente que falemos um pouco de Félix, que governou a Judeia de 52 a 60, e foi o mais odiado dos procuradores romanos.

Félix era irmão de Palas; ambos eram gregos de nascimento, e libertos de Antônia, mãe do imperador Cláudio. Palas exerceu grande influência sobre Cláudio, que o cumulou de favores, concedendo-lhe importantes cargos no governo, que foram mantidos por seu sucessor, Nero, que, com sua mãe Agripina, deviam grandes mercês ao liberto.

Graças à influência do irmão, Félix fez brilhante carreira, embora dele tivesse apenas a imoralidade, mas não os dotes administrativos. Tácito, o grande historiador latino, disse ser ele cruel e sensual, exercendo o governo com "poderes de um rei e a alma de um escravo".

Félix utilizava-se dos mais abjetos recursos para alcançar seus fins. Ao mesmo tempo que combatia os sicários, deles se servia para eliminar seus desafetos. Foi assim com o sumo sacerdote Jonatan, que foi apunhalado por haver reprovado a cupidez e a corrupção de Félix. O prestígio do irmão lhe assegurava a impunidade, ficando a província sob a sanha de um funcionário desleal e cruel.

Suetônio, outro grande historiador, o chamava de "homem das três princesas", duas das quais nos são conhecidas. Seu primeiro casamento foi com a neta de Marco Antônio e Cleópatra. No momento que estamos narrando, compartilhava seu leito nupcial uma princesa judia, de nome Drusila, filha de 17 anos de Herodes Agripa I. Félix, por meios condenáveis, e com a ajuda do mago judeu Simão de Chipre, conseguiu a separação de Drusila de seu esposo Aziz, rei de Emesa, na Síria.

Todavia, é de justiça dizer-se que Félix jamais foi cruel com Paulo. Respeitou-o, provavelmente por secretos temores de seus poderes. Tentou, isto sim, corromper o Apóstolo, e como o não conseguisse, desinteressou-se de seu caso, razão pela qual a prisão de Paulo em Cesareia estendeu-se por dois longos anos, o que deve ter constituído, para um homem de ação como ele, verdadeiro martírio.

Caesarem Appello

Félix determinou o comparecimento de representação do sinédrio para a devida acusação. Em cinco dias lá se encontravam os principais sinedritas, chefiados pelo próprio sumo sacerdote Ananias. Este primeiro julgamento, que Lucas tão bem descreve no cap. 24 dos *Atos*, ocorreu no palácio de Herodes que, embora relativamente recente, já poderia contar muitas histórias. Ali o velho tirano, nas noites de insônia e pesadelo, vagava desorientado, chamando pela bela Mariana, sua primeira esposa e única pessoa a quem realmente amou, e a quem assassinaria em momento de furioso ciúme; ali seus filhos cumpriram seus destinos, muitas vezes trágicos, e, ao redor de seus muros, se aglomeraram os judeus, em desespero e em prantos, pressionando o procurador para não profanar o templo com a estátua de Calígula, como este determinara.

Para bem fundamentar a acusação, os judeus haviam contratado os serviços de um advogado romano de nome Tértulo. Era comum advogados em início de carreira defenderem, nas províncias, os nativos do lugar, a fim de adquirirem experiência e fama.

Inexperiente, Tértulo não conduziu muito bem a acusação, que já não era fácil de fazer por sua inconsistência. Começou-a com a *captatio benevolentiae*, louvando com impudência o governo de Félix, o que deve ter provocado o secreto riso dos sinedritas, que bem sabiam o quanto ele era malquisto.

A acusação centrava-se em três pontos: primeiro, que Paulo era um agitador público, que amotinava os judeus internacionais, por isto sendo réu de alta traição; segundo, que era representante de uma seita que não tinha foro legal, portanto era réu do delito de *religio illicita*; terceiro, que havia tentado profanar o templo, assim infringindo a lei romana. Diga-se que cada um destes delitos, por si só, perante a legislação romana, era passível de pena capital.

A seguir coube a Paulo fazer sua defesa. Félix ficou altamente impressionado com seus dotes intelectuais, o seu poder dialético e sua argumentação escorreita, sentindo pender a causa em favor do réu, ficando entre a cólera dos israelitas, exigindo o atendimento dos direitos da raça, e a calma imperturbável do Apóstolo, senhor da situação.

Félix conhecia mais os problemas religiosos judaicos do que a maioria dos funcionários romanos. Poderia ter libertado Paulo. Não o fez, todavia, quer por temer uma vingança dos judeus, quer por cobiça, pensando em poder arrancar dinheiro do prisioneiro. Segundo o direito provincial romano, dependia de seu parecer uma nova prisão preventiva ou não. Optou pela primeira hipótese, pronunciando a fórmula *amplius*, com que transferia a solução da causa para mais tarde, alegando necessitar instruir-se com novas informações do tribuno Lísias.

A partir daí o procurador passou a considerar Paulo com maior deferência, concedendo-lhe algumas regalias, como a de receber a visita dos amigos. Ordenou ao centurião tratasse o prisioneiro com brandura, isto é, que o deixasse sem algemas, no estado de *custodia libera*.

Félix ia visitar o prisioneiro com frequência. Visualizara no prestígio de Paulo, junto à nova seita, a oportunidade de tirar algumas vantagens e atender a seus interesses pessoais. Certo dia, Félix passou a abordar, com muita habilidade, a possibilidade de libertação do Apóstolo mediante pagamento às pessoas envolvi--das no processo.

Paulo, após exigir clareza na proposta, retrucou de maneira franca e áspera, negando-se a abastardar-se no atendimento da sórdida proposta. O procurador recebeu a severa resposta, que o humilhava duramente, da maneira mais tranquila, como sói acontecer com os agentes da corrupção. Simplesmente passou a desinteressar-se da causa do prisioneiro.

Dias depois, todavia, Drusila insistiu em conhecer o apóstolo. Judia que era, desejava sondar as convicções de Paulo e solicitar--lhe comentários acerca da doutrina que abraçara com tão grande vigor.

Revela-nos Emmanuel que, perante Félix e Drusila, e de outros importantes membros da administração provincial, o desassombrado Apóstolo fez a apologia do Evangelho. A maioria do auditório o ouvia com grande interesse. Mas, quando Paulo começou a falar da ressurreição e das responsabilidades

Caesarem Appello

pessoais face ao mundo espiritual, o governador, extremamente perturbado, interrompeu a pregação:

— Por hoje basta! Meus familiares poderão ouvir-vos de outra feita, se lhes aprouver, pois quanto a mim não creio na existência de Deus.

Paulo de Tarso recebeu a observação com serenidade e respondeu com benevolência:

— Agradeço a delicadeza de vossa declaração e, todavia, senhor governador, ouso encarecer-vos a necessidade de ponderar o assunto, porque, quando um homem afirma não aceitar a paternidade do Todo-Poderoso, é que, em regra, se arreceia do julgamento de Deus.[481]

A partir daí Félix abandonou o Apóstolo à própria sorte, do que resultaram os dois anos de espera infrutífera por uma solução.

Durante este período Paulo não ficou inativo. Pelo contrário, foi de fecunda atividade. Mantinha com as igrejas permanente contato, por meio de intenso intercâmbio epistolar.

Nestes dois anos Lucas, estimulado por Paulo, escreveu o terceiro evangelho e deu início aos *Atos dos Apóstolos*.

De quando em quando os sinedritas tentavam pôr a mão em Paulo, com renovados pedidos ao procurador para enviá-lo a julgamento em Jerusalém. Sempre que Paulo lhe era lembrado, Félix vacilava em sua consciência. Além do mais, Cláudio Lísias lhe falara do ex-rabino com indisfarçável respeito e admiração. E Emmanuel nos diz que, "mais por medo dos poderes sobrenaturais atribuídos ao Apóstolo, que por dedicação aos seus deveres de administrador, resistiu a todas as investidas dos judeus, mantendo-se firme no propósito de custodiar o acusado, até que surgisse o ensejo de um julgamento mais ponderado".[482]

Paulo ia completar seu segundo ano em Cesareia, e esta situação provavelmente não mudaria, se novos fatos não viessem alterar o quadro vigente.

Num dos muitos conflitos entre judeus e gentios, Félix promoveu verdadeiro *progrom*, do que se queixaram em Roma os israelitas influentes na época. Palas já havia caído em desgraça. Félix foi chamado por Nero, e dele perdemos a pista na história. Drusila e o filho que tivera de sua união com Félix, de nome Agripa, morreriam tragicamente na erupção do Vesúvio, no ano de 79. No início do outono do ano de 60 — uma das mais seguras datas da cronologia paulina — chegou à Cesareia o novo procurador, Pórcio Festo. Descendia ele de antiga família de senadores de Túsculo, nos arredores de Roma. Pertencia, pois, à tradicional nobreza romana e era um funcionário da escola antiga, que cumpria seus deveres com firmeza, retidão e fidelidade.

Tão pronto chegou Festo a Cesareia, onde foi recebido com demonstrações de júbilo, decidiu ir a Jerusalém, após três dias de descanso, a fim de entrar em contato com as autoridades judaicas, dar audiência e julgar pleitos atrasados.

Mal chegado à cidade santa, Festo foi assediado pelo sumo sacerdote Ismael ben Phabi, nomeado por Agripa II, e os principais saduceus, que esperavam de Festo, como presente de sua posse, a entrega do convertido de Damasco. A lei romana, todavia, não permitia se fizesse um presente com a vida de um prisioneiro.

Festo, sério e consciencioso, determinou fosse o assunto levado ao seu tribunal em Cesareia. Mais uma vez Paulo teria que sujeitar-se a novo procedimento judicial, com todo o seu cortejo de acusações torpes e incertezas.

Durante dez dias permaneceu Festo em Jerusalém, mas, neste entretempo, Lucas se encaminharia para Cesareia, entre ansioso e preocupado. Paulo ouviu-o atentamente, mas, quando o evangelista começou a dizer os planos do sinédrio, Paulo fez-se lívido, jamais manifestando tamanha impressão de espanto.

É exclusivo da revelação de Emmanuel o plano descrito por Lucas. Havia preparativos para ser encenado, fielmente, o drama do Calvário. Estava assentado que Paulo seria crucificado, em circunstâncias externas idênticas às de Jesus. O acusado carregaria sua cruz, sob os apupos da multidão, recapitulando todos os detalhes do martírio do Mestre!

Conheçamos, pela pena de Emmanuel, a reação de Paulo:

— Tenho experimentado açoites, apedrejamentos e insultos por toda parte, mas, de todas as perseguições e provações, esta é a mais absurda...

E prosseguiu:

— Temos de evitar isso, por todos os meios ao nosso alcance. Como encarar essa deliberação extravagante de repetir a cena do Calvário? Qual o discípulo que teria a coragem de submeter-se a essa falsa paródia com a ideia mesquinha de atingir o plano do Mestre, no testemunho aos homens? O sinédrio está enganado. Ninguém no mundo logrará um Calvário igual ao do Cristo. Sabemos que em Roma os cristãos começam a morrer no sacrifício, tomados por escravos misérrimos. Os poderes perversos do mundo desencadeiam a tempestade de ignomínias sobre a fronte dos seguidores do Evangelho. Se eu tiver de testificar de Jesus, fá-lo-ei em Roma. Saberei morrer junto dos companheiros, como um homem comum e pecador; mas não me submeterei ao papel de falso imitador do Messias prometido. Destarte, já que o processo vai ser novamente debatido pelo novo governador, apelarei para César.[483/484]

Lucas obtemperou, com cautela e hesitação, que os discípulos talvez não soubessem apreciar esta atitude do Apóstolo, como seria de desejar, mantendo Paulo seu ponto de vista, lamentando se lhe faltasse a compreensão dos irmãos de fé.

Dias depois desse encontro, o procurador regressava a Cesareia, acompanhado de luzido séquito de israelitas, dispostos a lutar pela entrega do prisioneiro, a quem, como último ato de sua administração, Félix mandara novamente algemar, deixando o Apóstolo dos gentios em prisão preventiva, com o que esperava aplacar a cólera dos judeus contra si.

Mais uma vez Paulo seria levado para o debate compulsório, para os agravos e a autodefesa. Repetir-se-iam os mesmos incidentes, as mesmas acusações e, novamente, faria valer sua superioridade intelectual e moral.

Acompanhemos os *Atos*, nos versículos 7 a 12 do capítulo 25, que apresenta sugestiva síntese dos acontecimentos:

E, chegando ele, o rodearam os judeus que haviam descido de Jerusalém, trazendo contra Paulo muitas e graves acusações, que não podiam provar. Mas ele, em sua defesa, disse: Eu não pequei em coisa alguma contra a lei dos judeus, nem contra o templo, nem contra César. Todavia Festo, querendo comprazer aos judeus, respondendo a Paulo, disse: Queres tu subir a Jerusalém, e ser lá perante mim julgado acerca destas coisas? Mas Paulo disse: Estou perante o tribunal de César, onde convém que seja julgado; não fiz agravo algum aos judeus, como tu muito bem sabes. Se fiz algum agravo, ou cometi alguma coisa digna de morte, não recuso morrer; mas, se nada há das coisas de que estes me acusam, ninguém me pode entregar a eles: apelo para César. Então Festo, tendo falado com o conselho, respondeu: Apelaste para César? Para César irás.

CAPÍTULO 25

Ante Agripa

"Pelo que sei, ó rei Agripa, não fui desobediente à visão celestial."
(*Atos*, 26:19.)

 O governador, sem detença e com firmeza, determinou fosse anotada a apelação do réu, passando, no dia seguinte, a estudar o caso, ocasião em que foi tomado de grande indecisão. Não sabia como enviar o prisioneiro a Roma sem justificar as razões da prisão, por tanto tempo, no cárcere de Cesareia.
 Acontecimento singular veio em auxílio de Festo. Herodes Agripa II e Berenice, sua irmã, vinham a Cesareia em visita cerimoniosa e protocolar ao novo procurador.
 Apresentemos esses novos personagens que entram em nossa história. Herodes Agripa II, ou simplesmente Agripa II, era filho de Herodes Agripa I, ou simplesmente Agripa I, do qual já nos ocupamos anteriormente. Era judeu de nascimento, bisneto do grande Herodes, porém romano por sua educação e formação. Cresceu e educou-se em Roma, onde era muito apreciado, havendo contribuído para a indicação de Festo.
 Quando seu pai morreu, não pôde assumir o governo de seus territórios, pois era menor de idade. O imperador Cláudio nomeou-o, em 48, rei de Cálquis; em 49, foi feito supervisor do templo de Jerusalém, com o direito de indicar o sumo sacerdote; em 53, recebeu os territórios da tetrarquia de Filipe e Lisânias. Em 55, Nero acresceu seus domínios com as cidades de Tiberíades, Tariqueia e Lívias. Foi em seu governo que ficou concluída a construção do templo, de 62 a 64.
 Agripa II tinha duas irmãs: Drusila e Berenice. Da primeira já falamos, como esposa de Félix. Berenice foi esposa de um tal

Marcos e, em seguida, morto este, de seu tio Herodes de Cálcis. Ficando novamente viúva, viveu algum tempo na casa do irmão, em convivência que tinha todas as características de uma ligação incestuosa. Depois de um breve casamento com Polemon, rei da Cilícia, voltou para junto do irmão, época a que nos estamos referindo. Berenice causou escândalo com suas ligações com Tito, o destruidor do templo de Jerusalém, tanto na Palestina quanto em Roma, antes que o mesmo se tornasse imperador. Berenice foi imortalizada pelo gênio literário de Racine.

Os herodianos constituíam a única dinastia da história cujos principais membros tiveram estreita conexão com Jesus. O bisavô de Drusila, Berenice e Agripa II, Herodes o Grande, foi o que determinou a degola dos inocentes em Belém;[101] o tio-avô, Herodes Ântipas, mandou decapitar João Batista e escarneceu de Jesus;[102] o pai, Agripa I, mandou decapitar o apóstolo Tiago Maior e perseguiu Simão Pedro.[103]

Agripa tinha, portanto, razões para interessar-se por Paulo. Ao lhe serem relatados, por Festo, os acontecimentos ligados à prisão do Apóstolo, Agripa mostrou imediato desejo de ouvir o prisioneiro, interesse este que foi compartilhado por Berenice.

Festo deu ao encontro um caráter solene e festivo, procurando agradar aos visitantes. Convidou as mais eminentes personalidades de Cesareia, reunindo requintada assembleia em torno do rei, que tão bem representava o Judaísmo culto, refinado e liberal de seu tempo.

Depois de músicas e bailados, foi trazido o Apóstolo das gentes, apresentado aos visitantes pelo próprio procurador, de maneira discreta, mas precisa e correta. Muitos terão se impressionado, particularmente o rei Agripa, com a figura do prisioneiro, que ressumava energias desconhecidas por trás de sua figura franzina e alquebrada.

---

[101] MATEUS, 2:16 (refere-se a Herodes Magno).
[102] MATEUS, 14:1 a 11; Marcos, 6:14 a 28; Lucas, 23:6 a 11 (refere-se ao tetrarca Herodes Ântipas).
[103] ATOS, 12:1 a 3 (refere-se ao rei Herodes Agripa I).

Ante Agripa

Podemos ter bom conhecimento do episódio, quer lendo o capítulo 26 dos *Atos*, quer pela encantadora descrição de Emmanuel em *Paulo e Estêvão*. A ampla abordagem feita por ambas as fontes nos sugere a importância que emprestam ao singular acontecimento.

O rei determinou que Paulo fizesse sua defesa. Compreendendo a importância daquele momento, o tarsense historiou os lances da sua existência, com grande erudição e sinceridade, eletrizando o auditório. Falou de sua infância e de sua educação, das perseguições que moveu ao Caminho, da visão de Damasco e de sua rendição incondicional a Jesus. Falou de suas missões e das dificuldades que teve de enfrentar, particularizando as lições do Evangelho, que continuavam as promessas da Lei antiga, desde Moisés.

Em cada ouvinte daquela complexa assembleia, constituída por elementos marcados por forte dessemelhança, as palavras do iluminado servidor de Jesus iria provocar reações as mais diversas. O rei Herodes Agripa estava tocado pelas mais fortes emoções, pois o verbo do Apóstolo parecia jorrar de fontes proféticas; o procurador romano estava altamente surpreso com sua retórica fluente, e a beleza de suas imagens, embora permanecesse na exterioridade da forma, sem alcançar as zonas mais altas a que se aventurava o orador.

Era muito forte a tensão reinante. Ao falar na ressurreição, Agripa colheu um momento oportuno para pronunciar, em alta voz, as palavras pelas quais fez ingresso na história do Cristianismo nascente:

— Estás louco, Paulo; as muitas letras te fazem delirar!

O Apóstolo, demonstrando notável autocontrole e nobre coragem, respondeu com altivez:

— Não deliro, ó potentíssimo Festo; antes digo palavras de verdade e de um são juízo. Porque o rei, diante de quem falo com ousadia, sabe estas coisas, pois creio que nada disto lhe é oculto; porque isto não se fez em qualquer canto. Crês tu nos profetas, rei Agripa? Bem sei que crês.

A pergunta do Apóstolo impressionou fortemente o auditório, pois demonstrara desenvoltura da qual nem mesmo o procurador teria. Perturbado, Agripa tentou romper a gravidade do momento, falando, em tom de mofa:

— Por pouco me queres persuadir a que me faças cristão!

"Não deliro, ó pontentíssimo Festo; antes digo palavras de verdade e de um são juízo. porque o rei, diante de quem falo com ousadia, sabe estas coisas, pois creio que nada disto lhe é oculto; porque isto não se fez em qualquer canto. Crês tu nos profetas, rei Agripa? Bem sei que crês."

Ante Agripa

O Apóstolo não se deu por vencido e revidou:

— Prouvera a Deus que, ou por pouco ou por muito, não somente tu, mas também todos quantos hoje me estão ouvindo, se tornassem tais qual eu sou, exceto estas cadeias.[104]

Pórcio Festo, percebendo que o rei estava muito perturbado, determinou fosse o prisioneiro recolhido, a todos convidando para a refeição.

Várias pessoas, sobretudo Berenice, intervieram a favor do Apóstolo, nada vendo nele passível de punição. Assim também pensava Festo, que se manteve, contudo, fiel ao espírito das leis.

Até Agripa, segundo *Atos*, 26:32, expressou seu parecer:

— *Bem podia soltar-se este homem se não houvera apelado para César.*

Com a preciosa colaboração de Agripa, foi preparada a carta de justificação com que o prisioneiro deveria apresentar-se à autoridade competente, na capital imperial. Foram infrutíferas as tentativas para encontrar uma saída que evitasse a viagem de Paulo a Roma. O governador, objetando conhecer a fibra moral de Paulo, levara a sério a decisão por ele tomada. Por outro lado, extremamente zeloso no cumprimento das posturas legais, não quis afrontá-las com ilegalidades, determinando que o processo tivesse seu curso normal.

A documentação enviada não imputava qualquer crime ao Apóstolo, apenas colocava a questão como uma divergência com as tradições do Judaísmo. Festo anotou o auxílio de Agripa com grande satisfação, ficando a documentação em dia e em ordem para ser enviada. O embarque do prisioneiro poderia ser feito a qualquer momento.

O Apóstolo recebeu a notícia de sua próxima partida com muita serenidade. Pediu a Lucas avisasse a igreja de Jerusalém, assim como a de Sídon, onde, certamente, escalaria a embarcação, para o recebimento de novos passageiros. Inúmeros companheiros de Cesareia foram mobilizados para levar as mensagens de Paulo a todas as comunidades.

---

[104] Montagem baseada em *Atos*, 26:24 a 29.

Lucas, Timóteo e Aristarco decidiram também seguir para Roma.

Dentro de alguns dias, o centurião Júlio, com escolta, veio buscar o prisioneiro para o início da viagem que seria tão tormentosa. Júlio, que tinha plenos poderes com os prisioneiros, tomado de simpatia e respeito pelo Apóstolo, determinou embarcasse ele desalgemado, em contraste com outros prisioneiros. O tecelão embarcava apoiado no braço do amigo Lucas, ensimesmado em inúmeras reflexões e com o pensamento voltado para as mais altas aspirações. Grande foi sua surpresa quando viu a compacta multidão que o esperava na extensa praça fronteira ao porto.

Leiamos, com emoção, a descrição da cena, conforme feita por Emmanuel:

> Filas de velhos, de jovens e crianças aglomeraram-se junto dele, a poucos metros da praia. À frente, Tiago, alquebrado e velhinho, vindo de Jerusalém com grande sacrifício, para trazer-lhe o ósculo fraternal. O ardente defensor da gentilidade não conseguiu dominar a emoção. Bandos de crianças atiraram-lhe flores. O filho de Alfeu, reconhecendo a nobreza daquele Espírito heroico, tomou-lhe a destra e beijou-a com efusão. Ali estava com todos os cristãos de Jerusalém, em condições de fazer a viagem. Ali estavam confrades de Jope, de Lida, de Antípatris, de todos os quadrantes provinciais. As crianças da gentilidade uniam-se aos pequeninos judeus que saudavam carinhosamente o Apóstolo prisioneiro...
>
> ...Subitamente, recordou a velha cena da prisão de Pedro, quando ele, Paulo, arvorado em verdugo dos discípulos do Evangelho, visitara a igreja de Jerusalém, chefiando uma expedição punitiva. Aqueles carinhos do povo lhe falavam brandamente à alma. Significavam que já não era o algoz implacável que, até então, não pudera compreender a Misericórdia Divina; traduziam a quitação do seu débito com a alma do povo. De consciência um tanto aliviada, recordou-se de Abigail e começou a chorar. Sentia-se, ali, como no seio dos "filhos do Calvário" que o abraçavam, reconhecidos. Aqueles mendigos, aqueles aleijados, aquelas criancinhas eram a sua família. Naquele inesquecível minuto da sua vida, sentia-se plenamente identificado no ritmo da harmonia universal. Brisas suaves de mundos diferentes balsamizavam-lhe

Ante Agripa

a alma, como se houvesse atingido uma região divina, depois de vencer grande batalha. Pela primeira vez, alguns pequeninos chamaram-lhe "pai". Inclinou-se, com mais ternura, para as criancinhas que o rodeavam. Interpretava todos os episódios daquela hora inolvidável como uma bênção de Jesus que o ligava a todos os seres.(491/2)

Júlio, que a tudo testemunhava com os olhos úmidos, teve que dar o sinal de partida. O Apóstolo a todos abraçou, endereçando-lhes comovente despedida, após o que, tomando o braço de Lucas, rumou para a embarcação.

A compacta multidão não se afastava da praia, acompanhando as manobras do barco, até que se afastasse.

Os companheiros de Paulo estavam profundamente comovidos. Lucas chegou a afirmar que nada, até então, lhe havia falado tão profundamente ao coração.

Paulo continuava fitando o casario de Cesareia, que se apequenava no horizonte. A embarcação afastava-se suavemente da costa. Por longas horas o Apóstolo deixou-se ficar, meditando o passado que lhe surgia aos olhos espirituais, qual imenso crepúsculo. Mergulhado nas reminiscências entrecortadas de preces a Jesus, ali permaneceu em significativo silêncio, até que começaram a brilhar as primeiras luzes da noite no firmamento.

O navio em que viajavam era de Adramítio, na Mísia, e aquela cidade era o seu destino. Fez sua primeira escala em Sídon, onde se renovaram as tocantes cenas já vividas em Cesareia. A partir daí a viagem oferecia ao Apóstolo paisagens que lhe eram muito caras ao coração. Depois de rentear a Fenícia, surgiram as linhas da ilha de Chipre, de tão gratas recordações. Nas proximidades de Panfília desenharam-se, na tela de sua memória, as peripécias vividas em sua primeira viagem missionária. Com a chegada ao porto de Mira, na Lícia, estava cumprida a primeira etapa da viagem.

Em Mira se trasladaram para um navio alexandrino que seguia para a Itália, enquanto o navio adramitino rumava para seu destino.

CAPÍTULO 26

Sobre o abismo das ondas

"E eu lhe mostrarei quanto deve padecer pelo meu nome."
Jesus (*Atos*, 9:16.)

O navio em que embarcaram no porto de Mira, no litoral da Lícia, transportava trigo, pois Mira era importante centro de comercialização do cereal vindo do Egito.

Estes navios tinham, muitos deles, razoável capacidade para a época, havendo os que carregavam até duas mil toneladas. A embarcação que foi motivo de contrato por parte de Júlio estava carregada e levava a bordo 276 pessoas.

O período já não era favorável; o outono do ano de 60 já estava avançado. Mesmo o navio de Adramítio, que haviam utilizado até então, não viera por rota normal. Os ventos do oeste o haviam forçado a rentear a costa fenícia, para depois, passando junto a Chipre, chegar a Mira, em meio a muitas dificuldades.

Como veremos, as coisas irão piorar daqui para frente. Lucas descreve, com grande propriedade técnica, no capítulo 27 dos *Atos*, a desconcertante viagem. É o chamado *capítulo náutico* do evangelista, que nele se revela profundo conhecedor de navegação. O almirante inglês Nelson, vencedor de Trafalgar (1805), declarou ter aprendido nestas páginas muito de sua profissão e, ao que se sabe, foi a leitura que fez na manhã do dia em que travou a famosa batalha, na qual a marinha inglesa pôs a perder o sonho de Napoleão de invadir as ilhas britânicas.

Ainda a propósito deste capítulo de Lucas, há testemunho do Dr. Breusing, perito alemão da escola náutica de Bremen, que no

Sobre o abismo das ondas

livro *A náutica e os antigos* assim se exprime a seu respeito: "o mais precioso documento náutico que nos conservou a Antiguidade, que só poderia ter sido feito por uma testemunha ocular dos acontecimentos".

É preciso que se tenha uma vaga ideia acerca de navegação naqueles tempos recuados, bem como a posição do homem antigo frente ao mar. A náutica era extremamente imperfeita. Não haviam sido descobertos os instrumentos de navegação. A bússola era desconhecida. A orientação era feita pelos astros. Os marinheiros e seus capitães eram muito audazes, mesmo sendo considerados como *Capitães de Verão*, expressão que não tem sentido pejorativo. As viagens de inverno eram impossíveis, porque as brumas hibernais impediam a visibilidade das estrelas. No outono, o Mediterrâneo oriental é açoitado por furiosas tempestades, com ventos de oeste. As pesadas e largas embarcações de carga não poderiam singrar para o poente.

O homem antigo temia o mar e tinha-lhe ódio, como símbolo do caos primevo, do qual emergira o mundo luminoso, a ordem e a beleza da terra. Não é sem razão que o deus dos mares — Posêidon dos gregos, Netuno dos romanos — era um deus pérfido e vingativo, cujos caprichos deveriam ser satisfeitos com constantes sacrifícios humanos. A isto somava-se a ideia de que um morto não encontraria paz se não fosse sepultado em terra bem firme e assentada. Os judeus, particularmente, perfilhavam o conceito caótico do mar.

Desde a saída de Mira o navio lutou, com dificuldade, contra os fortes ventos de noroeste. A muito custo chegaram a Cnido. Daí a meta longínqua seria o cabo Matrapan no extremo sul do Peloponeso, de onde atingiriam o mar Jônio. Mas foram rechaçados e tiveram sorte de manter a direção do ocidente, mesmo que fossem arrastados para o sul, rumo a Creta. Em última instância, podia-se atingir o Jônio, navegando pelo sul da grande ilha, que, por sinal, por ser alongada de mais de 200 quilômetros, oferecia proteção contra as tempestades vindas dos arquipélagos gregos.

Com dificuldade aportaram a Kaloi-Limenes, cujo significado — extremamente enganador — é "bons portos", ou "portos formosos", e que ficava junto à localidade de Laseia, na costa meridional de Creta. O porto situava-se em ampla baía, com duas ilhas em sua entrada.

Sentindo o perigo da viagem, e que o outono estava avançado — a festa da expiação (*Yon Kippur*) já havia passado, 28 de outubro naquele ano — e certamente confiando na própria intuição e nos prováveis conselhos de Lucas, Paulo sugeriu ao chefe da coorte passarem o inverno ali, pois previa grandes problemas pela frente.

Júlio, que já se habituara a respeitar as indicações do Apóstolo, levou o alvitre ao comandante do navio e ao piloto, que não o consideraram. O comandante temia pela carga que transportavam, pois em Kaloi-Limenes não havia armazéns e celeiros. A ideia que vingou, por imposição das autoridades de bordo, foi a de se navegar até o porto de Fênix, ainda em Creta, situado mais para oeste, do qual sabia se tratar de um porto bem abrigado, onde poderiam invernar com segurança.

Peritos modernos consideram tal resolução uma temeridade, um salto no escuro, dando, assim, apoio à sugestão de Paulo. Finalmente o navio deixou a baía, mas nunca chegou a Fênix, hoje porto de Lutro. Nos dois primeiros dias, com as condições atmosféricas favoráveis, a viagem transcorreu tranquila, chegando-se a pensar que a razão estava com os entendidos, não com Paulo.

Todavia, mal transpuseram o cabo Matala, e pensavam rentear a costa que infletia para o norte, todos observaram, com grande temor, que o monte Ida, o sagrado monte dos deuses, cobria-se de perigoso manto de nuvens ameaçadoras. Não tardou que violentos ventos de nordeste, semelhantes a um tufão, se abatessem sobre a embarcação.

"O euraquilão!", "O euraquilão!" gritavam todos, espavoridos, referindo-se ao famoso vento em turbilhão, que levou o navio para mar alto como uma folha arrastada pelo vento. As velas foram amainadas e o timão foi solto, ficando o barco à deriva, por não poder resistir aos ventos. A algumas milhas da costa situava-se a ilha de Clauda, sob cuja proteção pôde ser içado a bordo o escaler, que vinha, até então, sendo arrastado pelo navio com grande perigo.

Sobre o abismo das ondas

As grandes ondas ameaçavam fazer o navio desconjuntar-se. Minutos havia que sua parte mediana ficava apoiada na crista das ondas, enquanto a popa ou a proa, ou ambas ficavam sem apoio, sobre o abismo das águas. O peso da carga podia levar a embarcação a partir-se ao meio. Uma decisão heroica foi tomada: cingir o navio com cabos. Passou-se a noite em grande temor.

Novo perigo ameaçava o pobre barco. Como estivesse sem orientação, temiam encalhar nos bancos de areia da Sirte, os mares do norte de África. A maruja, no dizer de Lucas, arriou o *skeuos* (σκευος), palavra grega de difícil tradução, significando "aparelho, apetrecho, equipamento". A expressão "descer o aparelho", segundo Marshall, pode significar descer algum tipo de âncora, para frear a marcha excessivamente rápida da embarcação.

A tempestade não dava o menor sinal de arrefecer. Continuava-se à deriva. No dia seguinte começou-se a aliviar o navio de sua carga, e, no terceiro dia, os marinheiros lançaram ao mar os *skeuên* (σκευην), ou seja, os aparelhos do navio, certamente os apetrechos supérfluos.

E sempre o pior pela frente. Dias de negra desesperação, nos quais as trevas da noite se confundiam com os dias plúmbeos e cerrados, quando nada era possível divisar, sempre em meio de sucessivas e intermináveis tempestades. Lucas, nesta altura, registra: "fugiu-nos toda a esperança de nos salvarmos".[105]

Todos os passageiros e tripulantes estavam no porão, cujas escotilhas tinham que permanecer fechadas, pois as ondas varriam o navio. O ar era quase irrespirável. Há dias ninguém comia nada, nem se poderia pensar em preparar o alimento.

Lucas, certamente, teve muito trabalho. Paulo mantinha-se tranquilo e em oração. Ensimesmava-se em Deus pela vida de 276 pessoas.

Lucas anota, nos versículos 21 a 26:

> E, havendo já muito que se não comia, então Paulo, pondo-se em pé no meio deles, disse: Fora, na verdade, razoável, ó varões,

---
[105] Atos, 27:20b.

ter-me ouvido a mim e não partir de Creta, e assim evitariam este incômodo e esta perdição. Mas agora vos admoesto a que tenhais bom ânimo, porque não se perderá a vida de nenhum de vós, mas somente o navio. Porque esta mesma noite o anjo de Deus, de quem eu sou, e a quem sirvo, esteve comigo, dizendo: Paulo, não temas; importa que sejas apresentado a César, e eis que Deus te deu todos quantos navegam contigo. Portanto, ó varões, tende bom ânimo; porque creio em Deus, que há de acontecer assim como a mim me foi dito. É contudo necessário irmos dar numa ilha.

Caio Júlio César, em momento de idêntico perigo, falara ao piloto: "Ruma corajosamente para as ondas; conduzes a César e a sorte de César!"

Paulo fala: *"tende bom ânimo"*, e aqueles marinheiros conduziam, não a sorte de Paulo, mas a luz do mundo!

Na décima quarta noite encontrava-se o navio batido de um lado para outro, na parte entre a Grécia e a Sicília, que os antigos chamavam de *Ádria* (daí Adriático). Por volta da meia-noite, os ouvidos excitados de um marinheiro detectaram, em meio aos bramidos da tormenta, o barulho assustador provocado pelo mar entre os escolhos, e gritou: "Terra! A terra está próxima!"

Lançando o prumo, acharam 20 braças (37 metros) e, pouco depois, 15 braças (27,5 metros). Para evitar que o navio fosse destroçado contra os recifes, deixaram cair quatro âncoras na popa, ao mesmo tempo que pediam aos deuses se fizesse dia. Lucas jamais se esqueceria das tensões daquela terrível noite.

A tripulação era constituída de mercenários, que não estavam nada preocupados com o navio, com a carga, com os passageiros ou com os prisioneiros e sua escolta. Um grupo de marinheiros pensou em fugir, utilizando-se do escaler. Paulo, que tudo percebera, vai ao centurião e relata-lhe o que estava acontecendo, ao mesmo tempo que afirmava ser impossível a salvação de todos se aqueles membros da equipagem desertassem.

Júlio determinou aos soldados cortarem as amarras do bote, e assim ficou assegurada a unidade de todos para o esforço comum de salvação. Os homens estavam debilitados e nos limites de suas possibilidades. Era preciso conjugar esforços, contar com a harmoniosa participação de todos nos difíceis transes que ainda teriam de enfrentar.

E Lucas assim descreveu, ao longo dos versículos 33 a 38, o papel decisivo desempenhado por Paulo:

> E entretanto que o dia vinha Paulo exortava a todos a que comessem alguma coisa, dizendo: É já hoje o décimo quarto dia que esperais, e permaneceis sem comer, não havendo provado nada. Portanto, exorto-vos a que comais alguma coisa, pois é para a vossa saúde; porque nem um cabelo cairá da cabeça de qualquer de vós. E, havendo dito isto, tomando o pão, deu graças a Deus na presença de todos; e, partindo-o, começou a comer, e, tendo já todos bom ânimo, puseram-se também a comer. E éramos por todos no navio duzentas e setenta e seis almas. E, refeitos com a comida, aliviaram o navio, lançando o trigo ao mar.

E Holzner assim se refere aos eventos seguintes:

> Ao amanhecer viram, através da chuva gris, uma enseada cercada por alcantiladas rochas de uma praia arenosa. Aqui quiseram fazer entrar o navio. Não sabiam que o prolongamento do promontório do norte da enseada havia sido separado da terra firme pela atividade das marés, formando uma ilhota *de per si*, separada de terra firme por um canal estreito, e que o fluxo das águas por este estreito havia formado no meio da enseada ocultos bancos de areia. Para aligeirar o mais possível o navio, arrojaram ao mar o resto do trigo. Soltaram-se as amarras, içou-se a vela dianteira e se direcionou o rumo para a enseada.

> Subitamente, uma terrível sacudidela abalou todo o corpo do navio, de modo que os viajantes caíram ao chão, ao mesmo tempo que se produzia um sinistro rangido e todas as amarras estalavam. O navio fora aprisionado, submergindo a proa na areia. A violência das ondas rompeu a popa, levando a parte traseira lateral da embarcação. A água entrou no navio, em redemoinhos. Estava perdido. Os passageiros haviam se concentrado angustiosamente na proa. Nada mais restava senão procurar salvar a vida nadando. E, quando a salvação poderia parecer tão

próxima, um último e maior perigo ameaçava a vida de Paulo e dos prisioneiros.[106]

E os *Atos* nos contam, nos versículos finais do cap. 27:

Então a ideia dos soldados foi que matassem os presos para que nenhum fugisse, escapando a nado. Mas o centurião, querendo salvar a Paulo, lhes estorvou este intento; e mandou que os que pudessem nadar se lançassem primeiro ao mar, e se salvassem em terra; e os demais, uns em tábuas e outros em coisas do navio. E assim aconteceu que todos chegaram à terra, a salvo.

A terra em que aportaram era a ilha de Malta. A atual baía de São Paulo, na referida ilha, corresponde, exatamente, à descrição de Lucas nos *Atos*, que fala de um lugar, no versículo 41, "onde se ajuntam dois mares". Só de terra firme se divisa o estreito canal que separa de Malta a pequena ilhota, e que dá a impressão de um segundo mar que viesse do outro lado.

Lucas fala dos habitantes de Malta como "bárbaros", o que apenas quer dizer que não falavam o grego ou o latim.

Os náufragos, exaustos e transidos de frio, encontraram em Paulo, mais uma vez, a liderança e segurança de quem já enfrentara muitas dificuldades na vida. O Apóstolo a todos animou, convocando-os a fazer fogo, a fim de se secarem e vencerem o frio. Muitos naturais da ilha, nesta altura, já haviam se acercado, procurando oferecer abençoada colaboração.

Em dado momento, ao empunhar um feixe de gravetos, uma víbora cravou os dentes venenosos na mão de Paulo; o Apóstolo deteve-a no ar por instantes, e, imperturbável, jogou-a ao fogo. Todos ficaram estupefatos. O centurião e os amigos estavam desolados.

Os malteses, vivamente impressionados, imaginavam ser Paulo um grande criminoso, pois salvando-se das ondas, iria encontrar a morte ali, certamente como castigo de Nêmesis, a deusa da justiça e da vingança. Os nativos sabiam que a mordida

---

[106] Holzner, J., *op. cit.*, págs. 416 e 417.

daquela víbora era fatal. As dores e os edemas eram imediatos, e a morte sobrevinha em horas.

Timóteo, apreensivo e angustiado, procurou cientificar Paulo do que falavam os malteses, ao que o ex-rabino sentenciou, sorrindo, segundo Emmanuel: "Não te impressiones. As opiniões do vulgo são muito inconstantes, tenho disso experiência própria. Estejamos atentos aos nossos deveres, porque a ignorância sempre está pronta a transitar da maldição ao elogio, e vice-versa, É bem possível que daqui a algumas horas me considerem um deus."[(502)]

E, realmente, quando viram que nada acontecia ao Apóstolo, nem demonstrava ele sentir qualquer dor, passou a ser olhado com temor reverencial, como enviado dos deuses.

A mais alta autoridade romana em Malta, de nome Públio Apiano, também fez-se presente no local, acolhendo os náufragos e reservando ao centurião e ao comandante do navio cômodos em sua residência.

Por interferência de Júlio, que falou entusiasticamente de Paulo, este foi hospedado por Públio, havendo mesmo o Apóstolo aquiescido em visitar o genitor de seu anfitrião, que se encontrava enfermo, consumindo-se em febre letal.

Impondo-lhe as mãos, Paulo proporcionou imediato alívio ao ancião, ali mesmo fazendo a apologia do Evangelho, ao qual se rendeu o magistrado romano.

Conta Emmanuel que Paulo lograra salvar os pergaminhos com as anotações da Boa Nova, único patrimônio que possuía, os quais Apiano mandou copiar.

As notícias do feito de Paulo correram a ilha. Velho salão foi cedido ao Apóstolo, que ali fundou uma igreja, levando a cura e a consolação a centenas de pessoas.

Durante os meses de inverno a nova comunidade cresceu e firmou-se, ficando a mensagem cristã ali definitivamente plantada.

CAPÍTULO 27

Nas fontes da latinidade

"Porque Deus, a quem sirvo em meu espírito, no Evangelho de seu Filho, me é testemunha de como incessantemente faço menção de vós, pedindo sempre em minhas orações que nalgum tempo, pela vontade de Deus, se me ofereça boa ocasião de ir ter convosco."
(Romanos, 1:9 e 10.)

O benigno inverno maltês havia terminado. Na segunda quinzena do mês de fevereiro do ano 61, o centurião Júlio, assim como seus soldados e seus presos, embarcaram, no porto de La Valetta, em uma embarcação alexandrina carregada de trigo, que fora, também, obrigada a invernar na ilha, e agora levava sua preciosa carga para a Itália, onde iria enriquecer a Anona.[107]

Como símbolo de bom presságio, a popa do navio ostentava a divisa dos Dióscuros, Castor e Pólux, divindades lacônias protetoras da navegação, cujas estrelas, na constelação de Gêmeos, serviam de orientação para os marinheiros. Os Dióscuros eram filhos de Zeus e de Leda, esposa de Tíndaro, sendo que Zeus aproximara-se de Leda em forma de cisne, fazendo-a mãe, primeiro dos gêmeos, depois da bela Helena.

No dia do embarque, Paulo teve a alegria de verificar o quanto seu trabalho frutificara em Malta. Muitos amigos foram dele despedir-se com afetuoso interesse e carinho.

---

[107] Termo que designa o abastecimento de trigo nos celeiros públicos da Roma antiga, também estendido à sua administração.

Nas fontes da latinidade

O primeiro porto de escala foi Siracusa, na Sicília, onde se detiveram três dias, que o Apóstolo, com o consenso de Júlio, aproveitou muito bem, levando as luzes libertadoras do Evangelho a numerosos ouvintes.

Logo passaram o estreito de Messina, e, dois dias mais tarde, avistavam o magnífico palácio que Tibério havia erguido na paradisíaca ilha de Capri, desdobrando-se ante os olhos maravilhados do Apóstolo a majestosa baía de Nápoles, emoldurada pelo símbolo hierático do Vesúvio, tendo a seus pés Herculano e Pompeia.

A embarcação entrou no golfo de Putéoli (Pouzzoles), logo ao norte de Nápoles, enfeitado pelas magníficas vilas e quintas de veraneio dos romanos de fortuna. O Vesúvio mantinha-se calmo, não ostentando sequer a nuvem de fumo que o caracteriza hoje. Por toda parte jardins e belas mansões, aos quais o vulcão concederia ainda dezoito anos de vida.

No porto de Putéoli os navios que vinham do Egito desciam suas cargas, e só estes navios podiam fundear com as bandeiras desfraldadas. A população acorria ao porto quando chegavam os navios alexandrinos.

O *Castor e Pólux* foi o primeiro a chegar naquele ano. A população o saudou com manifestações de júbilo. Levava, na imagem de Holzner, não só o pão para a Itália, mas "o pão da vida para o mundo",[108] pelo grande emissário de Jesus.

Não fazia bem 50 anos que havia entrado naquele porto um belíssimo navio, trazendo a bordo, agonizante, o imperador Augusto. A multidão compacta trazia flores e incenso para saudar, como a um deus, o ilustre personagem, que continuava a exercer o principado como primeiro cidadão do Império, com sabedoria e moderação. Augusto, pálido como a morte, mal pôde corresponder ao carinho do povo com um sorriso cansado. Com ele terminava a antiga Roma, enquanto uma nova ia se fazendo nascer, da qual era heraldo um outro homem, marcado pelas lutas,

---

[108] Holzner, J., *San Pablo*, ed. Herder, Barcelona, 1980, pág. 420.

que não impressionava pelo físico, e que ali chegava acorrentado, sem que ninguém pudesse entrever naquele desprezível prisioneiro natural de Tarso uma das grandes alavancas da história.

Conta-nos Emmanuel que Júlio, muito constrangido, abordou Paulo sobre a necessidade de, doravante, algemar-lhe os pulsos, dada a circunstância de estarem em terra itálica, sob os olhares das autoridades. Paulo anuiu, muito compreensivo, ficando comovido com a oferta do chefe da coorte para ser ele próprio o encarregado de desfrutar da alegria de compartilhar-lhe as algemas, afirmando que ele também gostaria de ser "prisioneiro do Cristo".

Paulo, Aristarco, Timóteo e Lucas, juntamente com o centurião, ficaram em pensão modesta, enquanto que os prisioneiros comuns foram instalados em prisões gradeadas. Júlio, inclusive, mandou sindicar a existência de cristãos na cidade e, em caso afirmativo, convidá-los à presença dos trabalhadores de Jesus.

Putéoli estava cheia de orientais e judeus, e aqui o Cristianismo também já havia chegado. O grão de mostarda do Evangelho criara raízes nesta terra de tantas belezas naturais e de tantas reminiscências históricas. Dentro de poucas horas surgia diante dos recém-chegados a figura idosa de Sexto Flácus, com o rosto transbordante de alegria.

Depois de oscular, entre lágrimas, as mãos do denodado Apóstolo, estabeleceu-se imediata troca de informações, ocasião em que se ficou sabendo que a cidade possuía uma comunidade cristã, que o Evangelho ganhava terreno nos corações, que as cartas de Paulo eram motivo de meditação e estudo em todas as reuniões cristãs e, ali mesmo, o ancião tirou de seu alforje a cópia da epístola aos romanos, tida pelos cristãos de Putéoli com especial carinho.

Paulo, na mesma noite, dirigiu-se aos irmãos na igreja local, ocasião em que, cientes de que continuariam viagem no dia seguinte, solicitaram ao centurião atrasasse a partida de Putéoli por alguns dias. Júlio, de bom grado, acedeu ao pedido, e Paulo e seus companheiros permaneceram sete dias ali, de grande ventura para a comunidade do golfo.

Nas fontes da latinidade

Os cristãos de Putéoli, com diligência, enviaram mensageiros a Roma, a fim de levar a notícia da próxima chegada de Paulo, ao mesmo tempo que eram feitos os necessários e idênticos avisos pelas localidades do caminho.

Após sete dias de ativos trabalhos, foi necessário partir. De Putéoli a Roma existia uma distância de 208km, que deveria ser percorrida em seis ou sete jornadas.

Como por um vergel viajou-se, inicialmente, até Cápua, nas ubérrimas terras da Campânia. Ali passou-se a usar a via Ápia, a rainha das estradas romanas, que vinha de Brundisium [Brindisi], na Calábria.

A escolta, até o chamado Foro de Ápio, foi acompanhada por um grupo de cerca de cinquenta cristãos de Putéoli, montados em vistosos cavalos, fazendo curiosa guarda ao pequeno grupo de soldados e prisioneiros.

Nessa localidade aguardavam os viajantes, junto à 43ª pedra miliária, os primeiros representantes da comunidade romana, que saudaram Paulo e os companheiros com grandes manifestações de júbilo, o que constituiu uma bênção para o coração generoso do Apóstolo das gentes.

Depois de passarem por Fórmia, onde se encontravam o sepulcro e a casa de campo de Cícero, e de onde se tinha belíssima vista do golfo de Gaeta, atingiu-se Terracina, de onde Paulo pôde ouvir novamente as vozes do mar, com as quais já se familiarizara tão tragicamente.

A seguir chegou-se à região das lagunas pontinas, ao sítio chamado Três Tavernas, onde a caravana se viu acrescida de novos carros com companheiros de fé, que ali aguardavam — como no Foro de Ápio — a chegada do querido e já famoso Apóstolo do Cristo. Provavelmente deste grupo deveriam fazer parte os principais líderes da comunidade, sem falar na possibilidade de dele participarem os dedicados amigos Áquila e Prisca.

O título Três Tavernas lembra a existência de albergues para os viajantes. Estes albergues tinham péssima fama, e a eles se referem os cronistas da época com muito desagrado e amargas críticas.

O centurião Júlio deveria admirar-se, a cada passo, das demonstrações de afeto recebidas por seu ilustre prisioneiro, que davam tão boa mostra do prestígio que desfrutava entre os seguidores de Jesus. Segundo o apócrifo dos *Atos dos Apóstolos*, a última noite foi passada em Arícia, onde o Apóstolo pisava, pela primeira vez, o sagrado solo do Lácio, e Holzner assim se refere a este fato:

> *Latium*! Um nome que não se pode pronunciar sem que se comova profundamente a alma. Deste solo mesquinho brotou o gênio latino de Roma, que, em união com o gênio ático de Atenas e com o gênio cristão, criou a cultura ocidental sobre os territórios céltico-germânicos. Galileia, Atica, Lácio, três países quase da mesma extensão que proporcionaram à Humanidade o que ela tem de mais elevado: a luz do Oriente, a língua e o espírito da Hélade, o espírito organizador e a estrutura jurídica de Roma.[109]

Emmanuel nos relata que, no final da viagem, ao longo da campina romana, Júlio consentiu que a figura mais representativa dos cristãos de Roma ali presentes tomasse assento junto a Paulo e a ele próprio. Tratava-se do velho Apolodoro, que, após cientificar-se das simpatias de Júlio pela doutrina de Jesus, começou a falar das sombrias perspectivas que estavam vivenciando na cidade das sete colinas. Há três anos que os cristãos haviam começado a verter seu sangue nas arenas romanas, e Apolodoro achava que seus sofrimentos ainda seriam multiplicados.

Em meio à extensa conversação mantida pelos três interlocutores, que Emmanuel nos transmite, há uma fala de Apolodoro que sintetiza as condições sociopolíticas que seriam encontradas por Paulo, bem como resume as causas básicas do martirológio cristão que, no fundo, é o resultado da irreconciliável visão do mundo por parte de pagãos e cristãos. Os paradigmas do paganismo estavam seriamente ameaçados pela visão do Cristianismo, do que resultaria, mais cedo ou mais tarde, um confronto.

---

[109] Holzner, J., *San Pablo*, ed. Herder, Barcelona, 1980, pág. 424.

Nas fontes da latinidade

O Império Romano apresentava clamorosas fissuras em seu corpo social: um capitalismo estéril, criando um gigantesco abismo entre os *humiliores* e as classes favorecidas; uma imobilização esclerosante, que impedia o livre acesso ao *cursus honorem*, às carreiras políticas e administrativas; uma estrutura econômica assentada no uso abusivo da escravidão, lesão aberta no flanco do mundo antigo; limitações no ideal universalista, com forte acento nas antinomias livre/escravo, rico/pobre, civilizado/bárbaro; situação odiosa dos que perdiam a liberdade ou a fortuna.

O Cristianismo abria novas perspectivas para o futuro, na medida em que apresentava soluções novas para inúmeros problemas. Enaltecia o trabalho, condenava as injustiças e as riquezas mal adquiridas, pregava um universalismo fraterno, insistia na necessidade de abrir a todos as oportunidades no *cursus honorem*, mostrava-se ricamente inovador em sua *práxis*, que enaltecia o amor ao próximo, a caridade, a igualdade das criaturas perante Deus, a solidariedade, o perdão etc.

Tais dissidências na visão global do mundo, no *Weltanschaung*, levaram a reações sangrentas por parte do Estado, nas quais o Cristianismo, pelo heroísmo moral de seus mártires, levou a palma.

É bom seja prestado um esclarecimento oportuno e importante. Na fala de Apolodoro, Emmanuel situa o martírio de cristãos nos circos como ocorrendo desde o ano de 58. Numa das explicações do ancião, lê-se: "estamos em 61, mas há três anos que os discípulos do Evangelho começaram a morrer nas arenas do circo pelo nome augusto do Salvador".[506]

Da data foi feita, certamente, uma transliteração, já que naqueles tempos os anos eram contados da fundação de Roma: *ab urbe condita*, e não do nascimento de Jesus. Apolodoro poderia, muito bem, ter realmente dito: "Estamos em 814...", aceitando-se, pelo menos por convenção, o ano de 753 a.C. como sendo o da fundação de Roma por Rômulo.

Por outro lado, os historiadores desconhecem perseguições regulares do Estado romano aos cristãos antes do ano de 64, do incêndio de Roma. Emmanuel nos faz, pois, uma revelação, a de que, desde 58, perseguições já vinham sendo movidas, embora em caráter de excepcionalidade.

Tácito, o grande historiador latino, ao se referir aos acontecimentos do ano de 64, lembra, muito vagamente, nos seus *Anais*, que os cristãos eram "detestados por suas infâmias e pelo ódio que votavam ao gênero humano". Desta realidade social, que a história perfilha, podem ter ocorrido cenas de sangue.

Assim, ficam em cheque afirmações de historiadores, como a de Daniel-Rops, nos seguintes termos: "é preciso frisar bem que nessa ocasião, no começo do ano 60, não existia, sequer, a ideia de uma perseguição do Império Romano movida contra os cristãos. Aos olhos da polícia, estes constituíam uma pequena seita oriental, entre outras, muitas outras; contanto que se mantivessem em sossego, ninguém pensava em inquietá-las".[110]

Mas retomemos o fio de nossa narrativa. Finalmente o grupo alcançou Alba Longa, a origem de Roma segundo a tradição. No alto do monte Albano erguia-se o templo de Júpiter Latialis, ao qual acorriam os generais vitoriosos. Em Alba novo contingente de cavaleiros esperava o intimorato conquistador de Cristo. Daí a Roma a caravana seguiu muito lentamente, dando a Paulo o ensejo para experimentar as mais sublimadas expressões de alegria, ao mesmo tempo que lhe oferecia o panorama encantador da via Ápia, que assumia, à medida que se aproximava de Roma, o caráter de uma "via triunfal", que preparava o viajante para sua chegada à capital do Império, ao mesmo tempo que oferecia o aspecto da mais grandiosa via sepulcral do mundo, pois ao longo da famosa estrada erguiam-se os belos monumentos funerários de famosas famílias, como a dos Cipiões, dos Valérios, dos Metelos etc., nos quais se refletiam as vaidades e as ambições das nobres linhagens.

Mais um pouco e chegavam a Roma, atingindo-a pela porta Capena, onde centenas de mulheres e crianças aguardavam o

---

[110] Daniel-Rops, *São Paulo*, Liv. Tavares Martins, Porto, 2ª ed., 1960, págs. 260 e 261.

tarsense, ensejando um quadro de enternecedora emoção. O cortejo teve que parar, a fim de que o recém-chegado pudesse receber as saudações e os ósculos fraternos dos romanos. Estávamos em março do ano de 61, sétimo ano do reinado de Nero, sob o consulado de Caesenius Portus e Petronius Turpiliano.

Atento à necessidade de proporcionar repouso a Paulo, Júlio decidiu pernoitar numa hospedaria, já que a noite se aproximava, deixando para a manhã seguinte a tarefa de apresentar o prisioneiro no quartel dos pretorianos,[111] e assim foi feito, comparecendo o centurião de Cesareia ao quartel da via Nomentana, onde entrou em contato com seus funcionários, embora fizesse questão de esperar o Gen. Burrus, um dos preceptores do imperador, célebre por sua proverbial nobreza de caráter.

O reinado de Nero ainda não tinha consumado a trágica virada, após a qual se desencadearia sua demência sangrenta; crimes, o perturbado imperador já havia cometido, mas em âmbito restrito: Britânico, herdeiro presumível do trono, seu jovem e nobre rival; Agripina, sua indesejável mãe, e mais alguns antigos cônsules e libertos.

A época em que Paulo chega a Roma coincide com a fase em que Nero se desvencilha da influência benéfica de seus preceptores: o filósofo estoico Sêneca e o general Afrânio Burrus. O primeiro foi convidado a suicidar-se em sua granja, para onde se havia retirado, a fim de não acobertar com sua autoridade moral o matricídio perpetrado por seu discípulo; Burrus desapareceria em 62, envenenado, segundo se dizia entre o povo. A partir daí, em plena florescência de seus 25/26 anos, Nero entregou-se a todos os crimes, presa fácil das trevas.

O general recebeu o centurião com muita solicitude, recolhendo todas as informações que lhe foram prestadas, nas quais acentuou os antecedentes do caso de seu principal prisioneiro,

---

[111] Pretorianos eram os soldados destinados à guarda dos pretores, magistrados encarregados da justiça e, nos tempos de Paulo, da guarda dos imperadores, supremos magistrados do Império.

das lutas e sacrifícios que o mesmo enfrentara. De posse da documentação da justiça de Cesareia, Burrus afirmou que, caso fosse comprovada a cidadania romana de Paulo, poderia ele desfrutar das vantagens da *custodia libera*, passando a viver fora do cárcere, apenas acompanhado de um guarda, até que a questão fosse levada ao julgamento de César.

Mais um pouco e chegavam a Roma, atingindo-a pela porta Capena, onde centenas de mulheres e crianças aguardavam o tarsense, ensejando um quadro de enternecedora emoção.

CAPÍTULO 28

Até os confins da Terra

> "Mas recebereis a virtude do Espírito Santo, que há de vir sobre vós; e ser-me-eis testemunhas, tanto em Jerusalém como em toda a Judeia e Samaria, e até aos confins da terra."
>
> Jesus (*Atos*, 1:8.)

Logo após a chegada a Roma, Lucas, Timóteo e Aristarco separaram-se do Apóstolo, a fim de procurar, entre os irmãos de fé, soluções para o problema de alojamento e para as atividades futuras.

Paulo foi recolhido à prisão, até que fosse examinada a documentação apresentada, ali permanecendo uma semana, na qual, todavia, pôde manter contato com os companheiros. Após os sete dias, ao prisioneiro concedeu-se a faculdade de residir nas proximidades do cárcere. Foi alugado modesto aposento na via Nomentana, onde os missionários se instalaram, cheios de fé e de confiança.

Paulo, tão pronto viu-se alojado, solicitou aos companheiros procurassem trabalho, a fim de não serem pesados aos irmãos. Quanto a ele, Paulo, viveria do pão dos encarcerados, a que fazia jus. E assim fez, realmente, comparecendo diariamente às grades do calabouço, onde tomava sua ração. Aproveitava-se do ensejo para falar aos infelizes encarcerados, desde criminosos e bandidos a escravos entregues à justiça ou infelizes vítimas do despotismo e da corrupção.

As palavras consoladoras do Apóstolo eram a água cristalina e refrescante a dessedentar a aridez daquelas almas. Muitos se converteram, e tornou-se célebre, no Evangelho, o caso de Onésimo, citado no bilhete de Paulo a Filêmon, de quem fora escravo.

Não devemos exagerar as facilidades com que Paulo contava. Roma, malgrado sua fama, não era uma cidade agradável para se morar, sobretudo se não se fosse rico. Os bairros comerciais e populares eram desagradáveis e insalubres, devido à estreiteza das ruas, aos edifícios altos e mal construídos, à falta de circulação do ar, aos odores fétidos e aos constantes incêndios. As cheias do Tibre, muito comuns, aportavam epidemias. O ruído nas ruas era insuportável. Durante a noite trafegavam os carros com cargas comerciais, fazendo verdadeiro fragor. Daí os cômodos de aluguel mais baratos serem os que davam para as ruas; só os mais caros tinham a vantagem de situar-se no interior das construções, em torno do peristilo.

Na parede do aposento de Paulo estava pendurada a corrente, símbolo de sua falta de liberdade. Bem sabemos que poderia sair e receber visitas. Mas, à noite, e sempre que pusesse o pé na rua, era acorrentado pelo pulso a um soldado de guarda, que o seguia por toda a parte. Alguém disse que não saberia concluir o que é pior: estar sempre só, ou sempre acompanhado. Emmanuel afirma que esta exigência foi dispensada muitas vezes.

Muitos desses *frumentarii* eram soldados brutais, que descarregavam sua má índole e seu mau humor sobre os pobres prisioneiros. E os guardas mudavam todo dia. Muito ruim, mas muito bom na visão paulina, que assim tinha oportunidade de falar a todos os pretorianos, a ponto de afirmar, na carta aos *Filipenses* (1:3): "*De maneira que as minhas prisões foram manifestas por toda a guarda pretoriana.*"

Paulo, como o quer Holzner, era "um artista da amizade", e tinha sua prisão domiciliar permanentemente visitada por amigos e colaboradores. Por outro lado, o movimento epistolar não diminuíra.

Logo no início de seu cativeiro em Roma, Paulo desejou um entendimento com os judeus. Sempre se voltava, com carinho, para os irmãos de raça, procurando chamá-los à compreensão da vinda do Messias prometido. Sentia nisto como que uma impulsão e um dever.

Após um breve contato com os principais membros da comunidade judaica, por uma sutil manobra destes, foi marcada nova reunião com o concurso de maior número de pessoas. Na data aprazada, o encontro foi feito, com a presença de numerosos e influentes israelitas, sem que resultados apreciáveis fossem alcançados. Paulo recolheu algumas raras adesões e o escárnio da esmagadora maioria, sendo o episódio assim referido por Lucas:

> E, como ficaram entre si discordes, se despediram, dizendo Paulo esta palavra: Bem falou o Espírito Santo a nossos pais pelo profeta Isaías, dizendo: Vai a este povo, e dize: De ouvido ouvireis, e de maneira nenhuma entendereis; e, vendo, vereis, e de maneira nenhuma percebereis. Porquanto o coração deste povo está endurecido, e com os ouvidos ouviram pesadamente, e fecharam os olhos, para que nunca com os olhos vejam, nem com os ouvidos ouçam, nem de coração entendam, e se convertam, e eu os cure. Seja-vos, pois, notório que esta salvação de Deus é enviada aos gentios, e eles a ouvirão.[112]

Nesta altura, infelizmente, chega ao fim o famoso relato de Lucas sobre as lides apostólicas, sobretudo e basicamente de Paulo. Os versículos finais, 30 e 31, assim concluem o encantador texto lucano: "*E Paulo ficou dois anos inteiros na sua própria habitação que alugara, e recebia todos quantos vinham vê-lo. Pregando o Reino de Deus, e ensinando com toda a liberdade as coisas pertencentes ao Senhor Jesus Cristo, sem impedimento algum.*"

Sem as notícias de Lucas, o cronista dos tempos apostólicos, e apenas com algumas raras indicações das epístolas paulinas escritas do cativeiro romano, ficamos como que às cegas para reconstituir os fatos relacionados com as ações de Paulo até o seu martírio. Os especialistas e historiadores têm que se valer, muitas vezes, das indicações feitas em escritos apócrifos ou recolhidas

---

[112] Atos, 28:25 a 28.

pela tradição, cuja autenticidade procuram verificar, com persistência e método, a fim de preencherem esta lacuna com a possível verossimilhança

Assim, assume particular e substantiva importância a obra de Emmanuel, que nos revela, da fase final da vida do Apóstolo, uma interessante síntese, inclusive com algumas referências à presença e às atividades de Simão Pedro na capital imperial.

Mais do que nunca, pois, vamos seguir os passos do abnegado mentor espiritual, a quem somos gratos por nos ter aportado um livro tão extraordinário como o seu *Paulo e Estêvão*, verdadeiro manual de coragem, seguro roteiro de fé, de desassombrada entrega às realidades do Evangelho.

Paulo continuava seu trabalho infatigável pelo Cristo, no amor ao próximo. Fez-se o benfeitor de inúmeros pretorianos, que testemunharam seu esforço apostólico. A muitos deles ofertou o bálsamo da fé renovadora, para muitos outros foi o instrumento do Médico Divino, levando-lhes a cura de seus males físicos. Muitas vezes eram parentes e afeiçoados que eram trazidos a sua presença pelos soldados.

Os *frumentarii* disputavam o serviço de sua guarda, o que dá bem medida de seus valores espirituais.

O movimento epistolar não cessara, nem jamais deixou órfãs de sua orientação as queridas comunidades da Grécia, da Macedônia e da Ásia.

Assim passaram-se quase dois anos, de incontáveis labores na seara de Jesus, enquanto seu recurso ao imperador continuou esquecido pelos juízes e funcionários. A situação, certamente, não reverteria, se um fato novo não viesse alterar este quadro.

Certo dia irrompeu no aposento do advogado dos gentios, trazido por legionário amigo, uma figura de relevo e de grande influência política, que perdera a visão repentina e inexplicavelmente. Tratava-se de Acácio Domício, que, ao voltar a ver por interferência de Paulo, prostrou-se no chão, agradecido, abraçando a nova fé, na qual foi carinhosamente instruído pelo Apóstolo.

Como testemunho de sua gratidão, afirmou que utilizar-se-ia de toda a influência de que dispunha para levar o processo a seu termo, de modo favorável ao seu benfeitor, prometendo-lhe uma solução para a semana seguinte.

Em poucos dias Paulo foi chamado para depor. Os magistrados, ante a inconsistência das acusações e o interesse de Acácio no feito, não hesitaram em dar os mais favoráveis pareceres. Após esta vitória inicial, o ilustre romano mobilizou sua influência junto aos áulicos do imperador, inclusive sua favorita Popeia Sabina, para obter, finalmente, e no prazo previsto, a absolvição imperial do prisioneiro.

A alegria foi imensa, e o acontecimento foi comemorado pelos muitos amigos do Apóstolo, com inequívocas e intensas demonstrações de júbilo.

Livre, Paulo dedicou-se a visitar todas as pequenas comunidades cristãs e as igrejas domésticas que funcionavam na grande metrópole, ocupando seu tempo em orientá-las e a organizá-las. Nesta tarefa levou todo um mês, logo no início do ano de 63 (outra preciosa indicação cronológica de Emmanuel). Irrequieto, o incansável batalhador decidiu rumar para a Espanha, cumprindo seu acalentado projeto, mesmo contrariando as solicitações que lhe eram endereçadas, no sentido de que permanecesse em Roma.

A viagem à Espanha, ora avalizada por Emmanuel, é aceita por muitos autores. A única referência histórica que temos, extremamente vaga, encontra-se na carta de Clemente Romano aos coríntios, na qual este afirma ter Paulo ido até "os confins do ocidente",[113] o que se entenderia, na Antiguidade, como a Península Ibérica, o limite ocidental do mundo conhecido dos antigos.

Segundo Emmanuel, na véspera de sua partida para a missão espanhola, Paulo recebeu extensa carta de Simão Pedro, subscrita em Corinto, na qual, entre inúmeras confidências e expressões de fraternal carinho, o antigo pescador de Cafarnaum, participava sua intenção de exilar-se, temporariamente, entre os irmãos de

---

[113] *Carta de S. Clemente Romano aos Coríntios*, Trad. D. Paulo Evaristo Arns, ed. Vozes, Petrópolis (RJ), 3ª ed., 1984, 5, 7.

Roma, esperando ser útil a Paulo, a quem julgava ainda em cadeias, e a quem fazia intérprete de suas saudações aos santos da comunidade romana.

Pelo portador da carta, Paulo veio a saber que o venerável Apóstolo galileu deveria chegar, dentro de uns dez dias, ao porto de Óstia, fazendo-se acompanhar pela esposa e pelos filhos. Paulo suspendeu, de imediato, sua projetada viagem e entregou-se, com o entusiasmo que lhe era habitual, à tarefa de preparar a chegada do companheiro, máxime pelo fato de se fazer acompanhar pela família.

Pequena casa foi alugada pelos irmãos, próxima dos cemitérios israelitas da Via Ápia, para onde aqueles levaram pequenas lembranças de uso doméstico, num exemplo de cooperação à altura dos conceitos cristãos. A família de Simão Pedro encontraria, ao chegar, o satisfatório para instalar-se no novo e provisório domicílio.

Finalmente, ao ser recebida a notícia de que a embarcação dava entrada no porto, Paulo, Lucas, Timóteo e outros companheiros para lá se dirigiram às pressas, a fim de recepcionar o valoroso membro do colégio apostólico, embora a recepção não pudesse ser festiva, ou ostensiva, dadas as perseguições aos adeptos de Jesus.

Emmanuel nos transmite suas impressões daqueles tempos, voltando a dizer, mais uma vez, ser o ano 58 o do início das perseguições em Roma. Ouçamo-lo:

> Os últimos conselheiros honestos do imperador estavam desaparecendo. Roma assombrava-se com a enormidade e quantidade de crimes que se repetiam diariamente. Nobres figuras do patriciado e do povo eram vítimas de atentados cruéis. Atmosfera de terror dominava todas as atividades políticas e, no cômputo dessas calamidades, os cristãos eram os mais rudemente castigados, em vista da atitude hostil de quantos se acomodavam com os velhos deuses e se regalavam com os prazeres de uma existência dissoluta e fácil. Os seguidores de Jesus eram acusados e responsabilizados por quaisquer dificuldades que sobrevinham. Se caía uma tempestade mais forte, devia-se o fenômeno aos adeptos da nova doutrina. Se o inverno era mais rigoroso,

a acusação pesava sobre eles, porquanto ninguém como os discípulos do Crucificado havia desprezado tanto os santuários da crença antiga, abominando os favores e os sacrifícios aos numes tutelares. A partir do reinado de Cláudio, espalhavam-se lendas torpes a respeito das práticas cristãs. A fantasia do povo, ávido das distribuições de trigo nas grandes festas do circo, imaginava situações inexistentes, gerando conceitos extravagantes e absurdos, com relação aos crentes do Evangelho. Por isso mesmo, desde o ano 58, os cristãos imbeles eram levados ao Circo como escravos revolucionários ou rebeldes, que deviam desaparecer. A opressão agravara-se dia a dia. Os romanos mais ou menos ilustres, pelo nome ou pela situação financeira, que simpatizavam com a doutrina do Cristo continuavam indenes de públicos vexames; mas os pobres, os operários, os filhos da plebe, eram levados ao martírio, às centenas.[519/20]

Razões, portanto, não faltavam, para se evitar qualquer homenagem mais ruidosa a Simão Pedro. Para sua maior alegria, Paulo e seus companheiros foram surpreendidos com a presença de João, que também decidira vir a Roma, após haver acompanhado Pedro de Éfeso a Corinto.

Dentre as muitas notícias trazidas por Simão, a maior parte referindo-se aos pesados testemunhos exigidos dos seguidores do Mestre, destacava-se o martírio de Tiago, ocorrido por lapidação, em Jerusalém, por obra do sumo sacerdote Anás II, filho daquele Anás que havia desempenhado o principal papel no drama do Calvário. A propósito, nos esclarece Renan:

Anás, o jovem, era um homem altivo, duro, audacioso. Era a flor do saduceísmo, a completa expressão dessa seita cruel e desumana, sempre disposta a tornar o exercício da autoridade insuportável e odioso. Tiago era conhecido em toda Jerusalém como um enérgico defensor dos pobres, como um profeta à maneira antiga, invectivando os ricos e poderosos. Anás resolveu, por isso, a sua morte. Aproveitando-se da ausência de Herodes Agripa II e de não ter ainda o procurador Albino chegado à Judeia, reuniu o sinédrio judiciário, e fez comparecer perante ele, Tiago e alguns outros santos. Acusavam-nos de violação da Lei; foram condenados à lapidação. A autorização de Agripa era necessária para reunir o sinédrio, e a de Albino deveria ser legalmente requisitada para se proceder o suplício; mas o violento Anás passava por cima de todas as regras. Tiago foi, com efeito, lapidado junto ao templo. Como houve dificuldade em o acabar, um pisoeiro despedaçou-lhe a cabeça com o bastão que lhe servia para preparar os estofos. Tinha, diz-se, 96 anos.[114]

Com a chegada de Pedro, os serviços apostólicos viram-se multiplicados, mas Paulo, preocupado com sua viagem, e alegando que Simão o substituiria com vantagem, despediu-se dos companheiros, nada adiantando as solicitações em contrário.

As indicações de Emmanuel nos falam que a viagem foi iniciada, por mar, até o litoral gaulês, fazendo-se Paulo acompanhar de Timóteo, Lucas e Demas. A missão, após visitar regiões da Gália Narbonense, rumou para Espanha, detendo-se na região de Tortosa, na atual província de Tarragona, e que, na época de Paulo chamava-se Dertosa.

Enquanto isso, em Roma, a situação piorava. Renan diz que se estava "numa época estranha. Nunca a espécie humana atravessara uma crise mais extraordinária." O cruel Tigelino, o novo prefeito dos pretorianos, prestava-se a todos os desmandos do imperador, com os quais compartilhava. Afinizava-se com ele em seus desatinos, sendo mentor de muitas das loucuras da época.

Tigelino era acérrimo inimigo da nova fé e nele os cristãos passaram a encontrar um terrível e impiedoso inimigo.

Simão em que pese sua idade avançada, desdobrava-se no atendimento de todas as necessidades e no cumprimento de seus deveres de fraternidade, sustentando a fé e o ânimo dos irmãos.

João preparava-se para a volta à Ásia, onde se fazia necessária sua presença. No dia em que falava à comunidade, em inspirada exortação evangélica, na qual embutia suas despedidas, os esbirros de Tigelino o prenderam, sem aceitar quaisquer explicações, mas não sem maltratá-lo. João e dezenas de companheiros foram jogados nos porões imundos dos cárceres do Esquilino.

---

[114] Renan, E., *O Anti-Cristo*. Liv. Chardron, Porto, 1909, pág. 41.

CAPÍTULO 29

Semen est sanguis christianorum

> *"Porque eu já estou sendo oferecido por aspersão de sacrifício, e o tempo de minha partida está próximo. Combati o bom combate, acabei a carreira, guardei a fé. Desde agora, a coroa da justiça nos está guardada, a qual o Senhor, justo juiz, me dará naquele dia."*
> (II Timóteo, 4:6 a 8.)

A notícia da prisão do filho de Alfeu e de um pugilo de discípulos comoveu a comunidade. Pedro estava desolado, pois sabia o quanto era importante a presença do "discípulo amado" na Ásia, onde inúmeros trabalhos o aguardavam.

Tentou, inutilmente, mobilizar relações que tivessem prestígio na corte. As pessoas de mais alta expressão social, embora simpatizassem com a nova fé, não se atreviam a expor-se em tempos de tão temerosas perseguições e de tão infame tirania. O grosso dos fiéis, constituídos de *humiliores*, gente simples e sem qualquer prestígio político ou social, nada podia fazer.

Em reunião com os mais destacados companheiros, um deles aventou a hipótese de se recorrer a Paulo, que tinha muitas pessoas que lhe eram afeiçoadas, e que possuíam trânsito nos círculos do imperador. Lembraram-se dos muitos militares que haviam sido subordinados de Afrânio Burrus; de Acácio Domício, e até foi lembrada a circunstância de que a liberação do Apóstolo partira de providências tomadas na pequena corte de Popeia Sabina.

As atrocidades recrudesciam. Os cristãos eram submetidos a suplícios inomináveis.

Temia-se não houvesse tempo hábil para se recorrer a Paulo, mas valia a pena tentar. Logo partia para Óstia o irmão Crescêncio, onde embarcaria para Espanha, levando circunstanciada missiva de Pedro.

Paulo continuava em Tortosa, onde suas atividades apostólicas se desdobravam, embora já com certas limitações impostas pelo cansaço físico. As cartas continuavam a ser redigidas, e Timóteo deixara a Espanha a fim de levar à Ásia muitas delas repletas de orientações e ricas de conteúdo.

Já planejava Paulo prosseguir viagem em companhia de Lucas, após os bons resultados obtidos em Tortosa, quando chegou o emissário de Roma. Com a decisão e intrepidez costumeira, Paulo, naquele mês de maio do ano de 64, retornou a Roma, onde foi recebido com carinho e muitas expressões de gratidão. Em pouco inteirava-se da situação. Pedro, em confidência, transmitia suas intuições ao companheiro, prevendo novas e amargas provas. Dentre os muitos sonhos proféticos, o velho Apóstolo galileu referiu-se a um, recente, no qual imensa cruz projetava gigantesca sombra sobre a comunidade dos seguidores de Jesus.

As perspectivas sombrias não desanimavam estes homens extraordinários. Puseram-se logo em ação para o fim colimado: a libertação de João.

Utilizando-se do valimento de seus amigos, Paulo logrou entrevista com Popeia, que, embora inimiga dos cristãos, por suas ligações com o Judaísmo, mas impressionada com a figura ascética do Apóstolo e sua eloquência, prometeu atendê-lo, logo tomando as primeiras medidas neste sentido, afirmando que, em três dias, o prisioneiro seria libertado.

É interessante façamos uma referência a Popeia Sabina, a célebre cortesã, favorita e segunda esposa de Nero, cujo exato papel na crônica apostólica ainda está para ser corretamente levantado. Foi o judeu Alitírio, o iniciador de Nero na arte dramática, quem apresentou a Popeia o historiador judeu Flávio Josefo, que exerceu sobre ela grande influência. Esta mulher conservava no coração, ao que parece, apesar de seus muitos desvios, uma religião instintiva que a inclinava para o Judaísmo. Holzner a classifica entre os prosélitos judeus.

Talvez por sua influência se tenha passado a fazer distinção oficial, a partir de um édito de 55, entre o Judaísmo e Cristianismo, sendo este considerado aberrante heresia surgida no seio do primeiro. Holzner defende a tese de ter sido Popeia instrumento dos judeus em muitos tormentos desencadeados sobre os cristãos.

A palavra da então favorita de Nero foi cumprida. João foi libertado, embora Paulo tivesse que recolher críticas de alguns companheiros, que reprovavam sua atitude de utilizar-se, para atingir seus fins, de um mulher de vida dissoluta, comparsa de Nero em seus desvarios. Paulo guardou infinita paciência diante das críticas, recebendo-as com evangélica compreensão, ao mesmo tempo que fazia de sua atitude brilhante defesa, consignada por Emmanuel.

Solto João, Paulo sugeriu embarcasse ele sem detença para a Ásia, tomando, desde logo, providências neste sentido, possuído que estava de amargos pressentimentos. Em curto prazo embarcava o "discípulo amado" em um navio napolitano que largava de Óstia para Mileto em fins de junho naquele fatídico ano de 64.

Continuavam as edificações espirituais dos valorosos Apóstolos, quando, a 16 de julho, Roma foi sacudida por um trágico acontecimento, um terrível incêndio de colossais proporções. Assim o narra Renan:

> Começou perto da porta Capena, na parte do Circo Máximo contígua ao monte Palatino e ao monte Célio. Neste bairro havia muitos estabelecimentos cheios de matérias inflamáveis, do que resultou espalhar-se aí o incêndio com uma rapidez prodigiosa. Daí torneou o Palatino, devastou o Velabro, o Fórum, as Carinas, subiu as colinas, assolou o Palatino, tornou a descer aos vales, devorando durante seis dias e sete noites bairros compactos e cheios de ruas tortuosas. Um enorme corte de casas, que foram abatidas perto das Esquílias, deteve-o algum tempo; depois reavivou e durou três dias mais. Foi extraordinário o número de mortos. De quatorze seções em que se repartia a cidade, três ficaram completamente destruídas, sete mais ficaram reduzidas a umas paredes enegrecidas. Roma era uma

cidade muito concentrada, com uma população muito densa. O desastre foi o mais horroroso, como até ali nunca se vira semelhante.[115]

As dúvidas porventura existentes sobre a responsabilidade de Nero na terrível tragédia ficam definidas com a seguinte afirmação de Emmanuel:

O imperador estava em Âncio (Antium), quando irrompeu a fogueira *por ele mesmo idealizada* (grifo nosso), pois a verdade é que, desejoso de edificar uma cidade nova com os imensos recursos financeiros que chegavam das províncias tributárias, projetara o incêndio famoso, assim vencendo a oposição do povo, que não desejava a transferência dos santuários.

Além dessa medida de ordem urbanística, o filho de Agripina caracterizava-se, em tudo, pela sua originalidade satânica. Presumindo-se genial artista, não passava de monstruoso histrião, assinalando a sua passagem pela vida pública com crimes indeléveis e odiosos. Não seria interessante apresentar ao mundo uma Roma em chamas? Nenhum espetáculo, a seus olhos, seria inesquecível como esse. Depois das cinzas mortas, reedificaria os bairros destruídos. Seria generoso para com as vítimas da imensa catástrofe. Passaria à história do Império como administrador magnânimo e amigo dos súditos sofredores.[529]

Delineado o abjeto programa com os áulicos mais chegados, o imperador afastou-se da cidade, a fim de abrir oportunidade para que o delito fosse desfechado, e sobre ele não recaíssem incômodas suspeitas.

O incêndio, todavia, assumiu proporções colossais, certamente favorecido por ventos imprevisíveis, e contra o furor das chamas de nada valeram os esforços e as providências para contê-lo. As perdas humanas e materiais foram incalculáveis.

Diante da catástrofe, Nero foi chamado de seu retiro em Âncio, chegando a tempo de assistir o triste espetáculo em seus momentos finais. Circula uma tradição, provavelmente lendária,

---

[115] Renan, E., *O Anti-Cristo*, Liv. Chardron, Porto, 1909, págs. 92 e 93.

Semen est sanguis christianorum

de que o grande bufão, diante do trágico panorama que se descortinava à sua vista, do alto da Torre do Miseno, de lira na mão, cantara um poema de sua autoria, tendo por tema o incêndio de Troia. Já corriam rumores de sua responsabilidade no tenebroso feito. E ele sentiu crescer-lhe o medo.

Decidiu falar ao povo, utilizando-se de todos os recursos de sua retórica e de sua arte de fingir, para mostrar-se magnânimo, compungido, compartilhando das dores de sua gente com lágrimas hipócritas. Em dado momento de sua fala, quando mais comovente e enternecedora se fazia, prometeu punir os responsáveis com impiedosa dureza. Foi quando a massa popular que o ouvia começou a esboçar uma reação, surgindo, aqui e ali, gritos logo encampados pela multidão, de *Cristãos às feras! às feras!*

De quem partira a ideia de se lançar a culpa sobre os cristãos? Certamente era uma ideia brilhante. Nero descarregaria sua ira fingida sobre a seita que era muito impopular, e da qual circulavam inúmeras infâmias.

Se, porventura, como se lê em muitos autores, o povo desconfiasse de uma atitude criminosa do imperador, esta transferência da culpa para os cristãos apresentava-se como uma manobra extremamente eficaz para anular a perigosa desconfiança.

Emmanuel confirma ter surgido a ideia dentre a massa popular. Mas o estímulo foi provocado por alguém, ou alguns. Nós nos lembramos da escolha do povo judeu, diante de Pilatos, entre Jesus e Barrabás, e das manobras dos saduceus e fariseus para que a escolha do perdão recaísse sobre o segundo. Teria sido por ação dos homens de Tigelino entre o povo? A imaginação diabólica deste homem era muito bem capaz de engendrar soluções desta natureza.

Teria sido por intriga dos judeus, temerosos de que sobre eles recaísse a culpa? O antissemitismo, crônico no império, poderia, realmente, levar a novo *program*. Já assim tinha sido no tempo de Cláudio, poucos anos antes. Para os judeus a trama era fácil, bastava acionar Popeia, sobre a qual exerciam influência. Esta é a tese de Holzner, de Renan e de muitos outros historiadores.

O certo é que a falsa acusação caiu sobre os discípulos de Jesus como uma pesada cruz, adaptando-se, à perfeição, ao jogo de todos: do imperador, dos pretorianos, dos judeus e da massa popular, sempre ávida de sangue e sempre mal informada. Foi um desfile macabro de atrozes martírios, acerca dos quais preferimos silenciar, em respeito à sensibilidade dos leitores. Informaremos, apenas, que o espetáculo principal foi levado a efeito no princípio de agosto, tendo por teatro os magníficos jardins que o imperador possuía para lá do Tibre, e que ocupavam local do atual Borgo, praça e basílica de São Pedro. Por dias e noites consecutivos, sofrimentos inconcebíveis foram impostos aos cristãos, caçados nas ruas como feras.

As práticas cristãs, seja nas igrejas domésticas, seja nos salões para isto alugados na Suburra, estavam suspensas. Restavam aos cristãos, para se entreverem e compartilharem da fé comum, e ouvir a palavra confortadora de seus evangelizadores, as reuniões nas catacumbas, antigos cemitérios abandonados. Para estes lugares desertos, na calada da noite, se dirigiam os fiéis, e Emmanuel escreve:

> Amparando-se em Lucas, Paulo de Tarso enfrentava o frio da noite, as sombras espessas, os caminhos ásperos. Enquanto Simão Pedro cogitava de atender a outros setores, o ex-rabino encaminhava-se aos antigos sepulcros, levando aos irmãos aflitos a inspiração do Mestre Divino, que lhe borbulhava na alma ardente. Muitas vezes as pregações se realizavam alta madrugada, quando soberano silêncio dominava a Natureza. Centenas de discípulos escutavam a palavra luminosa do velho Apóstolo dos Gentios, experimentando o poderoso influxo da sua fé. Nesses recintos sagrados, o convertido de Damasco associava-se aos cânticos que se misturavam de prantos dolorosos. O espírito santificado de Jesus, nesses momentos, parecia pairar na fronte daqueles mártires anônimos, infundindo-lhes esperanças divinas.[534]

Transcorridos dois meses de sinistros espetáculos nos jardins de Nero, não recrudesciam as prisões. As obras de restauração

Semen est sanguis christianorum

do Circo Máximo estavam adiantadas. Era preciso reinaugurá-lo com festejos condignos, o que vale dizer, com nova efusão de sangue. Estavam previstas naumaquias, caçadas humanas, entregas às feras, e representações, ao vivo, de cenas mitológicas, como Dirce amarrada às aspas de um touro, ou Orfeu

Restavam aos cristãos, para se entreverem e compartilharem da fé comum, e ouvir a palavra confortadora de seus evangelizadores, as reuniões nas catacumbas, antigos cemitérios abandonados.

despedaçado por um urso, ou Dédalo precipitado do céu e devorado pelas feras etc.

Os espetáculos insanos dos jardins de Nero (ano 64) deram partida às perseguições aos cristãos; até 192 elas foram espontâneas, de caráter esporádico, mais ou menos contidas ou agravadas pelos imperadores; no séc. III assumiram caráter sistemático, com os éditos universais. Somente em 313, pelo Édito de Milão, foi concedida liberdade religiosa para os cristãos, no governo de Constantino.

Esta saga do martirológio cristão levou Tertuliano a afirmar que "o sangue dos cristãos é semente".

Certa noite, Paulo falava aos irmãos, nas catacumbas, exortando-os, em palavras sublimes, à perseverança e à resignação, quando irrompeu um troço de soldados, sob o comando do centurião Volúmnio. Em pouco tempo, em meio a cenas tocantes, nas quais tinham proeminência as atitudes de Paulo, alimentadas por sua grandeza espiritual, os inermes cristãos eram conduzidos aos infectos porões da prisão Mamertina, onde chegaram aos primeiros albores da alvorada.

Paulo utilizou-se dos recursos que lhe facultavam os direitos de sua cidadania romana, para solicitar entrevista com o administrador da prisão, diante do qual fez a defesa própria e dos companheiros, pedindo a presença de vários amigos, dentre os quais Acácio Domício, para que pudessem eles testemunhar de seus antecedentes.

O administrador relutava, pois tinha ordens expressas de recolher ao cárcere todos os membros da odiada seita. Mas, por outro lado, as autoridades haviam determinado fossem atendidos, de certa forma, os cidadãos romanos, aos quais seria facultado o direito de se retratarem, prestando juramento a Júpiter e abjurando Jesus Cristo, o que lhes asseguraria a liberdade.

Finalmente, acedeu o administrador aos insistentes pedidos de Paulo, e Acácio foi avisado, apressando-se a comparecer à prisão, onde entrevistou-se com o Apóstolo, após demorada conversa com aquela autoridade.

Domício mostrou a Paulo o quanto era grave a situação. Tigelino agia com plenos poderes, dirigindo a campanha contra os fiéis como bem entendia. Toda a prudência era pouca, e ninguém poderia considerar-se seguro. Só um caminho restava a Paulo: uma audiência com o próprio César, perante quem o Apóstolo deveria defender-se e tentar sua libertação.

Recordando a voz profética que ouvira, quando em meio às tempestades que enfrentou entre a Grécia e Malta, de que deveria comparecer perante o imperador, Paulo cogitava se não seria este o momento de realização do aviso espiritual. Lembrou-se dos milhares de companheiros que marchavam para as prisões, os suplícios e a morte, sem que uma voz se erguesse para defendê-los. Não seria o momento de ele, Paulo, exercer o papel de advogado dos irmãos perseguidos e desditosos? Não seria a hora de enfrentar a tirania triunfante, clamando por justiça?

Mesmo que fosse mantida sua prisão, e que lhe restasse o testemunho final, ficaria a consciência de haver cumprido com um sagrado dever.

Insistiu com Acácio Domício para que tudo fizesse no sentido de tentar a audiência com Nero. Emmanuel nos diz, também, que, muito acabrunhado, insinuara a Paulo não falar de suas inclinações cristãs. O Apóstolo a tudo correspondeu, compreensivo. Eram naturais as apreensões do amigo.

O segundo cativeiro de Paulo não se assemelha ao primeiro, quando gozou das prerrogativas da *custodia libera*. Agora iria ser jogado numa enxovia, que a tradição cristã situa no segundo subsolo da prisão Mamertina, que infunde horror ao turista que se aventure a visitá-lo nos dias de hoje. Imagine-se naqueles recuados tempos, quando animais se agitavam no escuro, e a fome e o frio, este multiplicado pela presença de água no subsolo, constituíam o suplício de cada instante!

Para chegar-se ao prisioneiro não era fácil, além de ser perigoso. Alguns se aventuraram a isto, como Onésimo, ex-escravo de Filêmon, convertido por Paulo, e que seria, mais tarde, o chefe da igreja de Éfeso; também visitaram o Apóstolo alguns irmãos de Roma, como Eubulo, Pudente, Lino[116] e Cláudia, esta uma corajosa patrícia da *gens* Cláudia.[117]

O ambiente político ia se tornando insuportável, agravando-se dia a dia até a conjura de que resultou a morte de Nero, no ano de 68. Ninguém sentia-se seguro em Roma. Após abortar uma conspiração, na qual foram envolvidos o filósofo Sêneca e o poeta Lucano, ambos foram instados a cortar os pulsos; Petrônio, companheiro de deboches de Nero, acabou assassinado, assim como muitos senadores e antigos magistrados. Da sanha do imperador não escapou nem mesmo Popeia Sabina, morta, como se conta, com um brutal pontapé em seu ventre, infligido pelo esposo, estando grávida.

Acácio, certamente expondo-se a grande perigo, tudo fez para obter a audiência solicitada, e, certo dia, o prisioneiro foi conduzido, entre guardas, à presença do imperador.

Ficamos a pensar ter sido este o mais fantástico e desconcertante encontro de toda a História, depois do interrogatório de Jesus perante Pilatos. Uma frase de Holzner aplica-se ao caso: "O melhor e o pior homem daquele século estavam se defrontando: o direito entre as grades, o crime, no trono."[118]

---

[116] Lino, segundo Irineu e Eusébio, teria sido o sucessor de Pedro como chefe da comunidade de Roma, e a Igreja Católica o coloca como o segundo papa.
[117] II Timóteo, 4:21.
[118] Holzner, J., *San Pablo*, ed. Herder, Barcelona, 1980, pág. 497.

CAPÍTULO 30

Epílogo

"Prossigo para o alvo, pelo prêmio da soberana vocação de Deus em Cristo Jesus."
(Filipenses, 3:14.)

Nero decidiu ouvir a defesa de Paulo, curioso que estava para conhecer aquele que movimentara a seu favor alguns de seus áulicos.

A nova seita teve adeptos até na casa de Nero, talvez entre os judeus, que eram numerosos entre o pessoal inferior do serviço, entre esses escravos e esses libertos, constituídos em colégios, cuja condição confinava com o que havia de mais ínfimo e de mais elevado, de mais brilhante e de mais miserável. Certos indícios vagos levam-nos a crer que Paulo teve relações com os membros ou libertos da família Annaéa. O que é fora de dúvida, todo o caso, é que desde essa época se faz, para as pessoas bem-informadas, a distinção nítida entre judeus e cristãos. O Cristianismo foi tido como uma "superstição" distinta, saída do Judaísmo, inimiga de sua mãe e odiada por ela. Nero, em especial, estava ao corrente do que se passava e interessava-se mesmo com uma certa curiosidade. Talvez que já então algum dos intrigantes judeus que o cercavam lhe tivesse inflamado a imaginação pelas coisas do Oriente, e lhe tivesse prometido esse reino de Jerusalém que se tornou o sonho de suas últimas horas, a sua última alucinação.[119]

Embora decepcionado com a figura frágil do idoso Apóstolo, decidiu ouvi-lo por ironia, a fim de divertir-se com sua possível inópia mental.

---

[119] Renan, E., *O Anti-Cristo*, Liv. Chardron, Porto, 1909, pág. 7.

O venerando tarsense, alteando a fronte com dignidade, começou a falar com desassombro, discorrendo sobre alcandorados conceitos e tendo a coragem de apontar as dramáticas consequências dos clamorosos desvios a que se entregava o supremo magistrado do Império. Nero o ouvia com estupor, tocado por emoções que se expressavam na palidez da face.

Por muito, muito menos, membros das classes favorecidas, conselheiros, senadores, magistrados haviam deixado o recinto para seguir diretamente para o exílio ou para a morte. Tigelino, o cruel prefeito do pretório, sugeria que o orador fosse sacrificado naquele mesmo dia. O imperador, todavia, afirmando que aquele homem era um dos mais perigosos que até então encontrara, capaz de capitalizar toda a reação contra os seus odiosos abusos, sugeriu libertá-lo e mantê-lo sob vigilância, até que chegassem os festejos de reinauguração do Circo Máximo, quando, então, seria levado a lugar ermo e sacrificado. O alvitre foi acolhido com encômios e, para surpresa dos circunstantes, o imperador declarou que o réu estava livre.

Foram dias difíceis para o denodado Apóstolo. Sua saúde estava abalada, não podendo mais dar-se às atividades que lhe cobrassem esforço físico. Procurou seus amigos e colaboradores e, para seu pesar, descobriu que, um a um, tinham sido levados ao martírio ou se encontravam nas prisões, ou ainda, o que mais lhe confrangia a alma, vários haviam debandado, para fugir aos acerbos testemunhos, e casos houve de companheiros que o desampararam, como Demas,[120] enquanto outros, como Alexandre,[121] o latoeiro, lhe causaram muitos males.

Contava, é bem verdade, com a impertérrita fidelidade de Lucas, que lhe foi refrigério nestes dias tristes, colaborando com Paulo na feitura de algumas cartas, inclusive a destinada ao seu querido Timóteo, na qual se lê todo o seu desalento, toda a sua profunda amargura, numa simples frase: "*Só Lucas está comigo.*"[122]

---

[120] *II Timóteo*, 4:10.
[121] *II Timóteo*, 4:14.
[122] *II Timóteo*, 4:11.

Epílogo

Paulo foi acolhido no lar dos irmãos de fé Lino e Cláudia e, conforme planejado, algumas semanas depois, na noite que antecedeu aos grandes festejos que marcariam a reconstrução do Circo Máximo, um troço de soldados invadiu a residência de Lino, aprisionando Paulo e seus anfitriões, que foram separados e jogados em escuras enxovias.

Escreve Huberto Rohden:

> Numa daquelas manhãs, passa pela "Porta Trigemina", rumo a "Ostia Tiberina" (foz do Tibre), um grupo de litores imperiais, escoltando um ancião, de corpo alquebrado, cabelo cor da neve, olhar espiritualizado, vestes em andrajos...
>
> Passam, silenciosos, ao pé da pirâmide de Céstius. Dobram para esquerda e entram na Via Ardeatina.
>
> Para a direita se espraia o vale do Tibre; para o outro lado, a Via Ápia, por onde, seis anos antes, chegara Paulo a Roma pela primeira vez.
>
> Seguindo daí a Via Laurentina, descem, meia hora depois, a uma baixada pantanosa, chamada *Aquae Salviae*, Fazem alto no terceiro marco miliário, lá onde branqueja atualmente, por entre eucaliptos, o convento de Tre Fontane.
>
> Foi aqui, nesta imensa solitude, aberta para a vastidão do mar, foi aqui que, sem a presença de um amigo, caiu a cabeça de Paulo de Tarso sob o gládio romano.
>
> Foi aqui que o indômito bandeirante do Evangelho plantou a última bandeira de seu Senhor e Mestre, bandeira ruborizada com o sangue de seu coração...[123]

Antiga lenda romana nos conta que a cega Petronila — num claro paralelismo com a Verônica — ofereceu um véu ao Apóstolo, para que este vendasse seus olhos. Paulo declinou, agradecido, da piedosa oferta, e a cega, posteriormente, ao colocá-la sobre os próprios olhos, teria recuperado a visão.

---

[123] Rohden, H., *Paulo de Tarso*, União Cultural Ed., SP, 4ª ed., sem data, pág. 263.

Afirma, ainda, a tradição, que piedosos irmãos levaram os despojos para a casa de Lucina, extremada discípula de Jesus, distante dali duas milhas, onde foi sepultado, no local em que se ergue, atualmente, a basílica de São Paulo Fora-das-Muros, uma das quatro grandes basílicas romanas.
Que outro fim poderia caber a Paulo, senão o do martírio? O epílogo dos legítimos heróis.
A certeza da vitória sobre a morte.[124]

***

Na sua imaginação fértil e criativa, os gregos atribuíram o tempo ao deus Cronos, que tinha o vezo de devorar os próprios filhos.

Aprendemos a realidade do símbolo na simples apreciação do mundo ao redor. Mutabilidade, transitoriedade, instabilidade, são marcas registradas de tudo e de todos, sincopadas ao compasso do tempo, que tudo consome ou transforma.

Quando, na ótica de nossos dias, assestamos as lentes sobre o meio físico, cultural e espiritual em que Paulo atuou, ou sobre os itinerários que percorreu, na busca de aproximações com a realidade que experimentou, identificamos o exício causado pelo fluir dos séculos.

Onde as glórias daquela Tarso de "algum renome", que ostentava o galardão de associar sua vocação de cidade comercial, na fronteira de dois mundos, com a orgulhosa pujança de sua vida cultural? Não se ouve mais o alarido das grandes festas em honra de Baal-Sandan, nem mais a frenética agitação nos armazéns e cais de uma e outra margem do Cidno. Hoje uma modesta cidade turca situa-se na região da cidade natal do Apóstolo, mas está mais longe do mar e o Cidno de águas frescas e puras, que lhe fazia a alegria, não corta mais a cidade. Tudo passou. A Tarso de Paulo vive na pena dos poetas ou dos historiadores.

---

[124] Os quadros espirituais dos derradeiros momentos de Paulo foram descritos por Emmanuel, em seu livro *Paulo e Estêvão*, constituindo as mais comoventes linhas da nossa literatura mediúnica.

Epílogo

Tão apagados estão, na atual Antakya, com seus 80.000 habitantes, os vestígios da magnífica Antioquia da Síria, que é difícil chegar-se aos primores daquela que foi a "metrópole do Oriente", a terceira cidade do mundo conhecido, berço do Cristianismo dos gentios, ponto de partida e de chegada das missões paulinas, a segunda capital cristã. Onde seu suntuoso corso de quase sete quilômetros, com suas duas galerias cobertas, e suas quatro ordens de colunas? Onde as majestosas vilas que se estendiam pelas faldas do monte Cásio, ou as lembranças da mitologia grega, ali tão insistentemente preservadas, que se exprimiam, sobretudo, nos sítios orgiásticos de Dafne, em honra a Apolo e às ninfas? Onde aquela população eclética, volúvel e alvorotada de meio milhão de almas, que ostentava o que havia de pior e de melhor? Tudo passou. Esta Antioquia revive nos museus e na história do Cristianismo nascente.

E aquela outra Antioquia, a da Pisídia? e Listra e Derbe? Nada mais são do que misérrimos sítios arqueológicos, apenas identificados por singelas tabuletas e alguns vestígios de pouco significado. E Icônio — grande ironia —, com o nome de Konya, se transformou num grande centro religioso islâmico, de atuação dos dervixes dançantes. Tudo passou.

E aquele Artemísio, uma das maravilhas do mundo antigo? Desapareceu, como toda Éfeso, a "porta escancarada da Ásia". A pérola das colônias jônias, a pátria de Heráclito, não é mais sequer um sítio arqueológico, um campo de ruínas sobre o qual a imaginação e a técnica reconstituem a vida passada. Isolada do mar pelas aluviões, a região está hoje reduzida a um imenso pântano. Emerge, do lençol de águas mortas, aqui e ali, um pedaço de mármore ou o fragmento de uma estátua. De seus pórticos, de seus ginásios, de seus teatros, nada sobrou. Toda aquela suntuosidade foi relegada ao lúgubre silêncio das coisas que já foram. Tudo ali passou. Ártemis não chora apenas seu adorado Átis, mas verte suas lágrimas sobre as recordações de seu majestoso templo.

E Corinto? Sobre o sítio da antiga cidade, hoje rastejam os répteis, e as urzes crescem em meio aos parcos restos da cidade consagrada a Afrodite, cuja lembrança permanece apenas na espuma das ondas. O alto da Acrópole, de onde a deusa vigiava a cidade, é um chão desnudo de pedra. Onde o ruidoso clamor dos jogos ístmicos? Dos majestosos templos a Apolo e Posêidon só restam os fustes de algumas colunas. Também já tinha passado a primeira Corinto, cantada pelo poeta Píndaro, como a "feliz Corinto, vestíbulo do Senhor do Mar, alegria da mocidade", recamada de mármores reluzentes. Tudo passou, e o vento geme e chora, na paisagem desolada, as coisas que se foram.

Esta sensação de vazio e efemeridade, esta insegurança que nos leva a indagar sobre algo que não seja fugaz, ilusório, transitório, nos reconduz nova e finalmente a Paulo.

Ele pregou e viveu o que é eterno, o que é confiável, e hoje, como ontem, fulgem, com resplandescente luz, os seus inspirados e profundos conceitos sobre o Amor, inseridos no capítulo 13 da primeira carta aos coríntios, onde nos assegura que

A amor jamais acabará!

Apêndices

Sequência dos episódios na vida de Paulo

(Conforme colocados por Emmanuel, em seu *Paulo e Estêvão*)

- **Em Damasco, após a visão**
  — Visita o amigo Sadoc
  — Hospeda-se na estalagem de Judas
  — Fica três dias sem enxergar
  — É curado por Ananias e visita a sinagoga local onde encontra levitas cipriotas

- **De Damasco a Palmira**
  — Encontro com Gamaliel
  — Vai para o "Oásis de Dan", onde fica três anos
  — Tem por companheiros Áquila e Prisca

- **De Palmira a Damasco**
  — Vai à sinagoga, onde recebe ordem de prisão
  — Foge da cidade, transpondo os muros dentro de um cesto, indo para Jerusalém

- **Em Jerusalém (1ª visita após a conversão)**
  — Permanece algum tempo em Cafarnaum, onde encontra Levi, filho de Alfeu
  — Visita Dalmanuta, onde se encontra com Madalena
  — Passa por Nazaré
  — Visita a comunidade de Jerusalém, onde encontra resistências
  — Recebe o apoio e o aval de Barnabé

- **De Jerusalém a Tarso (alturas do Tauro)**
  — Visita, inicialmente, Cesareia
  — Procura Isaac, seu pai, por quem é repelido

- Visão de Estêvão e Abigail (*II Coríntios*, 12:2 a 4)
- Permanece três anos nas vizinhanças do Tauro

• **De Tarso a Antioquia da Síria**
- Levado a Antioquia por Barnabé
- Adapta-se maravilhosamente ao trabalho da comunidade antioquena e converte Lucas
- Provações do Caminho em Jerusalém: martírio de Tiago Maior (ano de 44)
- Prisão de Simão Pedro, que foge para Jope

• **Em Jerusalém (2ª visita após a conversão)**
- Leva, com Barnabé, recursos para a comunidade
- O Caminho, na ausência de Pedro, acentua seu caráter judaizante

• **Retorno a Antioquia**
- Paulo e Barnabé são destacados, espiritualmente, para a evangelização dos gentios

• **Primeira Viagem Missionária**
- Paulo, Barnabé e João Marcos
- Antioquia ▷ Selêucia ▷ Chipre (Cítium, Amatonte, Nea--Pafos) ▷ Atália ▷ Perge (onde ocorreu o rompimento com João Marcos e seu abandono da missão) ▷ Antioquia da Pisídia ▷ Icônio (onde é encarcerado e açoitado) ▷ Listra (onde conhece Timóteo, e onde é apedrejado) ▷ Derbe (onde fica seis meses, adoentado) ▷ Retorno pelo mesmo caminho, mas sem passar por Chipre

• **Em Antioquia**
- Convite a Simão Pedro para visitar Antioquia
- Pedro em Antioquia com João Marcos
- Chegada de judaizantes de Jerusalém, criando atritos a respeito da circuncisão e das carnes proibidas
- Enfrentamento entre Simão Pedro e Paulo: promessa de uma reunião em Jerusalém

Sequência dos episódios na vida de Paulo

- **Em Jerusalém: a reunião dos líderes (3ª visita após a conversão)**
  — Viagem realizada quatro meses depois do retorno de Pedro
  — Vão a Jerusalém Paulo, Barnabé, Tito e mais dois irmãos
  — Conflitos com a Igreja
  — Circuncisão de Tito, cedendo Paulo para conquistar o mais importante
  — Termina a reunião com acordo que reconhece o trabalho de Paulo entre os gentios

- **Retorno a Antioquia**
  — Silas, Barsabás e João Marcos seguem com os irmãos de Antioquia
  — Discussão de Paulo e Barnabé sobre João Marcos, separando-se, a partir daí, os dois grandes amigos e missionários
  — Barnabé e João Marcos vão para Chipre e, de lá, para Roma

- **Segunda Viagem Missionária**
  — Paulo e Silas
  — Antioquia ▷ Tarso ▷ cumes do Tauro ▷ Derbe ▷ Listra (Timóteo é circuncidado e junta-se à missão) ▷ Icônio ▷ Antioquia da Pisídia ▷ atravessam a Frígia e a Mísia ▷ Tróade (onde tem a visão do macedônio e se encontra com Lucas) ▷ Samotrácia (por mar) ▷ Neápolis ▷ Filipos (Lucas e Timóteo vão para Tessalônica; fundação da *ekklêsia* de Filipos, na casa de Lídia; episódio da pitonisa; prisão e libertação de Paulo e Silas) ▷ Anfípolis ▷ Tessalônica (onde reencontram Lucas e Timóteo) ▷ Bereia (onde Paulo é preso e açoitado) ▷ Atenas (que Paulo visita sozinho, recebendo Timóteo, que traz boas notícias de Corinto) ▷ Corinto (onde encontra Áquila e Prisca, Loide e Eunice; tem início a atividade epistolar) ▷ Éfeso (com Áquila e Prisca) ▷ Cesareia (com Silas e Timóteo)

- **Em Jerusalém (4ª visita após a conversão)**
  — Entrega do produto da coleta
  — Frieza para com Paulo

- **Em Antioquia novamente**

- **Terceira Viagem Missionária**
  — Com Timóteo, Silas e, quase certamente, Tito
  — Antioquia ▷ Tarso ▷ alturas do Tauro ▷ comunidades da Galácia e da Frígia ▷ Éfeso (atritos com os discípulos de João, presos à sinagoga; organização da *ekklêsia*, tornando-se Éfeso o centro da difusão doutrinária na Ásia; revolta dos ourives, chefiada por Demétrio) ▷ Paulo segue para Tróade ▷ Filipos (onde reencontra Lucas) ▷ Corinto (onde apenas Lucas e Silas se dispõem a acompanhá-lo em sua projetada viagem a Roma) ▷ Recebe carta de Tiago solicitando sua presença em Jerusalém, iniciando a viagem, ao fim de três meses, com Lucas e Silas ▷ Filipos ▷ Tróade ▷ Assôs ▷ Mileto ▷ Rodes ▷ Pátara ▷ Tiro ▷ Ptolemaida ▷ Cesareia (onde se hospeda na casa de Filipe)

- **Em Jerusalém (5ª e última visita após a conversão)**
  — Prisão na Antônia
  — Remoção para *Cesareia*, onde fica dois anos, até ser levado preso para Roma, por haver apelado para César

- **Viagem cativo para Roma**
  — Acompanha-o Lucas
  — Cesareia ▷ Sídon ▷ Chipre ▷ porto de Mira, na Lícia ▷ Creta (Kaloi-Limenes) ▷ à deriva, no mar ▷ Malta ▷ Siracusa ▷ Reggio ▷ Pouzzoles ▷ Fórum de Ápio ▷ Três Tavernas ▷ Alba Longa ▷ Quartel dos pretorianos, na via Nomentana, em Roma

- **Ida a Espanha, após sua absolvição**

- **Novamente em Roma**
  — Vem a Roma para ajudar na libertação de João, que fora preso
  — É novamente preso, e recebido por Nero
  — Sofre o martírio no ano de 64

Autoridades políticas nos tempos de Paulo

CÉSARES

30 a.C. a 14 .... Otávio Augusto
14 a 37 .... Tibério
37 a 41 .... Calígula
41 a 54 .... Cláudio
54 a 68 .... Nero

PROCURADORES

6 a 9 .... Copônio
9 a 12 .... M. Ambíbulo
12 a 15 .... Ânio Rufo
15 a 26 .... Galério Grato
26 a 36 .... Pôncio Pilatos
36 a 37 .... Marcelo
37 a 41 .... Marulo
41 a 44 .... Agripa I (rei)
44 a 46 .... Cúspio Fado
46 a 48 .... Tibério Alexandre
48 a 52 .... Ventídio Cumano
52 a 60 .... Antônio Félix
60 a 62 .... Pórcio Festo
62 a 64 .... Albino

Índice onomástico

A

Abdias – 201, 203

Abigail – 46, 51, 52, 55, 60, 68 a 70, 156, 170, 203, 245, 292

Abraão – 17, 30

Acácio Domício – 280

Acaico – 161

Adriano (césar) – 152

Afrodite – 15, 27, 89, 156, 158, 165, 286

Ágabo – 81, 87, 210, 211

Agamêmnon – 151

Agostinho de Hipona – 44, 50

Agripa I – 66, 240, 241, 295

Agripa II – 237, 240

Agripina – 233, 262, 275

Albino – 270, 271, 295

Alexandre – 65

Alexandre (judeu de Éfeso) – 193

Alexandre (latoeiro) – 283

Alexandre Magno – 27, 28, 74, 88, 93, 136, 138, 146, 152

Alfeu (filho de) – 50, 84, 123, 201, 212, 231, 245, 272, 290

Alitírio – 273

Ananias – 51, 53, 59, 60, 62 a 64, 224

Ananias (sumo sacerdote) – 228, 230, 234

Anás – 228, 270

Anás II – 270, 271

Antíoco – 96

Antíoco Epífanes – 30

Ântipas – 86, 241

Antônia – 23, 83, 222, 229, 233

Ápia – 191, 259, 261, 269, 284

Apolo – 188, 189, 204, 286, 287

Apolodoro – 259, 261

Apolônio – 26

Áquila – 61, 62, 156, 158 a 160, 169, 187 a 189, 193, 195, 198, 258

Aquiles – 136

Arato – 26

Aretas – 59, 64

Índice onomástico

Aristarco – 131, 147, 189, 193, 199, 245, 257, 265

Aristóbulo – 81

Aristóteles – 107

Ártemis – 185 a 187, 193, 287

Átalo II – 94

Atenodoro – 26

Augusto (césar) – 21, 26, 67, 94, 107, 136, 139, 256, 295

Aziz – 233

B

Baal-Tarz – 28

Bancis – 107

Barjesus – 91

Barnabé – 43, 66, 67, 71, 73, 76, 78, 82, 84 a 91, 94 a 99, 104, 106, 109, 111, 118, 119, 121, 123, 127 a 133, 135, 209, 291 a 293

Barrabás – 276

Barsabás – 129, 131, 293

Benjamim – 30, 31

Berenice – 240, 241, 244

Berret, Stilington – 107

Bousset – 179

Breusing – 247

Bruto – 139, 153

Burrus – 262, 263, 273

C

Caesenius Portus – 262

Caifás – 53, 65, 228

Cainan – 216

Calígula (césar) – 64, 66, 82, 234, 295

Campos, Humberto de – 20, 39

Candace – 72

Carpo – 196

Cassandro – 146

Cássio – 139, 153

Castor (ver Dióscuros) – 255

César, Caio Júlio – 136, 251

Cevas – 190

Cícero – 20, 26, 30, 90, 106, 258

Cipiões – 29, 261

Cláudia – 281, 284

Cláudio (césar) – 66, 82, 83, 105, 110, 158, 166, 167, 233, 240, 270, 276, 295

Cláudio Lísias – 223 a 227, 229, 236

Clemente – 141

Clemente Romano – 8, 268

Cleópatra – 27, 233

Cloé – 161

Constantino (césar) – 279

Cornélio – 73

Crescêncio – 273

Creso – 93, 185

Crisipo – 26

Crispo – 161, 166, 178
Cronos – 285
Cypros (também *Kypros*) – 82

D

Dalila – 32, 64, 65, 227
Dâmaris – 154
Dario III – 27
Davi – 36
Dédalo – 279
Deissmann – 184
Demas – 271, 283
Demétrio – 54, 57
Demétrio (*ourives*) – 193, 195, 294
Diana – 94, 185
Díon Cássio – 27
Dionísio (*areopagita*) – 94, 153, 154
Dióscuros – 255
Dirce – 278
Drusila – 233, 235, 237, 240, 241

E

Eliakim – 212
Eneias – 136
Enoch – 212
Epafras – 191
Epafrodito – 141
Erasto – 161, 178, 188
Estéfanas – 161
Estefânio – 227, 230, 231
Estêvão – 40, 43 a 52, 54, 55, 62, 67, 68, 90, 108, 110, 136, 162, 209, 218, 228, 292
Estrabão – 186
Eubulo – 281
Eunice – 108, 135, 158, 160, 199, 293
Eurípedes – 146
Eustáquio – 97 a 99, 103, 104
Êutico – 205
Evódia – 141

F

Febe – 150, 198
Félix, Antônio – 232 a 238, 240, 295
Festo, Pórcio – 237, 239 a 244, 295
Fídias – 195
Filêmon – 107, 191, 265, 280
Filipe (*diácono*) – 43, 52, 54, 67, 72, 83, 84, 209, 210, 294
Filipe (*tetrarca*) – 240
Filipe II (*da Macedônia*) – 138
Filipo – 27
Fílon de Alexandria – 188
Flávio Josefo – 58, 126, 222, 273
Fortunato – 161
Frederico Barba Roxa – 27

G

Gabriel – 57

Índice onomástico

Gaio (de Corinto) – 161, 189, 193, 199
Gaio (de Derbe) – 110, 183
Gaio (macedônio) – 147
Gállion, Június – 166 a 168, 170
Gamaliel – 35, 37, 38, 46, 48, 60 a 62, 64, 66, 291

H

Harnack – 106
Hefesto (Vulcano) – 138
Helena – 255
Héracles (Hércules) – 28, 29
Hermes (Mercúrio) – 107, 109
Herodes Agripa I (ver Agripa I) – 82, 83, 124
Herodes Agripa II (ver Agripa II) – 240, 270
Herodes Ântipas (ver Ântipas) – 86, 241
Herodes Ático – 157
Herodes de Cálcis – 228, 241
Herodes Magno – 67, 74, 222
Hillel – 36, 37, 38, 125
Hipócrates – 27
Homero – 138
Horácio – 158

I

Ibraim – 97 a 99
Inácio de Antioquia – 87

Isaac (pai de Paulo) – 30, 68, 290
Isaías – 98, 210, 266
Ismael ben Phabi – 237

J

Jacó – 54, 57 a 59
Jano – 20
Jasón (Jesus) – 147, 148
Jeremias – 124, 211
Jeziel (ver Estêvão) – 46, 47, 57, 90, 91, 156, 203
João (Apóstolo) – 37, 40, 48, 50, 54, 65, 70, 82 a 84, 87, 123, 127, 168 a 171, 174, 187, 194, 207, 270, 271, 273, 274, 294
João Batista – 82, 86, 188, 241, 294
João Crisóstomo – 106
João Marcos (ver Marcos) – 84, 87, 92, 94, 95, 118, 129 a 131, 292, 293
Jonas – 54, 57
Jonatan (sumo sacerdote) – 233
Jônatas (filho de Anás) – 53
José (de Chipre) (ver Barnabé) – 43
Judas (estalajadeiro) – 59, 291
Júlio (centurião) – 245 a 247, 249, 251, 254 a 257, 259, 262
Juvenal – 75, 88

K

Kypros (também Cypros) – 82

L

Leda – 255

Levi (também *Levy*) (ver *Mateus*) – 60, 61, 64, 90, 94, 134, 153, 202, 290

Libânio – 74

Licínio Minúcio – 46

Lídia – 93, 141, 144, 147, 150, 185, 205, 292

Lino – 281, 284

Lisânias – 240

Lísias (ver *Cláudio Lísias*) – 223 a 227, 230 a 232, 235

Lívia – 94

Loide – 106, 108 a 110, 135, 158, 160, 199, 293

Lucano (*carcereiro*) – 144

Lucano (*poeta*) – 266, 281

Lucas – 11, 41, 45, 48, 51, 52, 57 a 60, 79, 97, 120, 121, 137 a 139, 141, 143, 147, 150, 159, 181, 197 a 200, 204, 205, 212, 223, 230, 232, 234, 236 a 238, 244 a 247, 249 a 253, 257, 264, 266, 269, 271, 273, 277, 283, 292 a 294

Lucina – 285

Lúcio de Cirene – 73, 86

M

Madalena – 41, 64, 291

Manahen – 78, 86, 114

Marcelo (*filósofo*) – 26

Marcelo (*procurador*) – 54, 295

Marco Antônio – 27, 222, 233

Marcos – 60, 84, 95, 130 a 132, 241

Maria de Nazaré – 57, 170, 186, 201

Maria Marcos – 84, 95, 129

Mariana – 234

Marshall – 250

Mateus – 37, 60, 123

Mnáson – 211, 212, 216

Moisés – 63, 84, 116, 211, 242

Múmio – 157

N

Nelson – 247

Nêmesis – 253

Nero (*césar*) – 157, 167, 222, 233, 237, 240, 262, 273 a 277, 279 a 283, 294, 295

Nestor – 26

Nymphas – 191

O

Onesíforo – 104 a 106

Onésimo – 265, 280

Orfeu – 278

Otávio Augusto (ver *Augusto*) – 20, 295

P

Índice onomástico

Palas – 233, 237

Palas-Atenas – 195

Parmênides – 27

Pedro (Apóstolo) (ver Simão Pedro) – 37, 52, 64, 67, 73, 80 a 84, 90, 95, 111, 118 a 123, 127 a 129, 171, 181, 223, 245, 270 a 273, 277, 292, 293

Péricles – 152

Petronila – 284

Petrônio – 281

Petronius Turpiliano – 262

Pirrus – 149

Polemon – 241

Pólux (ver Dióscuros) – 255, 256

Pompeu – 21, 30, 42

Pôncio Pilatos – 39, 54, 295

Popeia Sabina – 268, 272, 273, 281

Posêidon (Netuno) – 138, 151, 248, 287

Posidônio – 26

Príamo – 136, 138

Prisca (também Priscila) – 61, 62, 156, 158 a 160, 169, 187, 189, 198, 258, 291, 293

Prócoro – 66, 83

Prometeu – 104

Públio Apiano – 254

Q

Quarto – 161

R

Racine – 241

Rômulo – 260

Rufo – 73, 295

Ruth – 46

S

Sadoc – 31, 55, 60, 291

Sandan – 28, 29, 285

Sardanápalo – 27, 75

Schammaï – 36, 124

Schneller – 72, 104

Secundus – 147

Seleuco Nicator – 76, 96

Semíramis – 27

Sêneca (Annaeus) – 166

Sêneca (filósofo) – 26, 166, 168, 262, 281

Sérgio Paulo – 46, 47, 90, 91

Sexto Flácus – 257

Silas (general romano) – 152

Silas (também Silvano) – 129, 131, 133 a 135, 139, 141 a 143, 145, 147, 148, 150, 159, 160, 162, 164, 171, 181, 182, 189, 199, 204, 205, 293, 294

Simão Cireneu – 73

Simão de Chipre – 233

Simão Níger – 73

Simão Pedro – 40, 47, 48, 50, 52, 61, 64 a 66, 73, 81, 83, 118 a 121, 171, 201, 203, 241, 267 a 270, 277, 292

Síntique – 141

Sópratos – 149, 199

Sosípatros (ver Sópratos) – 149

Sóstenes – 166 a 168

Suetônio – 233

T

Tabita – 52

Tácito – 233, 261

Tamiris – 105

Tecla – 105, 106, 109

Teóclia – 105

Tertuliano – 106, 279

Tértulo – 234

Tiago Maior – 82, 241, 292

Tiago Menor (filho de Alfeu) – 50, 84, 119, 123, 201, 212, 231, 245, 272

Tibério (césar) – 64, 81, 256, 295

Tichelen, van – 225

Tício Justo (Titius Justus) – 160, 161, 165, 167, 178

Tigelino – 271, 276, 280, 283

Timóteo – 108, 110, 112, 131, 134, 135, 137, 139, 141, 147, 150, 156 a 160, 162, 164, 171, 181, 182, 189, 195, 199, 230, 245, 254, 257, 264, 269, 271, 273, 283, 292 a 294

Tíndaro – 255

Tíquico – 195, 206

Tirano – 189, 190

Tito – 79, 123, 127, 128, 131, 161, 182, 189, 195, 196 a 198, 293, 294

Tito (césar) – 241

Torres Pastorino – 84

Trófimo – 79, 199, 206, 216, 217, 223

V

Ventídio Cumano – 222, 295

Verres – 30

Virgílio – 136

Vitélio – 54, 64

Volúmnio – 276

Z

Zacarias – 46

Zebedeu – 81, 82, 118, 169

Zelfos – 225, 226

Zenão de Cipro – 26

Zenas – 161

Zeus (Júpiter) – 28, 74, 107, 146, 255

Bibliografia

BARCLAY, W. *The Letters to the Corinthians*. 2ª ed. Philadelphia: The Westminster Press, 1956. 256 p.

— *The Letters to the Galatians and Ephesiens*. 2ª ed. Philadelphia: The Westminster Press, 1977. 185 p.

— *The Letter to the Romans*. 2ª ed. Philadelphia: The Westminster Press, 1957. 222 p.

BORNKAMM, G. *Paul*. Tradução de: M. G. Stalker. Original em alemão. New York: Harper & Row Publishers, 1971. 260 p.

DANIEL-ROPS. *A vida quotidiana na Palestina no tempo de Jesus*. Tradução de: José da Costa Saraiva. Original em francês. Lisboa: Livros do Brasil. 542 p.

— *Jésus en son Temps*. Paris: Arthéme Fayard, 1962. 878 p.

— *São Paulo, Conquistador do Cristo*. 2ª ed. Tradução de: Jaime Napoleão de Vasconcelos. Original em francês. Porto: Tavares Martins, 1960. 302 p.

DATTLER, F. *Eu, Paulo*. Petrópolis: Vozes Ltda., 1976. 270 p.

DODDS, E. R. *Paganos y Cristianos en una Epoca de Angustia*. Tradução de: J. Valiente Malla. Original em inglês. Madrid: Ediciones Cristiandad, 1975. 190 p.

DUPONT, J. *Estudos sobre os Atos dos Apóstolos*. Tradução de: monjas da Abadia de Santa Maria. Original em francês. São Paulo: Paulinas, 1974. 574 p.

DRANE, J. W. *A vida da Igreja Primitiva*. Tradução de: José Raimundo Vidigal. Original em inglês. São Paulo: Paulinas, 1985. 167 p.

— *Paulo*. Tradução de: Alexandre Macyntire. Original em inglês. São Paulo: Paulinas, 1982. 130 p.

ERDMAN, C. R. *Atos dos Apóstolos*. Tradução de: D. A. M. Original em inglês. São Paulo: Casa Editora Presbiteriana, 1960. 180 p.

GOGUEL, M. *La Naissance du Christianisme*. Paris: Payot, 1946. 607 p.

HAMMAN, A. *A vida quotidiana dos primeiros cristãos*. Tradução de: Miguel Serras Pereira. Original em francês. Lisboa: Livros do Brasil. 300 p.

HOLZNER, J. *San Pablo, Heraldo de Cristo*. 12ª ed. Tradução de: José Montserrat. Original em alemão. Barcelona: Herder, 1980. 558 p. Lâminas.

MIRANDA, H. C. *As Marcas do Cristo*. Rio de Janeiro: FEB, 1974. 2 v.

PINHEIRO MARTINS. *Dos apóstolos aos bispos*: Representações da Igreja no Cristianismo Primitivo. Rio de Janeiro: CELD, 1998. 198 p.

RENAN, E. *História das origens do Cristianismo*. Tradução de: Eduardo Augusto Salgado, Campos Lima, Eduardo Pimenta. Original em francês. Porto: Chardron de Lello & Irmãos. 7 v.

RIGAUX, B. *Letters of St. Paul*. Tradução de: Malachy J. Carroll. Original em francês. Chicago: Franciscan Herald Press, 1968. 272 p.

ROHDEN, H. *Paulo de Tarso*. 4ª ed. São Paulo: União Cultural. 272 p.

ROSSANO, P. *Meditações sobre Paulo*. Tradução de: Bélchior Cornélio da Silva. Original em italiano. São Paulo: Paulinas, 1969. 538 p.

SCHUBERT, K. *Os partidos religiosos hebraicos da época neotestamentária*. Tradução de: Isabel Fontes Leal Ferreira. Original em italiano. São Paulo: Paulinas, 1979. 88 p.

SCHÜRER, E. *História del Pueblo Judio en Tiempos de Jesús*. Tradução de: J. Valiente Malla. Original em inglês. Madrid: Ediciones Cristandad, 1985. 2 v.

XAVIER, F. C. *Paulo e Estêvão*. Autor espiritual: Emmanuel. 20ª ed. Rio de Janeiro: FEB, 1983. 553 p.

PAULO, UM HOMEM EM CRISTO				
EDIÇÃO	IMPRESSÃO	ANO	TIRAGEM	FORMATO
1	1	2011	4.000	14X21
1	2	2011	2.000	14X21
1	3	2015	300	14X21
1	4	2016	2.500	14X21
1	IPT*	2023	200	14x21
1	IPT	2024	100	14x21

*Impressão pequenas tiragens

O LIVRO ESPÍRITA

Cada livro edificante é porta libertadora.

O livro espírita, entretanto, emancipa a alma nos fundamentos da vida.

O livro científico livra da incultura; o livro espírita livra da crueldade, para que os louros intelectuais não se desregrem na delinquência.

O livro filosófico livra do preconceito; o livro espírita livra da divagação delirante, a fim de que a elucidação não se converta em palavras inúteis.

O livro piedoso livra do desespero; o livro espírita livra da superstição, para que a fé não se abastarde em fanatismo.

O livro jurídico livra da injustiça; o livro espírita livra da parcialidade, a fim de que o direito não se faça instrumento da opressão.

O livro técnico livra da insipiência; o livro espírita livra da vaidade, para que a especialização não seja manejada em prejuízo dos outros.

O livro de agricultura livra do primitivismo; o livro espírita livra da ambição desvairada, a fim de que o trabalho da gleba não se envileça.

O livro de regras sociais livra da rudeza de trato; o livro espírita livra da irresponsabilidade que, muitas vezes, transfigura o lar em atormentado reduto de sofrimento.

O livro de consolo livra da aflição; o livro espírita livra do êxtase inerte, para que o reconforto não se acomode em preguiça.

O livro de informações livra do atraso; o livro espírita livra do tempo perdido, a fim de que a hora vazia não nos arraste à queda em dívidas escabrosas.

Amparemos o livro respeitável, que é luz de hoje; no entanto, auxiliemos e divulguemos, quanto nos seja possível, o livro espírita, que é luz de hoje, amanhã e sempre.

O livro nobre livra da ignorância, mas o livro espírita livra da ignorância e livra do mal.

Emmanuel[*]

O EVANGELHO NO LAR

Quando o ensinamento do Mestre vibra entre quatro paredes de um templo doméstico, os pequeninos sacrifícios tecem a felicidade comum.

Quando entendemos a importância do estudo do Evangelho de Jesus, como diretriz ao aprimoramento moral, compreendemos que o primeiro local para esse estudo e vivência de seus ensinos é o próprio lar.

É no reduto doméstico, assim como fazia Jesus, no lar que o acolhia, a casa de Pedro, que as primeiras lições do Evangelho devem ser lidas, sentidas e vivenciadas.

O espírita compreende que sua missão no mundo principia no reduto doméstico, em sua casa, por meio do estudo do Evangelho de Jesus no Lar.

Então, como fazer?

Converse com todos que residem com você sobre a importância desse estudo, para que, em família, possam compreender melhor os ensinamentos cristãos, a partir de um momento de união fraterna, que se desenvolverá de maneira harmônica e respeitosa. Explique que as reflexões conjuntas acerca do Evangelho permitirão manter o ambiente da casa espiritualmente saneado, por meio de sentimentos e pensamentos elevados, favorecendo a presença e a influência de Mensageiros do Bem; explique, também, que esse momento facilitará, em sua residência, a recepção do amparo espiritual, já que auxilia na manutenção de elevado padrão vibratório no ambiente e em cada um que ali vive.

Convide sua família, quem mora com você, para participar. Se mora sozinho, defina para você esse momento precioso de estudo e reflexões. Lembre-se de que, espiritualmente, sempre estamos acompanhados.

Escolha, na semana, um dia e horário em que todos possam estar presentes.

O tempo médio para a realização do Evangelho no Lar costuma ser de trinta minutos.

As crianças são bem-vindas e, se houver visitantes em casa, eles também podem ser convidados a participar. Se não forem espíritas, apenas explique a eles a finalidade e importância daquele momento.

O seguinte roteiro pode ser utilizado como sugestão:

Preparação: leitura de mensagem breve, sem comentários;

Início: prece simples e espontânea;

Leitura: *O evangelho segundo o espiritismo* (um ou dois itens, por estudo, desde o prefácio);

Comentários: breves, com a participação dos presentes, evidenciando o ensino moral aplicado às situações do dia a dia;

Vibrações: pela fraternidade, paz e pelo equilíbrio entre os povos; pelos governantes; pela vivência do Evangelho de Jesus em todos os lares; pelo próprio lar...

Pedidos: por amigos, parentes, pessoas que estão necessitando de ajuda...

Encerramento: prece simples, sincera, agradecendo a Deus, a Jesus, aos amigos espirituais.

As seguintes obras podem ser utilizadas nesse momento tão especial:

O evangelho segundo o espiritismo, como obra básica;

Caminho, verdade e vida; Pão nosso; Vinha de luz; Fonte viva; Agenda cristã.

Esse momento no lar não se trata de reunião mediúnica e, portanto, qualquer ideia advinda pela via da intuição deve permanecer como comentário geral, a ser dito de maneira simples, no momento oportuno.

No estudo do Evangelho de Jesus no Lar, a fé e a perseverança são diretrizes ao aprimoramento moral de todos os envolvidos.

FEB editora
Livro espírita para um novo mundo
www.febeditora.com.br
@febeditoraoficial
@febeditora

Conselho Editorial:
Carlos Roberto Campetti
Cirne Ferreira de Araújo
Evandro Noleto Bezerra
Geraldo Campetti Sobrinho – Coord. Editorial
Jorge Godinho Barreto Nery – Presidente
Maria de Lourdes Pereira de Oliveira
Miriam Lúcia Herrera Masotti Dusi

Produção Editorial:
Elizabete de Jesus Moreira

Capa e Projeto Gráfico:
Paulo Márcio Moreira

Normalização Técnica:
Biblioteca de Obras Raras e Documentos Patrimoniais do Livro

Esta edição foi impressa no sistema de Impressão pequenas tiragens, em formato fechado de 140x210 mm e com mancha de 100x170 mm. Os papéis utilizados foram o Offset 75 g/m² para o miolo e o Cartão 250 g/m² para a capa. O texto principal foi composto em fonte Minion Pro 11/13,5 e os títulos em Papyrus 25/30. Impresso no Brasil. *Presita en Brazilo.*